GUIDE
DES NOTAIRES

ET

DES EMPLOYÉS

DE L'ENREGISTREMENT.

Contenant, 1°. des modèles d'Actes des meilleurs Notaires de Paris ; 2°. leurs Effets civils d'après la Jurisprudence nouvelle ; 3°. le Modèle d'Enregistrement ; 4°. et la Liquidation des droits qu'ils opèrent.

SECOND VOLUME.

SECONDE ÉDITION.

A PARIS,

Au Bureau des Instructions Décadaires , rue Projettée-Choiseul , N°. 1.

AN 10. — 1802.

GUIDE

DES NOTAIRES

ET

DES EMPLOYES DE L'ENREGISTREMENT.

DATE.

Date, est la désignation du jour, du mois et de l'année de la passation d'un acte.

La loi du 4 frimaire an 2 veut que tous les actes publics soient datés conformément à la nouvelle organisation de l'année, et celle du 23 fructidor an 6, défend de rappeler dans les actes, l'ère ancienne avec la nouvelle. *Voir* Annuaire.

Les actes, jugemens et exploits et toutes mutations de biens fonds, doivent être enregistrés dans un tems limité après les dates. *Voir* Délai.

La loi du 13 messidor an 3 porte que, lorsqu'un acte authentique réfère un acte sous seing-privé, ou prouve son exécution, celui-ci a acquis une date assurée, comme il aurait pu l'acquérir par le décès de l'un des contractans ou signataires.

Le jour de la date d'un acte et celui de l'ouverture d'une succession, n'est point compté dans les delais fixés pour l'enregistrement. *Voir* Délai.

Les actes des notaires sont nuls de plein droit, lorsqu'ils ne sont pas datés. On ne peut en effet, sans la date, connaître avec certitude, si les parties étaient capables de contracter valablement à l'époque où ces actes ont été passés. Les lois ont donc annullé sagement ces actes imparfaits.

Ils doivent être datés, signés des parties et de l'officier public en même-tems. Si les parties ne savent signer, il doit en être fait mention.

Ces obligations étaient avec raison imposées aux notaires par les anciennes ordonnances et réglemens, à peine de fortes amendes; ainsi le veut la sûreté des propriétés et des conventions.

La vraie date d'un contrat de vente des biens d'une femme mineure, fait par son mari, sans son consentement, mais ratifié depuis par elle, est celle du contrat et non la date de la ratification.

Le même principe s'observe pour la vente qu'un mineur a faite de ses biens et qu'il a ratifiée à sa majorité.

DATION *en paiement.*

Dation en paiement, est un contrat par lequel on donne un héritage en paiement d'une dette. Ce contrat est équipolent à vente. Tout ce qui est essentiel à la vente, s'y rencontre, le consentement, la chose et le prix. C'est pourquoi il produit le même droit que la vente.

Lorsque le survivant des père et mère abandonne aux enfans, après le partage de la communauté, des conquêts qui lui appartiennent, en paiement de ce qui revient auxdits enfans, du compte de communauté ou du compte de tutelle, le droit d'enregistrement en est dû à raison de 4 pour cent comme vente.

Il en est autrement lorsque dans un partage de communauté *acceptée*, le survivant et les héritiers de la femme s'abandonnent respectivement des biens qui la composent, *jusqu'à concurrence de leurs droits respectifs sur la communauté.* Dans ce cas, ce n'est qu'un mode de partage; chacun d'eux avait un droit dans la chose, réglé par la loi et la convention. On ne peut donc pas dire qu'il y ait transmission de propriété, c'est une simple délibation, un prélèvement, un mode de *partage*, soumis au droit tarifé pour ce dernier acte; mais si *l'abandon excédait les droits de l'époux cessionnaire, qu'il fut fait au moyen de ce qu'il se chargeât d'acquitter les dettes*, ce droit de quatre francs par cent francs serait dû. Voir, au surplus, *partage, remploi.*

DÉCHARGE.

SOMMAIRE.

1°. Formule d'une décharge de pièces, ou d'un dépôt de sommes.

2°. Droits d'enregistrement dûs pour ces actes.

3°. Définition.

§. PREMIER.

Formule d'une décharge de pièces, ou d'un dépôt de sommes.

Par-devant les notaires publics soussignés fut présent le citoyen A.   demeurant à lequel reconnaît que le citoyen B.   lui a présentement remis toutes les pièces du procès que ledit comparant avait au tribunal du département de contre le citoyen C.   dont il le décharge.

(*Ou*) lui a présentement remis la somme de que ledit comparant avait déposée entre ses mains par acte passé devant le   notaire à   enregistré le   *Ou* par acte sous signature-privée du enregistré le   par   de laquelle somme de   il le quitte et décharge.

(*Ou*) lui a présentement remis la somme de que ledit citoyen B.   avait touchée pour le compte du comparant, en vertu de sa procuration du enregistrée le   de laquelle somme de il le quitte et décharge.

Fait et passé le

§. II.

Modèle de l'enregistrement

Décharge de pièces de procédures par le cit A. au citoyen B.

Ou décharge par le citoyen A.   au profit du citoyen B.   d'une somme de   que ledit

A.   avait déposée ès mains dudit B.
par acte du   enregistré le   *Ou que*
ledit B.   avait touchée pour le compte dudit
A.   suivant la procuration de ce dernier, enregistrée le

Un franc fixe. Article LXVIII, §. Ier. n°. 22 de la loi du 22 frimaire an 7.

Il n'est de même dû qu'un franc fixe pour les dé-charges de dépôt et consignations données aux officiers publics par les déposans ou leurs héritiers, lorsque la remise des objets déposés leur est faite. N°. 27 du même paragraphe.

Mais lorsque les sommes déposées sont retirées par d'autres personnes que celles qui en ont fait le dépôt, ces décharges, opérant de droit une libération en faveur de celui qui a fait le dépôt, elles sont réputées quittances, et le droit d'enregistrement en est dû sur le pied de 5o centimes par cent francs. Article LXIX, §. II, n°. 11.

Tous actes, devant être produits pour décharge, sont sujets au droit de timbre de dimension. Art. XII, n°. Ier. de la loi du 13 brumaire an 7.

§. I I I.

Définition.

On entend par décharge, la reconnaissance d'une re-mise de pièces, d'un dépôt, ou d'autres objets, donnée par celui à qui ils appartiennent, soit à un officier public, soit à un mandataire, soit à un héritier ou exécuteur testamentaire, par un légataire d'un objet *en nature*.

DÉCIME PAR FRANC.

Une loi du 6 prairial an 7, contient les dispositions suivantes :

Art. Ier. A compter du jour de la publication de la présente loi, il sera perçu, au profit de la république, à titre de subvention extraordinaire de guerre pour l'an 7, un décime par franc, en sus des droits d'enre-gistrement, de timbre, hypothèque, droits de greffes, droits de voitures publiques, de garantie sur les matières d'or et d'argent, amendes et condamnations pécuniaires, ainsi que sur les droits de douanes à l'importation, l'exportation et la navigation.

Art. II. La subvention établie par la présente loi, sera perçue en même-tems que le principal, et par les mêmes préposés, sans donner lieu à *aucune retenue* pour ceuxci. Il en sera rendu compte par un article séparé.

La perception du décime par franc sur les contributions directes, a été maintenue par différentes lois et arrêtés pour les années 7, 8, 9, 10 et 11.

Il est d'observation que cette subvention doit être perçue en sus de tous les droits non acquittés au jour de la publication de la loi, quoique les actes soient antérieurs, et dans les délais pour les acquitter. Décision du ministre des finances, du 6 messidor an 7.

Il y a néanmoins exception à ce principe, 1°. pour l'arriéré des droits de voitures publiques, antérieur à l'établissement du décime par franc, parce que le droit du dixième du prix des transports des voyageurs ayant été acquitté par ces voyageurs, antérieurement à la loi, ne peuvent pas être susceptibles de son application. Ainsi décidé par la régie, mais cette solution ne concerne pas les droits dûs pour les voitures partant d'occasion et à volonté, qui sont passibles du décime par franc, s'ils n'ont été acquittés que postérieurement à la publication de la loi.

2°. Pour les droits que le receveur aurait omis de percevoir sur un acte enregistré avant l'établissement du décime. La recette doit être forcée, sauf son recours contre la partie, mais seulement pour la somme qui était due lors de la formalité donnée.

Le ministre de la justice ayant consulté celui des finances, sur la question de savoir si la loi du 6 prairial an 7, qui établit la subvention du décime par franc, était applicable aux amendes et condammations pécuniaires prononcées avant sa promulgation, et non encore recouvrées ; ce dernier lui a répondu, le 2 vendémiaire an 8 : « La difficulté proposée se résout par un principe constant en finance, auquel il n'avait été dérogé que par l'article LXXIII de la loi du 22 frimaire an 7 sur l'enregistrement, qui n'a aucun rapport à la question dont il s'agit ; *c'est que les perceptions se font toujours sur le pied fixé par la loi qui est en vigueur au moment du paiement* ; il en résulte que, quelle que soit l'époque à laquelle une amende ou autre condamnation pécuniaire a été prononcée, dès-que le paiement est postérieur à la loi du 6 prairial an 7, la subvention du décime par franc est exigible. L'article LXXIII de la loi du 22 frimaire n'empêche pas que ce décime ne soit dû sur les droits d'enregistrement, qui se paient suivant le tarif du 19 décembre 1790. Il n'y a en cela nul effet rétroactif; et les parties qui ont différé le paiement ne peuvent s'en prendre qu'à elles-mêmes, si elles ne sont pas libérées avant l'établissement de la taxe dont il s'agit.....

« Mais je pense, et j'ai déjà décidé, que dans le cas d'une condamnation à des amendes et à des restitutions pour délits dans des bois nationaux, le décime n'est dû que pour l'amende et non sur le montant de la restitution qui, étant la valeur présumée du dommage, ne paraît pas plus susceptible de cette taxe que toute autre estimation de dommages et intérêts accordés à celui qui a souffert d'une entreprise sur sa propriété.

« Quant à la question de savoir si, par ces mots : *condamnations pécuniaires* (insérées dans la loi du 6 prairial an 7), on doit entendre toutes celles prononcées, même en matière civile, en principal et dépens, je pense comme vous, que les mots condamnations pécuniaires, ne signifient que les *peines* prononcées au profit de la république. »

Cette décision est conforme à celle du même ministre, transmise par la circulaire de la régie, n°. 1643.

DÉCLARATION *pure et simple.*

Nota. Comme une déclaration peut varier à l'infini, suivant son objet, nous n'en donnerons pas de modèles.

La déclaration *pure et simple*, en matière civile, est celle qui contient l'énonciation d'un fait dont il ne résulte ni libération, ni obligation, ni transmission. Cet acte doit le droit fixe d'un franc. Article LXVIII, §. 1er., n°. 23.

Il faut donc considérer dans une déclaration, si elle lie le déclarant ou un tiers qui l'a reconnue et approuvée, et quel est son effet.

S'il en résulte transmission mobilière ou immobilière, obligation ou libération, et que l'acte n'ait pas le caractère de déclaration de command, le droit proportionnel est dû suivant le numéro, paragraphe et article de la loi, auxquels la disposition se rapporte.

DÉCLARATION DE COMMAND.

SOMMAIRE.

1°. Formule d'une déclaration de command d'une adjudication ou vente d'immeubles.

2°. Modèle de l'enregistrement et liquidation des droits

3°. Définition.

§. PREMIER.

Modèle d'une déclaration de command d'une adjudication ou vente d'immeubles.

Par-devant les notaires publics, à   etc.

Est comparu le citoyen A., avoué au tribunal de première instance du département de   , séant à   , y demeurant, rue   , n°.

Lequel a, par ces présentes, déclaré qu'il n'a, et ne prétend aucun droit à la vente et adjudication à lui faite par le citoyen B., domicilié à   , de la ferme de   , située commune de   , canton de   , département de   , moyennant le prix et somme de   , outre les charges, clauses et conditions, suivant le procès-verbal d'adjudication reçu par ledit   , l'un des notaires soussignés, et son collègue, le jour d'hier, lequel procès-verbal d'adjudication relate un procès-verbal d'affiche du 1er.   dernier, et un autre procès-verbal de réception d'enchères, du   , dûment enregistrés, et auxquels il se réfère pour l'explication et désignation des biens, l'établissement de la propriété et les charges, clauses et conditions de la vente;

Mais que cette adjudication est pour, et au profit du citoyen C., et de dame D. son épouse, ses commettans, ci-après intervenans, et auxquels, dans l'acte susdaté, qui précède, il n'a fait que prêter son nom et son ministère, pour les obliger, pour quoi ledit citoyen A., en vertu de la réserve de nommer ses commands, qu'il a faite en l'acte qui vient d'être énoncé;

Déclare que la vente et adjudication consentie en sa faveur par ledit citoyen B., de ladite ferme et *dépendances*, est pour lesdits citoyen et madame C., qu'il subroge, mais sans aucune garantie de sa part, dans tous les droits résultant en sa faveur du procès-verbal d'adjudication sus-énoncé.

A ce faire étaient présens, et sont intervenus lesdits citoyen C. et madame D., son épouse, qu'il autorise à l'effet des présentes, demeurans à   , n°.   , division de

Lesquels ont accepté et eu pour agréable la déclaration faite à leur profit par le citoyen A., leur chargé de pouvoirs.

En conséquence, ils promettent et s'obligent, conjointement et solidairement ; l'un pour l'autre, un d'eux seul pour le tout, sous les renonciations aux bénéfices de division et de discussion, au paiement de la somme de   , *prix* de l'adjudication des biens ci-dessus énoncés, et des *intérêts* d'icelui, dans les termes et espèces déterminés par les différens procès-verbaux dont ils ont pris communication, à l'entière exécution des *charges*, *clauses et conditions* y exprimées, ainsi qu'à garantir et rendre indemne ledit citoyen A. de toutes répétitions qui pourraient être exercées contre lui, à raison des obligations qu'il a contractées envers le citoyen B., son vendeur, faisant, lesdits citoyen et madame C., du tout leur dette personnelle, et se soumettant aux engagemens et obligations dudit citoyen A., vis-à-vis dudit citoyen B.

Dont acte, promettant, obligeant.

Fait et passé à   , etc.

§. I I.

Modéle de l'enregistrement, et liquidation des droits.

Déclaration par le Cit. A.   que l'adjudication ou la vente à lui faite par le Cit. B.   demeurant à   par acte du   de la ferme de n'est pas pour lui mais pour le Cit. C.   et la D°. D.   son épouse, ce qui a été accepté par ces derniers.

Droit. Un franc fixe suivant l'article LXVIII, §. Ier., n°. 24 de la loi du 22 frimaire an 7.

Ce même article porte : « Ces déc'arations de command ou d'ami, lorsque la faculté d'élire un command a été réservée dans l'acte d'adjudication ou le contrat de vente, et que la déclaration est faite par acte public et notifiée dans les 24 heures de l'adjudication ou du contrat.

Et le n°. 3, du §. VII de l'article LXIX, qui comprend les actes sujets au droit de 4 francs par cent francs, est conçu en ces termes : « les déclarations ou élections de command ou d'ami, par suite d'adjudication ou contrat de vente *de biens immeubles*, autres que celles de domaines nationaux, si la déclaration est faite après les 24 heures de l'adjudication ou du contrat, ou lorsque la faculté d'élire un command n'y a pas été réservée. »

Ainsi, il faut le concours de quatre conditions pour que la déclaration de command ne soit pas soumise au droit proportionnel. 1°. La réserve de nommer en acquérant ; 2°. la nomination dans les 24 heures, et la notification ou l'enregistrement dans le même délai ; 3°. l'authenticité de la déclaration ; 4°. la remise pure et simple au command des biens acquis pour son compte, sans novation, ni gratification, ni clause ou conventions nouvelles. S'il y a quelque changement, l'acquéreur n'est plus censé avoir été simple command, ni la vente faite directement à la personne nommée ; d'où il s'ensuit que la déclaration ne peut passer que pour une revente.

Quoique reçue par un notaire, dans les 24 heures du contrat, si elle n'était pas soumise à l'enregistrement dans le délai de 24 heures, l'acte n'ayant pas une fixité de date, il serait dû le droit proportionnel. Jugement du tribunal de la Seine, du 26 germinal an 8. Décision du ministre des finances, du 18 brumaire an 9.

L'enregistrement dans les 24 heures, dispense de la notification. Solution de la régie du 2 germinal an 8.

Pour une adjudication d'immeuble suivie à l'instant de déclaration de command au profit du vendeur, il n'est dû qu'un franc fixe.

Quant aux déclarations de command sur vente et adjudication d'objets mobiliers, il faut suivre les mêmes principes, sauf que si le droit proportionnel est exigible, il ne doit être réglé qu'à raison de deux francs par cent francs. Art. LXIX, §. V, n°. 4.

Par rapport aux déclarations de command faites sur ventes et adjudications de domaines nationaux, le droit en sera réglé, comme pour les adjudications, par des lois particulières. En attendant, tout adjudicataire de ces biens peut, dans les trois jours de l'adjudication, faire des déclarations d'ami ou de command, sans que les citoyens en faveur desquels ces déclarations seraient faites, soient tenus à un droit d'enregistrement, autre que celui qu'aurait payé l'adjudicataire lui-même. Loi du 26 vendémiaire an 7, art. XI.

On a élevé la question de savoir s'il est dû un droit proportionnel d'enregistrement pour une déclaration de command, faite par un acquéreur de domaines nationaux, dans les trois jours de son adjudication, lorsque cette déclaration n'a pas été notifiée, et si la notification est de rigueur.

L'article II de la loi du 26 vendémiaire an 7, porte : « Tout adjudicataire pourra, dans les trois jours de l'adjudication, faire des déclarations d'ami ou de command, aux termes des lois précédentes, sans que les citoyens en faveur desquels ces déclarations seront faites, soient tenus à un droit d'enregistrement autre que celui qu'aurait payé l'adjudicataire lui-même. »

La loi rendue postérieurement, le 22 frimaire an 7, assujettit, article LXVIII, §. Ier., n°. 24, au droit fixe d'un franc, les déclarations ou élections de command ou d'ami lorsque la faculté d'élire un command a été réservée dans l'acte d'adjudication, ou le contrat de vente, et que la déclaration est faite par acte public, et notifiée dans les vingt-quatre heures de l'adjudication ou du contrat ; mais cette première disposition ne peut se rapporter aux domaines nationaux, puisque les acquéreurs ont, d'après le vœu de la loi du 26 vendémiaire, trois jours pour la faire notifier. Envain voudrait-on opposer à ce principe le silence de la loi du 22 frimaire, qui ne fait aucune distinction ; elle a considéré les déclarations de command des acquéreurs de domaines nationaux, sous un rapport bien distinct, puisqu'elle les excepte article LXIX, §. VII, n°. 3, de l'assujettissement au droit de 4 pour cent que supportent les déclarations de command des biens des particuliers, faites après les vingt-quatre heures de l'adjudication ou du contrat, et dit formellement n°. 1er. du même §., que la quotité

des droits des adjudications des domaines nationaux
sera réglé par des lois particulières.

Ainsi, il n'y a pas lieu à la notification de la déclaration de command dans les trois jours, lorsqu'il s'agit
d'adjudications de biens nationaux ; et cette déclaration
ne donne ouverture à aucun droit. Décision de la régie,
du 28 fructidor an 7.

La déclaration de command faite au pied d'un procès-
verbal d'adjudication sur expropriation forcée, sans
justification de pouvoirs, à la faveur de l'article XIX
de la loi du 11 brumaire an 7, ne dispense pas l'enchérisseur de faire réserver dans l'acte d'adjudication sa
faculté d'élire un command, ainsi qu'il est prescrit par
l'article LXVIII, § 1ᵉʳ., numéro 24 de la loi du 22 frimaire an 7 ? Et, à défaut de cette omission, la déclaration ou élection de command, même dans les vingt-
quatre heures de l'adjudication, donne ouverture au droit
proportionnel ? Décision du ministre des finances, du 8
fructidor an 9.

On a élevé la question de savoir de quel droit est passible une déclaration de command sur l'adjudication d'un
bail. La loi du 22 frimaire an 7 n'admettant les déclarations de command que pour les aliénations de meubles
et d'immeubles, et les jurisconsultes ne les admettant
même que pour les immeubles, la déclaration dont il s'agit,
ne peut s'appliquer à un bail qui n'opère qu'une transmission momentanée de jouissance. On ne peut donc voir,
dans un acte de cette nature, qu'une subrogation de bail
sujette au même droit que le bail, suivant le nᵒ. 2 du
§ III de l'article XLIX.

§ III.

Définition.

La déclaration d'une acquisition ou d'un bail de biens
immeubles, est un acte séparé de la vente ou du bail,
par lequel quelqu'un, en vertu de la faculté qu'il s'est
réservée de nommer son commettant, ami ou command,
declare avoir agi, acquis ou loué pour et au profit de
la personne qu'il nomme.

La déclaration de command diffère de la contre-lettre,
en ce qu'elle ne détruit pas l'acte et ne fait qu'en appliquer le profit à une autre personne, qui accepte la

vente ou le bail, et s'oblige d'en remplir les conditions et d'en payer le prix. La contre-lettre, au contraire, est une reconnaissance que le premier acte n'était pas sérieux. Toutes contre-lettres sont aujourd'hui défendues.

DÉCLARATION D'HYPOTHÈQUE.

La déclaration d'hypothèque se fournit par le tiers détenteur d'un héritage, lequel déclare qu'il est affecté ou hypothéqué à une dette ou à une rente. *Voir* TITRE NOUVEL.

DÉCLARATION ESTIMATIVE.

C'est celle à passer dans les actes translatifs qui ne comportent pas de prix, et pour les mutations par décès. *Voir* ESTIMATION.

DÉCLARATION

De successions, legs et dons éventuels.

Les héritiers, légataires ou donataires d'une personne décédée, leurs tuteurs ou curateurs, sont tenus de déclarer la nature, consistance, situation et valeur des biens qui leur sont transmis, de signer leur déclaration et d'acquitter le droit d'enregistrement de ces mutations.

La loi règle le délai dans lequel ces déclarations doivent être faites, le bureau où elles sont passées, le mode d'évaluation des biens, la quotité du droit et les peines encourues, lorsque la déclaration n'a pas été faite en tems utile, ou qu'elle est insuffisante.

Le droit proportionnel est établi pour toute transmission de propriété effective, d'usufruit ou jouissance de biens meubles et immeubles par décès. Titre I, article IV.

Les mutations à titre de successions ou d'acquisitions, sont suffisamment établies pour la demande du droit d'enregistrement et la poursuite du paiement contre le nouveau possesseur, soit par l'inscription de son nom au rôle de la contribution foncière, et des paiemens par lui faits d'après ce rôle, soit par des baux par lui passés,

ou

ou enfin par des transactions ou autres actes constatant sa propriété ou son usufruit. Titre *ibidem*, Art. XII.

Les mutations par décès sont enregistrées au bureau de la situation des biens pour les immeubles.

La déclaration des biens meubles est faite au bureau dans l'arrondissement duquel ils se trouvent au décès de l'auteur de la succession.

Les rentes et les autres biens meubles sans assiette déterminée lors du décès, sont déclarés au bureau du domicile du décédé.

Les héritiers, légataires ou donataires, rapportent à l'appui de leur déclaration de biens meubles, un inventaire ou état estimatif, article par article, par eux certifié, s'il n'a pas été fait par un officier public; cet inventaire est déposé et annexé à la déclaration reçue et signée sur le registre du receveur de l'enregistrement. Titre IV, art. XXVII.

Quelques receveurs ont prétendu que les héritiers légataires ou donataires étaient tenus d'annexer à la déclaration qu'ils font d'une succession mobilière, les inventaires faits par des officiers publics; mais l'on voit que l'article de la loi que nous venons de citer, excepte formellement les inventaires faits par des officiers publics, et qu'à leur égard, les héritiers ne peuvent être tenus que d'en faire mention dans leurs déclarations, d'indiquer leur date, le nom et la résidence de l'officier public qui les a passés.

Le motif de cette exception est sensible. Lorsqu'un héritier, légataire ou donataire, fait sa déclaration en vertu d'un inventaire authentique, le receveur a, ou du moins peut se procurer la certitude que tous les objets de la succession sont compris dans la déclaration qui en est faite; mais lorsqu'il n'existe pas d'inventaire authentique, il faut que l'héritier fournisse un état estimatif, article par article, pour acquérir la conviction que sa déclaration porte sur tous les objets qui en sont susceptibles. Quoique la fraude ne doive pas se présumer, la loi a dû la prévenir, et son but est rempli, dès qu'il existe un titre qui dépose en faveur de la sincérité de la déclaration de l'héritier.

Au surplus, telle est la décision du ministre des finances, du 22 prairial an 7.

Les héritiers, légataires ou donataires acquittent,

Tome II.   B

avant l'enregistrement de la déclaration, les droits qui en résultent aux taux et quotité réglés par la loi.

Ils ne peuvent ni atténuer, ni différer le paiement, sous le prétexte de contestation sur la quotité, ni pour quelque autre motif que ce soit, sauf à se pourvoir en restitution, s'il y a lieu. Titre V, art. XXVIII.

Les co-héritiers sont solidaires pour le paiement des droits, la nation sur les revenus des biens à déclarer, en quelques mains qu'ils se trouvent, pour le paiement des droits dont il faudrait poursuivre le recouvrement. Titre V, art. XXXII.

Mais, il n'y a pas lieu à la solidarité entre les héritiers, pour les successions ouvertes avant la publication de la loi du 22 frimaire an 7, et chacun d'eux n'est tenu des droits qu'en raison de la portion qu'il recueille. Décision du ministre des finances, du 12 vendémiaire an 8.

Les héritiers, légataires ou donataires, qui ne font pas, dans les délais prescrits, les déclarations des biens à eux transmis par décès, paient, à titre d'amende, un demi droit en sus du droit dû pour la mutation.

La peine pour les omissions reconnues dans les déclarations, est d'un droit en sus de celui dû pour les objets omis. Il en est de même pour les insuffisances constatées dans les estimations des biens déclarés.

Si des héritiers, qui auraient fait leur déclaration avant le délai fixé par la loi, reconnaissent ensuite qu'elle est insuffisante, et viennent *d'eux-mêmes*, se présenter au bureau pour la rectifier avant l'expiration des délais, il n'y a pas lieu d'exiger le double droit, sous prétexte de la contravention existante ; mais il en serait autrement, si l'insuffisance de la déclaration avait été reconnue par le préposé, et si le procès-verbal, qui constaterait la fraude, *avait été signifié* aux héritiers, avant la rectification de leur déclaration ; en ce cas ils seraient passibles du double droit pour les objets omis ou insuffisamment estimés. Décision de la régie, du premier ventôse an 7.

Lorsque la déclaration a porté l'évaluation des biens à raison de vingt fois le prix des baux courans, on ne peut constater aucune insuffisance d'estimation, ni par d'autres actes, ni par l'expertise, qui, dans cette circonstance n'est point autorisée : on ne pourrait la prouver qu'en rapportant soit une contre-lettre qui contiendrait une augmentation de prix, soit tout autre acte qui justinerait que ce prix n'est pas le véritable, ou qu'il a été payé quelque pot-de-vin, dont il ne serait pas fait mention dans le bail. C'est ce qui résulte de l'article XV, numéros 7 et 19 de la loi du 22 frimaire an 7.

A défaut d'actes qui fassent connaître le véritable revenu des biens, l'insuffisance est établie par un rapport d'experts : si elle est reconnue, les contrevenans paient, outre le double droit, les frais de l'expertise. Titre II, art. XIX, et titre VI, art. XXXIX.

Les tuteurs et curateurs supportent personnellement ces peines, lorsqu'ils ont négligé de passer les déclarations dans les délais, ou qu'ils ont fait des omissions ou des estimations insuffisantes. Titre VI, art. XXXIX.

La quittance de l'enregistrement se met sur l'extrait de la déclaration du nouveau possesseur. Titre VII, article LVII.

Les droits perçus régulièrement ne sont pas restituables. Titre VIII, article LX.

Ces déclarations doivent contenir les noms, prénoms, demeures et professions des héritiers, légataires et donataires, ceux du décédé ; rappeler la date du décès, dont il est justifié par la représentation de l'acte mortuaire, ou auquel on supplée par l'affirmation du déclarant, constatant qu'il n'a pu se procurer cet acte et le produire ; indiquer la parenté en directe ou collatérale ; si la mutation a lieu entre époux, relater les noms et prénoms du fondé de pouvoirs, lorsque la déclaration n'est pas faite par la partie elle-même ; énoncer la procuration, elle doit être sur papier timbré, certifiée par le déclarant, et annexée au registre ; mais il n'y aurait pas de contravention, si elle n'était pas enregistrée, parce que, dans ce cas, il n'en est pas fait usage par acte public en justice ou devant une autorité constituée ; spécifier, par le détail, les biens, la nature, consistance, situation et valeur estimative en capital au tems où la déclaration est passée ; déterminer la quotité, le montant et le paiement du droit.

PREMIÈRE QUESTION.

Les héritiers légitimes qui ne conservent aucun avantage de la succession qu'ils sont appelés à recueillir, sont-ils tenus d'en acquitter les droits ?

Un exemple précisera cette question.

François et Paul ont accepté, sous bénéfice d'inventaire, la succession de leur père ; ils ont ensuite passé un acte avec leur mère, par lequel il est dit que les biens-fonds, meubles, créances et autres objets dépendans de la succession ne suffisant pas pour la remplir de ses reprises, ils lui font l'abandon de l'hérédité.

Fondés sur ce que, d'après l'article XXXII du titre III, de la loi du 22 frimaire an 7, la nation a action sur les revenus des biens à déclarer, en quelques mains qu'ils se trouvent, ces héritiers prétendent n'avoir rien à payer, attendu qu'ils ont abandonné la totalité de la succession.

C'est une erreur. Les droits d'enregistrement sont dûs à cause de la mutation qui s'est opérée en faveur des enfans, par l'effet de la mort du père ; on ne peut contester que ceux-ci n'ont été nantis de la succession, et qu'ils ont pu en disposer à leur gré, à condition d'en supporter les charges ; ce qui le prouve, c'est qu'ils en ont fait la cession volontaire en paiement des reprises dues à leur mère.

Les dispositions de l'art. XXXII de la loi ne sont que facultatives ; elles ne peuvent éteindre l'action que la nation conserve contre le débiteur direct ; elles ont pour objet de conserver l'hypothèque du droit, de lui faire suivre l'objet sur lequel il frappe, et de le grever du paiement, en quelques mains qu'il passe ; mais le véritable débiteur ne peut en induire qu'il est affranchi du droit auquel la mutation opérée en sa faveur donne lieu ; le possesseur (dans le cas où il est attaqué) a le droit d'exercer son recours contre le vendeur ou cédant.

Il n'en serait pas de même si les héritiers légitimes avaient répudié la succession, dès-lors ils sont dépouillés du droit que la nature ou les actes leur ont transmis, la succession passe sur la tête d'un des autres héritiers habiles à succéder, parmi lesquels sont compris la veuve ou le mari survivant, en vertu de la loi *undè vivet uxor;*

et à défaut, la nation à titre de déshérence ; mais, dans aucun cas, la veuve ne peut, pour ses reprises s'emparer de la succession ; elle n'a qu'un droit d'hypothèque ; elle l'exerce par acte volontaire ou en justice.

Nous pensons donc que dans l'espèce présente les héritiers sont tenus du paiement des droits de la succession de leur père ; mais qu'il est libre au receveur de l'enregistrement d'en former la demande, soit contre eux, soit contre la veuve, qui, en vertu de la cession se trouve en possession de l'hérédité.

IIᵉ. QUESTION.

Comment régler les droits de succession des biens délaissés par un père et tous ses enfans décédés le même jour.

Par le plus affreux des assassinats, un père, une mère et cinq enfans sont massacrés dans la même nuit. La succession est recueillie par des collatéraux qui se présentent au bureau de l'enregistrement pour en faire la déclaration, combien doit-il être perçu de droit d'enregistrement ?

C'est dans les ténèbres que les victimes ont été frappées, et il est impossible de connaître l'ordre dans lequel elles sont tombées. Mais à défaut de preuves, il faut recourir aux présomptions. Il est dans l'ordre de la nature que les pères meurent avant les enfans. Ainsi en supposant qu'ils ayent tous quitté la vie au même instant, on doit croire que pendant un intervalle quelconque ils ont été saisis de la succession de leur père, et qu'ils ont transmis immédiatement à leurs oncles et cousins germains les biens que ces derniers ont recueillis. D'après ce raisonnement, il est dû incontestablement au moins deux droits ; l'un pour la succession directe dont les enfans ont été saisis, et l'autre pour les biens échus aux héritiers collatéraux. Mais la rigueur des principes autorise des prétentions bien plus étendues. Les lois anciennes et nouvelles ont établi que quand des individus qui se succèdent de droit, meurent ensemble par le même évènement, comme dans un incendie, dans un naufrage, le plus jeune est toujours censé avoir survécu. Une loi du 20 prairial an 4, a confirmé ce principe ; elle est conçue en ces termes :

« Lorsque des ascendans, des descendans, et autres
» personnes qui se succèdent de droit, auront été con-
» damnés au dernier supplice, et que mis à mort dans la
» même exécution, il devient impossible de constater
» leurs prédécès, le plus jeune des condamnés sera pré-
» sumé avoir survécu ».

D'après ces dispositions, il est évident. 1°. Que les
biens des père et mère ont résidé sur la tête de leurs
enfans ; 2°. Qu'il s'est opéré parmi les enfans des mutations successives. L'aîné a laissé à ses frères survivans
sa portion dans la succession de son père, et ainsi de
suite. Il en résulte qu'à la rigueur il serait dû six droits,
savoir : le premier pour la succession directe recueillie
par les enfans, et les cinq autres à raison du décès successif des enfans, sur le pied pour le premier d'un cinquième, pour le deuxième d'un quart, pour le troisième
d'un tiers : le quatrième de moitié, et le cinquième de la
totalité des biens dont la mutation s'est opérée en collatérale.

Cette liquidation est la seule fondée : cependant les
circonstances atroces qui ont privé de la vie le père et
les cinq enfans, ont paru exiger une décision particulière ; et le directoire exécutif, sur le rapport du ministre
des finances, a arrêté le 25 floréal an 7, qu'il ne serait perçu pour les biens provenant de la succession dont
il s'agit, qu'un droit d'enregistrement en ligne directe,
et un seul droit en collatérale.

IIIe. QUESTION.

*Les héritiers naturels sont-ils tenus de comprendre dans
la déclaration qu'ils font des biens dépendans de la
succession qui leur est échue, le montant des legs
particuliers de somme d'argent dont les légataires
ont acquitté les droits lors de l'enregistrement du
testament ?*

Pour soutenir l'affirmative, on a dit : les dispositions
entre-vifs diffèrent de celles à cause de mort ; les premières saisissent dès le moment de l'acte, lorsqu'elles
sont revêtues des formalités qui leur sont propres ; les
secondes ne contiennent point de tradition actuelle. Les
héritiers naturels doivent faire la délivrance des objets
compris dans la disposition. Ainsi une somme léguée, se

trouvant par cette raison sujette à délivrance , est censée , aux yeux de la loi, avoir fait partie de la succession , et avoir appartenu quoique fictivement , aux héritiers du sang , suivant la maxime « *que le mort saisit* » *le vif son plus proche héritier habile à lui succéder.* »

D'ailleurs , les legs ne sont qu'une dette et charge de l'hérédité ; et dans la déclaration des biens d'une succession , la loi s'oppose formellement à ce qu'il soit fait déduction sur la valeur des biens , d'aucunes dettes ni charges ; elle porte , article XXXII : « les droits des » déclarations des mutations par décès , seront payées par » les héritiers donataires ou légataires. » Les co-héri-» tiers seront solidaires. » Son vœu est donc pour l'exigibilité du droit de la part des héritiers naturels.

Mais on répond à ces raisonnemens. Les légataires recueillent directement , ainsi que font les héritiers. A la vérité , leur droit est suspendu jusqu'à l'homologation du testament , ou jusqu'à ce que l'exécution en soit consentie par les héritiers , parce que ceux-ci ont le droit de l'examiner et de le critiquer ; mais la délivrance qu'ils en font n'est qu'un acte déclaratif comme le partage : s'il opérait une première transmission de la propriété du legs dans la main de l'héritier , celui-ci pourrait en disposer ; car , cette faculté , est une suite nécessaire du droit de propriété ; alors le légataire tiendrait de la libéralité de l'héritier et non de celle du testateur. On ne peut donc pas prétendre qu'un legs dont la délivrance est ordonnée ou consentie , ait appartenu à l'héritier , ni qu'il y ait eu dans ce cas une double mutation. On invoquait également en faveur de cette opinion la loi du 22 frimaire an 7 , et celles antérieures portant établissement du droit d'enregistrement , qui déterminent un droit plus ou moins fort , en raison de la parenté ou non parenté du légataire avec le testateur , et en raison même du dégré plus ou moins éloigné de cette parenté ; ce qui semble prouver que la loi regarde le légataire comme recueillant directement l'objet du legs.

Ces deux opinions , quoique contradictoires , conduisent à cette conséquence :

Lorsqu'un testateur fait un legs particulier , comme par exemple , de sa bibliothèque , d'un contrat de rente ou autre effet , la transmission est directe au légataire , qui , seul , est tenu d'acquitter les droits , et l'héritier ne doit point comprendre l'objet dans sa déclaration.

4

Mais s'il s'agit d'un legs particulier en argent, il faut distinguer : ou la déclaration de l'héritier comprend des sommes trouvées dans la succession, ou la déclaration ne comprend aucune somme en espèces. Dans le premier cas, la déduction du legs sur ces sommes est de droit, n'y ayant transmission à l'héritier que de ce qui restait, le legs prélevé; dans le second cas, l'héritier n'est pas plus fondé à déduire sur le mobilier qu'il a recueilli, le montant du legs en argent que celui des autres dettes de la succession. En effet, le legs n'empêche pas que le mobilier entier ne lui ait été transmis; et c'est à cause de la transmission qu'il y a ouverture au droit, sans distraction des charges.

IVᵉ. QUESTION.

Dans les pays réunis, un père décédé avant la réunion avait transmis à ses enfans la propriété de ses biens et l'usufruit à sa femme. Celle-ci est décédée depuis peu. Les enfans sont-ils obligés à faire la déclaration de cet usufruit ?

Pour l'affirmative, on dit : L'article XV, n°. 7 de la loi du 22 frimaire an 7 n'exempte du droit d'enregistrement l'acte de réunion de l'usufruit à la propriété pour les biens transmis par décès, que lorsque le droit d'enregistrement aura été acquitté sur la valeur entière de la propriété. Dans l'espèce, il n'a été payé aucun droit d'enregistrement ; il n'y a donc aucun motif pour dispenser les héritiers de faire la déclaration de cet usufruit.

Ce raisonnement est spécieux, mais il n'est pas fondé. En effet, à quelle époque le droit d'enregistrement aurait-il été exigible ? Au moment du décès du père. Mais alors il n'était pas dû. Ce serait donc donner un effet rétroactif à la loi, que d'exiger actuellement un droit qui n'aurait pu l'être qu'à une époque où la loi n'existait pas. La justice s'y oppose, et la loi même le défend : car l'article LXX, §III, n°. 16, exempte de l'enregistrement, les mutations qui se sont opérées par décès dans les pays réunis, avant leur réunion à la France. Enfin, il est de principe que l'exemption d'un droit tient lieu de paiement sous tous les rapports ; il n'y a donc pas lieu à la déclaration de l'usufruit réuni à la propriété.

Nous observons au reste que la régie l'a décidé ainsi ,
sur plusieurs questions semblables qui lui ont été faites.

V^e. QUESTION.

*Un particulier décède après avoir vendu tous ses biens
immeubles. Ses héritiers attaquent les ventes , et
obtiennent un jugement qui les annulle , et les réin-
tègre dans les biens , doivent-ils déclaration de ces
immeubles , et dans quel délai ?*

Dans ce cas les ventes sont censées annullées , *ab
initio*, et pour cause radicale ; il n'est pas dû de droit
proportionnel pour le jugement ; mais les biens étant
dès lors reconnus avoir fait partie de la succession du
défunt , les héritiers doivent en faire leur déclaration ,
et acquitter l'enregistrement en cette qualité dans le
délai de six mois, à partir du jugement , époque où le
droit est devenu exigible.

Il n'en serait pas de même d'une résolution de vente
prononcée pour défaut de paiement du prix , ou autre
inexécution des clauses du contrat. Alors le jugement
opérerait une transmission de propriété , dont les héritiers devraient acquitter le droit à raison de quatre pour
cent dans les vingt jours, comme l'aurait acquitté celui
qu'ils représentent , si le renvoi en possession avait été
prononcé de son tems. Mais dans ce cas ils ne devraient
pas un second droit proportionnel pour la transmission
par décès.

VIe. QUESTION.

*Mode de partage d'une succession d'une femme laissant
des enfans d'un premier et d'un second lits. Droit
d'enregistrement exigible pour cette succession.*

Une femme a deux enfans, l'un d'un premier , l'autre
d'un second mariage : elle meurt , et après elle l'enfant
du second lit.

On demande , 1°. si la succession de cet enfant appartient en totalité au fils du premier lit , comme frère
utérin , ou si celui-ci doit la partager avec le père du
décédé ?

2°. Quel est le droit exigible pour cette succession ?

Le rapprochement des dispositions de la loi du 17 nivose an 2 fournit la solution de cette question.

L'article LXXXIII est ainsi conçu : « Si les héritiers » du défunt, descendent les uns de son père, les autres » de sa mère, une moitié de la succession sera attribuée » aux héritiers paternels, et l'autre moitié aux héritiers » maternels. »

L'article LXIX s'exprime ainsi : « Si le défunt n'a laissé ni descendant, ni frère ni sœur, ni descendans de frère ou sœur, ses père et mère, ou le survivant d'eux lui succèdent. »

La loi établit donc en principe général, que toute succession se divise en deux parts, formant les lignes paternelle et maternelle; le frère utérin a sans doute tout droit à la moitié maternelle, mais il est étranger à la ligne paternelle.

Il ne peut point y succéder dans ce cas-ci , puisque le père du défunt existe, et que , pour pouvoir y prétendre , il faudrait qu'il n'y eût ni descendans ni ascendans, ni collatéraux du décédé.

L'article LI de la loi du 22 ventose an 2, explicative de celle du 17 nivose , décide la question dans ce sens.

Ainsi la succession dont il s'agit appartient, moitié au frère utérin, et moitié au père du décédé.

Le droit est dû , en conséquence , à raison de cinq pour cent sur la moitié, comme pour une succession collatérale, et d'un pour cent sur l'autre moitié, comme succession directe.

VIIe. QUESTION.

Les légataires-usufruitiers sont-ils tenus du paiement des droits à payer par les héritiers ?

Un héritier usufruitier a prétendu qu'on ne pouvait diriger aucune demande contre lui sans avoir discuté le principal obligé.

Cette prétention n'est pas fondée , mais la question est susceptible de développement.

La loi du 22 frimaire an 7 « rétablit, pour le droit d'enregistrement résultant de mutation par décès , les principes consacrés par les lois anciennes pour la perception du centième denier , c'est-à-dire que le paiement de ces droits est spécialement affecté sur le revenu des biens à déclarer, en quelques mains qu'ils passent. Il n'est donc pas douteux que, depuis la promulgation de la loi du 22 frimaire an 7, comme avant celle du 19 décembre 1790, le droit ne soit hypothéqué sur le revenu des biens; mais on ne peut considérer le légataire usufruitier comme principal redevable, et sous ce rapport, diriger les poursuites contre lui. La contrainte doit en pareil cas être décernée contre les héritiers, et à défaut de paiement dans les délais, le receveur doit poursuivre la saisie des revenus des biens qui font l'objet de la mutation, en quelques mains qu'ils se trouvent. La discussion préalable du débiteur principal n'est pas nécessaire, puisque la loi a déclaré d'une manière formelle que le droit suivait la chose transmise, et était affecté sur son revenu, sauf à l'usufruitier à exercer son recours contre l'héritier.

A l'égard des successions ouvertes dans l'intervalle de la loi du 19 décembre 1790, à celle du 22 frimaire an 7, on ne peut poursuivre contre les usufruitiers le paiement du droit dû pour la nue propriété : le silence des lois précédentes n'autorise point à former une semblable demande, qui doit toujours être fondée sur une disposition expresse.

VIIIe. QUESTION.

Lorsqu'une femme survivante a droit, en vertu de la coutume, à l'usufruit des biens de son mari, le droit d'enregistrement est-il dû sur le capital du revenu de la moitié, ou seulement sur celui du quart des acquêts de la communauté.

Cette question doit être résolue d'après l'article XIII de la loi du 17 nivose an 2, sur les successions. Cet article, après avoir confirmé les avantages coutumiers entre les époux encore existans, ajoute : Néanmoins, s'il y a des enfans de leur union ou d'un précédent mariage, ces avantages, au cas qu'ils consistent en simple jouissance, ne pourront s'élever au-delà de moitié du revenu des biens délaissés par l'époux décédé. Or, dans l'espèce, les biens du mari ne consistaient que dans la moitié de ceux composant la communauté (en supposant que la femme n'y ait pas renoncé), le droit de jouissance de sa femme ne porte donc que sur un quart de la totalité de ces mêmes biens. Ainsi le droit ne peut être perçu que sur un quart des revenus, d'après l'évaluation qui en sera portée à dix fois le produit des biens, ou le prix des baux courans, sans distraction des charges, conformément au n°. 8, art. XV de la loi du 22 frimaire an 7, le droit d'enregistrement est de 2 fr. 5o cent. pour cent pour les immeubles, art. LXIX, § VI, n°. 5, et de 62 centimes et demi pour cent pour les meubles, article LXIX, § IV, n°. 2, sans préjudice au droit dû par les enfans pour la propriété de la moitié des biens de la communauté qu'ils recueillent par le décès de leur père.

IXe. QUESTION.

Le droit fixe perçu sur une disposition éventuelle, doit-il être déduit sur le droit proportionnel à percevoir sur la déclaration qui doit être faite lors de l'événement?

Notre opinion est pour la négative. En effet, il est vrai que la loi du 19 décembre 1790 voulait que les droits payés par le survivant, pour l'enregistrement d'un testament ou don mutuel, qui ne transmettait que des immeubles, fussent réduits sur ceux à payer pour la déclaration à fournir, lors du décès, de ces immeubles.

Pourquoi? C'est que les droits perçus pour l'enregistrement des testamens ou dons mutuels, fixés au quinziéme du revenu des contractans, étaient établis sur leurs facultés, et frappaient directement sur la valeur des objets; le droit proportionnel à percevoir sur la déclaration, au moment de l'événement, frappait aussi sur la valeur des objets : il était donc juste de déduire le second droit du premier.

Mais il n'en est pas ainsi de la loi du 22 frimaire. Elle n'a établi sur toutes les dispositions éventuelles qu'un droit fixe qui est irrévocablement acquis par la simple formalité donnée à l'acte, et qui n'a rien de commun avec le droit à percevoir sur les valeurs; ainsi il n'y a point lieu de déduire le premier droit du droit proportionnel.

Cette première question fait naître celle de savoir si on doit faire encore aujourd'hui sur les droits résultans des déclarations, la déduction du droit perçu, à raison du quinziéme du revenu, dans le cas où cette réduction était ordonnée par la loi du 19 décembre 1790.

L'affirmative est certaine. Dans cette hypothèse,

la perception faite d'après les bases établies par la
deuxième classe du tarif de 1790, et par l'article 11 de
de la loi du 14 thermidor an 4, était simplement provisoire : c'était un à-compte payé sur le droit que devait
opérer la déclaration à passer lors de l'événement ; la
déduction en a été prescrite par la loi même qui en avait
ordonné la perception. On ne peut donc pas s'en écarter aujourd'hui : la loi du 22 frimaire se tait sur ce point,
et ne pouvait, sans injustice, apporter à cette règle aucun changement.

Xe QUESTION.

*La disposition d'un contrat de mariage portant que le
survivant exclura de la communauté les enfans ou
héritiers du prémourant, en leur payant une somme
en deniers, opère-t-elle un droit d'enregistrement
lors de l'événement ?*

La communauté de bien ayant été stipulée, chacun
des conjoints y a un droit égal par l'effet de la dissolution, et en vertu de la clause convenue, la moitié qui
appartient au décédé passe au survivant sous la charge
de l'indemnité à payer aux héritiers : il y a donc mutation de cette portion, et par suite, le survivant doit
passer sa déclaration de tous les biens de la communauté,
et acquitter le droit proportionnel de 62 cent. et demi
par cent francs, sur la moitié du mobilier qui la compose, rentes comprises ; et celui de deux francs 50 cent.
sur la moitié des immeubles, conformément au nombre II, paragraphes IV et VI de l'article LXIX de la
loi du 22 frimaire an 7.

Les héritiers doivent de même comprendre dans leur
déclaration la somme qui leur est payée par le survivant, et qu'ils sont censés trouver dans la succession.

XIe QUESTION.

*Les rentes foncieres doivent-elles être déclarées au bu-
reau du domicile du décédé, ou à celui de la situation
des biens sur lesquels la rente est assise ?*

L'article XXVII de la loi du 22 frimaire an 7, qui
porte que les rentes et autres biens meubles, sans as-

siette déterminée lors du décès , seront déclarées au
bureau du domicile du décédé, a donné lieu au raisonnement suivant : les seules sans assiette déterminée ,
doivent être déclarées au bureau du domicile.

Or , les rentes foncières ont une assiette déterminée ,
elles reposent sur le fond qui en est grevé. Le décret
du 18 décembre 1790 qui en permet le rachat, n'a r en
changé à la nature des rentes : et à défaut de paiement ,
le bailleur a droit de se faire mettre en possession ,
comme ayant conservé *jus in re*; elles doivent donc
être déclarées au bureau de la situation des biens. Ce
raisonnement est plus ingénieux que solide. En effet , la
loi du 11 brumaire an 7 , a déclaré que les rentes ne
seraient plus à l'avenir frappées d'hypothèques; et par-là
elle a changé la nature des rentes en les mobilisant. (La
loi du 18 décembre 1790 avait permis de les racheter.)
Il n'est donc pas exact de soutenir que le propriétaire de
la rente ait conservé *jus in re*; il ne lui est resté qu'une
hypothèque spéciale , qu'il a même perdue , s'il n'a fait
inscrire sa créance en tems utile , et il rentre aujourd'hui
dans la classe des créanciers ordinaires. Ainsi , tous les
anciens principes se trouvent abrogés par les lois des 11
brumaire et 22 frimaire an 7 ; les rentes foncières ,
comme toutes les autres rentes , sont de nature mobilière , et la déclaration doit en être faite au bureau de
l'arrondissement du domicile du décédé.

Solution de la régie , du 15 nivose an 8.

XIIe. QUESTION.

Peut-on verser à la trésorerie à Paris les droits d'enre-
gistrement dus pour une succession dont les biens sont
situés dans un département éloigné , et le versement
dispense-t-il de faire la déclaration dans les délais?

Cette question , faite par un particulier au ministre
des finances , a été résolue en ces termes , le 18 messid.
an 8.

« Vous pouvez effectuer le paiement dont il s'agit à la
» trésorerie nationale , qui vous délivrera une rescrip-
» tion que vous remettrez pour comptant au receveur de
» l'enregistrement; mais il ne peut vous être accordé de
» délai pour votre déclaration , et acquitter les droits
» dont vous êtes redevable ».

XIIIe. QUESTION.

*Peut-on compenser la somme provenant des loyers
d'une maison séquestrée, avec le montant des droits
d'enregistrement dus pour déclaration de succession ?*

Le ministre des finances a décidé, le 18 germinal an
8, que, dans l'espèce, la compensation ne pouvait être
admise comme contraire à l'ordre de la comptabilité,
attendu que la restitution des loyers échus pendant un
séquestre, doit être faite par la caisse des domaines, et
que les droits de succession doivent être acquittés dans
la caisse de l'enregistrement.

XIVe. QUESTION.

Succession des condamnés.

Un arrêté du gouvernement, du 24 floréal an 8, ordonne que les héritiers d'un condamné seront admis à
se libérer des droits de sa succession, avec des rescrip-
tions à valoir sur les restitutions du prix des biens de
cette succession vendus par la république.

XVe. QUESTION.

*Un héritier vend des biens d'une succession qu'il a re-
cueillie ; ou fait un acte quelconque de propriété avant
d'avoir fait sa déclaration, et avant que le délai que
la loi lui accorde à cet effet, soit expiré, a-t-il, par
cela seul, encouru la peine du double droit ?*

La loi du 22 frimaire an 7 défend, art. XLI, aux notaires et autres officiers publics de passer des actes en
vertu d'autres actes sujets à l'enregistrement, avant que
ceux-ci n'aient été soumis à cette formalité, et malgré
qu'ils soient encore dans le délai utile, à peine de 50 fr.
d'amende, outre la restitution des droits. Mais cette défense relative aux actes, ne peut s'appliquer aux déclarations pour successions. 1°. Les dispositions pénales ne
doivent point être étendues d'un cas à un autre ; 2°. La
loi n'accorde aux héritiers un délai de six mois, que
pour leur laisser le moyen de faire procéder aux inventaires ; connaître les fonds de la succession ; l'ac-

cepter ou y renoncer, et se mettre en état, par des transactions ou arrangemens, d'acquitter les droits résultant
de la mutation. Or ce moyen deviendrait illusoire si les
héritiers étaient tenus de payer les droits avant l'expiration
du délai, pour procéder à la vente des biens de la succession. Il n'y a donc ni contravention à la loi, ni peine
encourue dans l'espèce proposée, parce que l'héritier ne
peut être contraint au paiement du droit de la succession, qu'après que le délai est expiré.

Cette solution, au surplus, ne peut s'appliquer aux
testamens, donations à cause de mort, et autres actes
qui fondent le droit des héritiers : ils doivent les faire
enregistrer avant d'agir en cette qualité devant notaire
ou devant les autorités constitués, à peine de l'amende
de 50 francs, portée par l'article XLI, quand même le
délai de trois mois, fixé à l'article XXI ne serait pas
expiré.

<h3 style="text-align:center">XVIe. QUESTION.</h3>

Le double droit est-il dû par les défenseurs de la patrie
en activité de service, qui n'ont point acquitté dans
les délais les droits d'enregistrement des successions
qui leur sont échues ?

Un citoyen, décédé le 3 pluviôse an 6, laisse pour
seul héritier un frère en activité de service à l'armée
d'Italie. Celui-ci, informé du décès de son frère, établit
un fondé de pouvoir pour suivre les opérations relatives
à cette succession: mais le fondé de pouvoir néglige de
faire la déclaration prescrite par la loi.

Cependant l'héritier, défenseur de la patrie, est fait
prisonnier : les affaires de la succession sont en mauvais
état : une assemblée de parens lui nomme un curateur.

Le curateur est appelé pour faire la déclaration des
biens de la succession dont il s'agit : les délais sont ex-
pirés, on lui demande le demi-droit en sus; cette demande est-elle fondée?

Le curateur réclame, et appuie sa réclamation sur
les dispositions de la loi du 6 brumaire an 5, dont voici
le considérant.

« Il est aussi instant que juste de prendre des mesures
» qui mettent la propriété des défenseurs de la patrie et
» des autres citoyens attachés au service des armées, à

» l'abri

» l'abri des atteintes que la mauvaise foi ou la cupidité
» pourraient y porter pendant leur absence. »

Il invoque un décret du 18 fructidor an 2, qui porte
que le délai de six mois ne courra contre les héritiers
des défenseurs de la patrie, que du jour où ils auront
pris leur succession.

Ces moyens de réclamation sont insuffisans :

1°. Les défenseurs de la patrie ont sans doute bien des
droits à la protection des lois et à la faveur du gouvernement; c'est dans cet esprit qu'a été rendue la loi du
6 brumaire an 5 : mais elle est tout-à-fait étrangère à
l'espèce.

Il s'agit ici d'un droit établi sur toutes les successions,
tous les héritiers, quels qu'ils soient, y sont soumis : la
cupidité ou la mauvaise foi ne peuvent avoir aucune
part dans le recouvrement de ce droit; un fondé de
pouvoir était établi pour faire la déclaration, et l'absence de l'héritier n'a pas pu l'empêcher de se conformer aux lois.

2°. L'application du décret du 18 fructidor an 2, n'est
pas plus heureuse. Ce décret prolonge les délais pour les
héritiers des défenseurs de la patrie, pourquoi ? Parce
que ceux-ci courant les hasards des combats, peuvent
avoir été fait prisonniers ou avoir disparu pour différentes causes, leur mort n'est pas toujours facile à constater, leurs héritiers ne peuvent donc se mettre en mesure que lorsqu'ils ont pris possession des biens qui composent la succession; mais il n'en est pas de même lorsque c'est un défenseur de la patrie qui hérite : on sait à
quel corps il est attaché, il peut aisément être informé
du décès de son parent, et établir en conséquence un
fondé de pouvoir comme dans l'espèce dont il s'agit.

D'ailleurs, le décret du 18 fructidor an 2, est une exception à la loi générale : or les exceptions ne font que
confirmer la régle, et ne peuvent s'étendre d'un cas à
un autre.

Les défenseurs de la patrie en activité de service sont
donc passibles du double droit lorsqu'ils n'ont pas acquitté dans les délais les droits d'enregistrement des successions qui leur sont échues.

Telle est la décision de la régie du 22 germinal an 8,
confirmée par celle du ministre des finances du 28 du
même mois.

XVIIe. QUESTION.

Peut-on exiger d'un héritier le paiement du demi-droit en sus que devait celui dont il hérite, pour n'avoir pas fait la déclaration dans les délais fixés par la loi.

L'article XXXIX de la loi du 22 frimaire, porte que les héritiers, donataires ou légataires qui n'auront pas fait dans les délais prescrits, les déclarations des biens à eux transmis par décès, paieront, à titre d'amende, un demi-droit en sus du droit qui sera dû pour la mutation.

On prétend prouver par cet article même, que le demi-droit n'est pas exigible dans ce cas-ci. Les amendes, dit-on, sont personnelles, ceux qui les doivent ne peuvent en transmettre la charge à leurs héritiers; or, le demi-droit en sus est une amende, ce sont les propres expressions de la loi; il n'est donc point exigible après le décès de celui qui en avait encouru la peine.

Le principe est vrai en général, mais il n'est point applicable à l'espèce. 1°. Quoique la loi porte que le demi-droit en sus doit être payé à titre d'amende, il n'est point proprement dit une amende, mais seulement une augmentation de droit que la loi impose à ceux qui n'ont point fait la déclaration dans les délais. Mais en supposant qu'il soit une amende, ce n'est point une peine personnelle. Un homme a encouru une amende pour contravention à la police; c'est une peine imposée sur la personne; elle s'éteint avec elle si la condamnation n'est point prononcée; mais la peine du demi-droit est assise sur le bien, c'est lui qui la doit pour un défaut de formalité, et l'héritier ne peut pas plus se soustraire à cette charge qu'il ne peut se dispenser d'acquitter toutes les autres charges de la succession.

On doit donc exiger, dans le cas dont il s'agit, le paiement du demi-droit en sus avec celui du droit principal, quand même ce dernier serait acquitté par l'héritier dans les six mois du décès de celui qui avait encouru la peine du demi-droit. Décision de la régie du 4 vendémiaire an 8.

XVIIIe. QUESTION.

Une contrainte décernée par un receveur contre des héritiers, peut-elle empêcher la prescription du droit qu'ils doivent pour des biens situés dans l'arrondissement d'un autre bureau ?

Pour soutenir l'affirmative , on a dit : les poursuites sont faites à la requête de la régie et non du receveur, pour les droits dûs sur tous les biens d'une succession. L'obligation de faire la déclaration des biens au bureau, dans l'arrondissement duquel ils sont situés , n'est que de forme et non de droit.

La conséquence n'est pas juste. L'article XXVII de la loi du 22 frimaire an, 7 porte : que les mutations de propriété ou d'usufruit par décès , seront enregistrées au bureau de la situation des biens. Ainsi , la déclaration à passer dans tous les bureaux où les biens sont situés , n'est pas purement de forme , mais de droit étroit. De cette obligation, rigoureusement imposée à tous les héritiers, il résulte que chaque receveur , dans l'arrondissement duquel se trouvent des biens , est tenu de faire les diligences nécessaires pour opérer le recouvrement des droits et empêcher la prescription. Comme la déclaration doit être faite dans tous les bureaux , la contrainte que signifie un receveur, à la requête de la régie , n'embrasse et ne peut avoir pour objet que les biens qui sont arrondis à son bureau ; là se bornent les pouvoirs des receveurs ; et la régie doit, par ses préposés , faire signifier autant de contraintes qu'il y a de bureaux ; autrement la prescription s'acquiert par-tout où l'on a négligé de faire les poursuites nécessaires.

XIXe. QUESTION.

Toute demande de droits résultant de successions directes ou collatérales est prescrite après le laps de cinq années , à compter du jour de l'ouverture des droits. Ce principe peut-il s'appliquer aux biens séquestrés ?

Non. Aux termes des lois sur l'enregistrement dont les principes sont confirmés par l'article XXIII de la loi du 22 frimaire an 7, le délai fixé pour le paiement des droits de mutation résultant de l'ouverture des successions, ne court que du jour de l'envoi en possession, lorsqu'il s'agit d'une succession séquestrée ou de celle d'un condamné. Ainsi la prescription de cinq ans ne peut courir que du jour de l'envoi en possession, et elle n'est définitivement acquise qu'à l'expiration des cinq années qui suivent cette époque.

Par le même principe, la peine du droit en sus ne peut être encourue qu'après l'expiration des six mois, à dater du jour de l'envoi en possession.

Ainsi décidé par le ministre des finances, le 28 pluviose an 7.

XXe. QUESTION.

Un immeuble non affermé, provenant d'une succession ouverte en prairial an 7, a été évalué dans une déclaration faite en messidor suivant, du revenu de 300 ; il a été vendu un mois après 17000 francs. Y a-t-il insuffisance d'évaluation et un supplément de droit à répéter ?

Suivant la loi du 22 frimaire an 7, article XV, n°. 7, l'évaluation des biens transmis par décès, doit être faite et portée à vingt fois le produit des biens ou le prix des baux courans, sans déduction de charges.

Aucun article de cette loi ne dit que l'évaluation sera faite en capital ou prouvée fausse par le rapprochement du prix résultant d'une vente faite avant ou après. La vente ne suffit donc pas pour établir une contravention ; car de ce qu'un immeuble a été vendu moyennant 17000 francs, il ne s'ensuit pas nécessairement que le revenu, le produit annuel de cet immeuble excède 300 fr.

Mais c'est un fort motif de présumer cette insuffisance dans l'estimation du revenu ; et il doit déterminer à rechercher les actes de nature à l'établir : et si ces recherches étaient sans succès, nous croyons que c'est le cas de requérir l'expertise autorisée par l'article XIX de la loi.

XXIe. QUESTION.

Peut-on exiger le droit d'enregistrement des successions directes sur le montant des dots constituées , lorsqu'elles sont dans le cas d'être rapportées pour le partage des enfans ?

La plupart des anciennes coutumes voulaient que les enfans venant à la succession de leurs père et mère, rapportassent tout ce qui leur avait été donné précédemment en avancement d'hoirie , mais elles leur laissaient la faculté de garder les biens qu'ils avaient reçus , soit en renonçant à la succession et assurant la légitime de ceux de leurs frères et sœurs qui n'avaient pas été dotés , soit en prenant moins dans les biens qui restaient au décès de leurs père et mère.

D'après les dispositions de ces coutumes , le rapport des dots ou des avantages en avancement d'hoirie n'était jamais que fictif , car ou ces dots excédaient la portion revenante aux enfans dotés dans la masse de la succession , ou elles étaient inférieures ou d'égale valeur ; dans le premier cas , ils avaient la faculté de s'en tenir à leur contrat de mariage en renonçant à la succession , sauf à parfaire , s'il y avait lieu , la légitime de leurs frères et sœurs ; dans le second cas , ils gardaient les biens qu'ils avaient reçus et prenaient d'autant moins dans la masse. Ainsi dans tous les cas , ils tenaient ces biens , non en vertu du décès de leurs père et mère , mais en vertu des contrats de mariage ou de donation , antérieurs au décès. Ces actes ayant été assujettis dans le tems de leur passation à l'enregistrement , on n'est pas fondé à exiger , ni les droits de déclarations , ni d'autres droits proportionnels , lorsque les dots rapportées sont inférieures ou de valeur égale à la portion revenante aux enfans dotés , dans la masse de la succession.

Mais toutes ces coutumes sont abolies , la nouvelle législation établit l'égalité de partage entre les héritiers directs , la loi du 18 pluviose an 5 veut que tous les avantages , dots , et donations faits depuis le 14 juillet 1789 , soient rapportés dans la masse de la succession , elle ne laisse plus la faculté de s'en tenir au contrat de mariage ou de donation , il en résulte que celui des enfans qui a reçu une dot plus considérable que la part qui lui revient dans la succession, est obligé de rapporter l'excédent : ainsi, on suppose un père de deux enfans quien a marié un en 1789, et lui a donné par contrat de mariage une somme de cent mille francs ; les événemens l'ont ruiné, et il laisse en mourant son second fils sans fortune. L'enfant doté est obligé par les nouvelles lois, de partager sa dot avec son frère, et de rapporter cinquante mille francs.

Il semble que dans ce cas, les droits de succession sont dûs sur cette somme de cinquante mille francs, parce qu'elle paraît réellement refondue dans la succession. Celui des deux cohéritiers en faveur de qui se fait le rapport devient propriétaire : il y a donc une mutation. Or le titre de toute nouvelle possession doit être assujetti aux droits. Il y a une mutation par décès, car ce n'est que par suite de la mort du père, et comme héritier, que le fils non doté devient propriétaire. On paraîtrait donc fondé à exiger dans ce cas les droits de succession directe.

Cependant, pour asseoir ce principe, il faudrait qu'il fût démontré que les donations au profit des enfans n'opèrent pas en leur faveur une mutation sujette au droit proportionnel, et que les biens qui leur ont été constitués n'ont réellement pas cessé de faire partie de l'avoir de leurs père et mère ; or il est certain au contraire, que ces transmissions, quoique subordonnées à la condition du rapport de la portion qui pourrait excéder la légitime, sont parfaites, et qu'elles dessaisissent les père et mère ; elles donnent lieu à la perception du droit proportionnel d'enregistrement, et elles ne seraient assujéties qu'au droit fixe, si on les avait considérées comme éventuelles.

Elles font si peu partie de l'avoir des père et mère, que les créanciers n'y ont aucun droit, et le fisc qui, dans la demande des droits de succession, n'agit que comme créancier, ne peut exiger que ceux résultant des biens existans réellement dans la succession lors du décès, et non compris dans les constitutions des dots antérieures pour lesquelles le droit proportionnel de transmission a déjà été acquitté sur ces actes.

Il est donc certain que le rapport des dots dans tous les cas, ne doit être considéré pour son objet et pour ses effets, que comme un balancement ou une rectification d'un partage inégal, il ne peut être soumis aux droits de déclaration de succession.

Décision de la régie de l'enregistrement, du 28 thermidor an 9.

XXIIe Question.

Doit-on passer déclaration des biens recueillis par l'effet d'une donation mutuelle faite et revêtue des formalités prescrites antérieurement à la loi de l'enregistrement ?

Consulté sur cette question par un époux survivant, le ministre a fait, le 8 fructidor an 9, la réponse suivante :

« Je vous observe que l'époque où il a été passé entre vous et votre épouse une donation mutuelle, ces sortes d'actes étaient sujets à deux droits très-distincts, le contrôle et l'insinuation, le centième et demi-centième deniers ; le premier se percevait au moment de la passation de l'acte, pour lui donner l'authenticité et la validité ; le second n'était exigible que lors de l'événement de la donation. Ces droits ont été supprimés par la loi du 19 décembre 1790, et remplacés par les droits de l'enregistrement payables sur les déclarations que les donataires sont tenus de faire, lors du décès, de la valeur des biens donnés éventuellement. La loi du 22 frimaire an 7 a fixé la quotité de ces droits, et celle du 27 ventôse dernier, en la confirmant, ayant ordonné que les liquidations en seraient faites en conformité de la loi précitée, quelle que soit la date et l'époque des actes à enregistrer, il s'ensuit qu'il n'y a point de rétroaction, et comme il résulte des renseignemens que je me suis procurés, que vous n'avez payé que la somme de 50 fr. pour les droits de contrôle et d'insinuation, et non ceux de centième et demi-centième deniers, perceptibles pour l'entrée en jouissance des donations qui sont indépendans des premiers, et dont les droits d'enregistrement tiennent lieu, il ne peut y avoir de motif d'autoriser la déduction que vous demandez. Je vous préviens seulement que les droits de contrôle et d'insinuation que avez payés au tems de la donation, représentant toutes les impositions alors subsistantes sur les dispositions mobiliaires, les effets mobiliers que vous avez recueillis à titre de donation mutuelle, ne doivent pas être compris dans la déclaration que vous êtes tenu de faire en cette qualité. »

XXIIIe. Question.

Prescription.

Par acte du 6 fructidor an 5, les citoyens Rivière avaient cédé à leur frère aîné, moyennant 9,000 fr. chacun, leurs droits dans l'hérédité de leur père. Son décès n'étant pas constaté sur les registres de l'état civil, les préposés de la régie avaient dû l'ignorer, et les droits de la succession n'avaient été acquittés, ni réclamés. La demande formée le 21 frimaire an 8, les citoyens Rivière y formèrent opposition, fondée sur ce que le citoyen Rivière, leur père étant décédé le 14 prairial an 2, la prescription était acquise contre la demande des droits, et pour établir ce fait, ils firent faire, le 14 nivose an 8, une enquête devant un juge de paix, constatant que Antoine Rivière était effectivement décédé le 14 prairial an 2.

Sur la production de cet acte, le tribunal de première instance de Villeneuve-du-Lot, sans égard aux moyens de l'administration, l'avait déboutée de la demande, par jugement du 24 thermidor an 8, fondé 1°. sur ce que les héritiers ne pouvaient être responsables de la négligence de l'officier de l'état civil; 2°. sur ce qu'aux termes des lois, les droits étant ouverts à compter du jour du décès, et se prescrivant par cinq années, à compter dudit jour, il suffit, pour établir la prescription, de produire une preuve légale de la date du décès antérieur de plus de cinq années à la demande des droits; 3°. sur ce qu'enfin le receveur a eu des moyens suffisans de constater la mutation opérée par le décès dudit Rivière.

L'administration s'est pourvue au tribunal de cassation, et y a exposé que d'après l'article XVIII de la loi du 19 décembre 1790, qui était la seule applicable à l'espèce, la prescription ne devait courir que du jour de l'ouverture des droits; que sans doute les droits étaient ouverts au décès; mais que le décès devait être légalement constaté, et qu'il ne pouvait l'être que par l'inscription sur le registre de l'état civil, ou par un acte authentique, qui constatât l'entrée en possession des héritiers dans les biens à eux échus; que suivant les principes du droit public, le citoyen Rivière a dû rester existant aux yeux de la loi, jusqu'à l'instant où, à défaut d'inscription sur le registre de l'état civil, son décès a été constaté par une enquête ; que la demande des droits n'eût donc pu être faite qu'à partir de cette époque, si un acte public antérieur n'eût fait connaître à son préposé la transmission des biens d'Antoine Rivière, opérée au profit de ses enfans.

Ces moyens avaient déterminé le tribunal de cassation à admettre la requête de l'administration, par un jugement du 5 ventose dernier, les défendeurs n'ont pas cru pouvoir y opposer de défense, et ont consenti le paiement des droits demandés.

XXIVe. QUESTION.

Prescription.

Un particulier décédé en 1795 avait laissé plusieurs héritiers, parmi lesquels se trouvait un prévenu d'émigration. Les propriétés étant indivises, le séquestre avait été apposé sur le tout, et n'avait été levé qu'après la radiation définitive du prévenu, prononcée par arrêté du 29 vendémiaire an 9.

Le séquestre étant levé, le receveur a formé la demande des droits d'enregistrement de la succession : les héritiers s'y sont refusés, sous le prétexte qu'ils étaient prescrits, la succession étant ouverte depuis plus de cinq ans.

La contestation portée devant le tribunal de Strasbourg, il a décidé, par jugement du 27 germinal an 9; 1°. qu'il n'y avait pas de prescription, 2°. que les droits étaient dûs suivant la loi du 22 frimaire an 7.

XXVe. QUESTION.

Peut-on saisir les revenus des biens d'une succession ouverte avant le 22 frimaire an 7 ?

La question est de savoir, si, d'après la loi du 27 ventose an 9, on peut saisir les revenus des biens d'une succession échue avant le 22 frimaire an 7, mais vendus depuis, pour le paiement des droits de cette succession. Quelques personnes ont pensé pour l'affirmative, nous ne sommes pas de cet avis. L'article Ier. de la loi du 27 ventôse, porte seulement que les droits

seront liquidés et perçus suivant les fixations établies par
celle du 22 frimaire an 7 ; mais cette disposition est
purement réglementaire de la quotité des droits, elle ne
peut donner d'action sur les revenus, sans donner un
effet rétroactif à la loi du 22 frimaire an 7. Nous estimons donc que l'on ne peut employer l'action sur les
revenus, non-seulement pour les mutations des biens
immeubles effectuées avant la loi du 22 frimaire an 7, qui
se trouvent dans des mains étrangères par la vente qu'en
ont faite les héritiers ; mais encore pour les mutations
de la même espèce de biens dont les héritiers sont en
possession.

XXVI⁰ QUESTION.

*L'inscription aux hypothèques est nécessaire pour as-
surer les droits de mutation par décès, sur les acquéreurs des biens.*

On avait élevé la question de savoir si d'après l'art.
XXXII de la loi du 22 frimaire an 7, l'on peut avoir
recours pour le paiement des droits d'une succession, sur
les revenus des biens que les héritiers ont vendus, et
dont l'acquéreur a fait transcrire le contrat aux hypothèques, sans qu'il y ait eu d'inscription pour la conservation du droit résultant de la succession, le ministre
des finances, par sa lettre écrite à la régie le 18 thermidor an 9, a décidé que l'acquéreur ne peut pas être
poursuivi dès qu'il n'y a pas eu d'inscription pour le
droit antérieurement à la transcription de son contrat ;
que ce principe est une conséquence nécessaire de ce
que la loi du 11 brumaire an 7 ne comprend pas cette
créance au nombre de celles dont le privilège ou l'hypothèque peuvent être réclamés sans inscription ;
qu'ainsi, tant que la législation sera muette sur ce point,
il sera important que les receveurs requièrent des inscriptions pour raison des droits dont il s'agit, toutes les
fois qu'ils craindront que des héritiers peu solvables ne
vendent les biens de la succession.

Il est cependant un cas, dit le ministre, où les con-
servateurs doivent faire l'inscription d'office, comme il
est ordonné par l'article 9 de la loi du 11 brumaire, c'est
celui où l'acquéreur est chargé par son contrat d'acquitter
le droit d'enregistrement de la mutation par décès.

Je ne pense pas du reste, ajoute-t-il, que l'on soit obligé d'obtenir un jugement, ou d'avoir un acte notarié pour requérir des inscriptions en pareil cas. J'estime, au contraire, qu'il y a hypothèque légale pour les droits à compter du jour du décès, et qu'il ne s'agit que d'en assurer l'effet par l'inscription avant la vente des biens par les héritiers ou la transcription du contrat.

XXVIIe. QUESTION.

Fausse déclaration de date de décès.

Quelques personnes avaient prétendu qu'une fausse déclaration de la date d'un décès donnait lieu à la peine du double droit, comme une fausse déclaration de la quotité ou de l'estimation des biens ; mais par une décision du 2 germinal an 8, la régie n'a pas partagé cette opinion : elle a pensé qu'il n'est jamais permis d'étendre les dispositions d'une loi ; que celle du 22 frimaire an 7 n'a prononcé la peine du double droit que pour les omissions ou les insuffisances d'estimation auxquelles on ne peut point comparer les fausses dates de décès ; que les peines ne doivent jamais s'appliquer par assimilation, et que dans l'espèce dont il s'agit on ne pouvait exiger que le demi droit en sus établi par l'art. XXIV de la loi précitée.

XXVIIIe. QUESTION.

Doit-on restituer le droit d'enregistrement payé pour la succession d'un absent, si l'absent reparaît ?

On s'appuie pour se refuser à la restitution, sur l'article XXIV de la loi du 22 frimaire an 7, qui assujétit ces successions au paiement des droits dans le délai de six mois, à compter de la mise en possession, et sur l'article LX, conçu en ces termes : « Tout droit d'enregistrement perçu régulièrement en conformité de la présente, ne pourra être restitué, quels que soient les événemens ultérieurs, sauf les cas prévus par la présente. » De ces deux articles on conclut que la loi n'ayant point dans l'espèce ordonné la restitution, il ne peut être restituable.

Malgré ce motif, nous pensons que le droit doit être

restitué. En effet, l'art. XII de la loi du 19 décembre 1790 portait formellement, qu'en cas de retour de l'absent, les droits seraient restitués ; le même principe existait sous le régime du centième denier, et l'opinion contraire donne une extension forcée au silence de la loi nouvelle, car il n'y a point eu de véritable mutation : les héritiers présomptifs de l'absent n'ont eu par l'évènement qu'une simple administration, et ils sont tenus de rendre compte même des fruits : conséquemment, ils ne doivent point supporter un droit pour une succession qu'ils n'ont pas recueillie.

XXIX.ᵉ QUESTION.

Quels sont les droits à percevoir pour une succession ouverte en ligne directe, mais à laquelle les héritiers ont renoncé, et les créanciers ont fait nommer un curateur par autorité de justice ?

Les principes de solution de cette question se trouvent dans la circulaire de la régie de l'enregistrement, n°. 1306, qui porte que la renonciation du plus proche héritier fait passer aux parens en degré plus éloigné le droit de recueillir, et que la quotité du droit se règle par la section à laquelle est applicable le degré de parenté qui suit immédiatement celui épuisé par la renonciation.

En vain on objecte que la succession est toujours censée directe ; que le curateur représente les renonçans et non les appelés ; qu'il faudrait que ceux-ci eussent accepté pour que le droit fût perçu suivant la section à laquelle ils sont applicables, et qu'il pourrait même arriver qu'il y eût défaillance d'héritiers.

Il est constant que la renonciation des héritiers directs épuise le degré de parenté en ligne directe : elle transmet donc le droit de succéder aux héritiers collatéraux. Or, ceux-ci l'acceptent ou ne l'acceptent pas. S'ils l'acceptent, point de difficulté, le droit est dû comme pour une succession collatérale. S'ils n'acceptent pas, leurs droits d'hérédité passent à des étrangers, et le droit d'enregistrement est le même que pour les collatéraux. Si enfin la succession est abandonnée, elle appartient à la nation, et dans ce cas, le même droit doit encore être perçu sur les premiers deniers recouvrés pour la succession, sauf à rendre cette succession aux héritiers qui se seraient fait connaître dans le délai de l'ordonnance.

La loi du 22 frimaire n'admet point de quotités intermédiaires entre le droit d'un franc dû pour les successions directes, et celui de 5 francs établi pour les successions entre collatéraux ou entre étrangers.

Ainsi, dans tous les cas, on doit percevoir le droit de 5 francs.

XXXe. QUESTION.

Distinction des biens propres de communauté. Dans quels cas ils doivent être déclarés.

1°. Il n'est pas nécessaire, pour qu'un héritage soit propre de communauté, que celui à qui le conjoint a succédé, en ait été pleinement propriétaire; il suffit qu'il se soit trouvé dans les effets de la succession. Exemple : Julie, épouse de Constantin, avait recueilli une maison dans la succession d'Auguste, son oncle : Antoine en avait prétendu la propriété, et avait formé contre Julie la demande en revendication. Cette maison serait toujours censée propre de communauté, quand bien même Julie aurait transigé et payé une somme d'argent à Antoine. Elle serait seulement tenue d'indemniser la communauté, lors de sa dissolution, des deniers qu'elle a employés pour assoupir le procès. Dans cet état, Constantin décède; ses héritiers ne doivent comprendre dans leur déclaration aucune portion de la maison, puisqu'elle est propre de communauté à Julie; mais ils doivent déclarer la moitié de la somme dont Julie doit récompense à la communauté, si elle l'a acceptée, ou la totalité si elle y a renoncé.

2°. Un héritage n'est point aussi conquêt de communauté, lorsque l'un des conjoints le tient en vertu d'une possession ou d'un droit auquel il a succédé. Exemple : César avait acquis un héritage d'un mineur ou d'un particulier qui n'en était pas propriétaire : il décède, et Augustine le recueille dans sa succession. Cet héritage est propre de communauté, et appartient privativement à Augustine, quoique la vente n'ait été ratifiée qu'après la mort de César, soit par le mineur, soit par le propriétaire. Ainsi , au décès d'Augustine , ses héritiers devront déclarer la totalité de cet héritage.

3°. Il en est de même si l'un des conjoints a trouvé dans la succession d'un parent un droit qui lui était acquis sur un héritage , en vertu duquel il se l'est fait délivrer , parce que le droit à une chose , est censé , par l'effet du droit et de l'événement , la chose même , suivant cette règle de droit : *Qui actionem habet , ipsam rem habere videtur* , liv. 15 , de R. J. Exemple : Césarine , épouse d'Alcippe , a exercé le retrait d'un héritage , en conséquence de réméré apposé dans un contrat de vente fait par son parent décédé , *ou* elle s'est fait mettre en possession d'un immeuble que son parent avait acquis , et qui ne lui avait pas été livré. Dans l'un ou l'autre cas , le prix du réméré ou de l'acquisition a été payé des deniers de la communauté. L'héritage néanmoins appartient en totalité à Césarine , sauf la récompense qu'elle doit à la communauté. A son décès , ses héritiers devront le comprendre dans leur déclaration ; et si Alcippe prédécède , ses héritiers seront tenus de déclarer la somme dont Césarine est obligée de leur tenir compte.

4°. Sont aussi propres de communauté les biens donnés en paiement de dot. Exemple : Citius a constitué à Mœvius , son fils , une somme d'argent ; il lui donne en paiement un immeuble : cet immeuble est un propre de communauté , à la charge néanmoins de la récompense de la somme promise qui y serait entrée , si Mœvius n'eût pas reçu l'héritage à la place ; même règle qu'au nombre précédent pour la déclaration qu'il y aurait à fournir , soit par les héritiers de Mœvius , soit par les héritiers de sa femme.

5°. Tous les immeubles que l'un des conjoints acquiert pendant la communauté , par partage ou licitation , sont des propres de communauté , parce que la loi ne regarde pas ces actes comme des titres d'acquisition , mais comme déclaratifs de propriété. Exemple : Alexandrine , épouse de Constantin , procède à un partage avec ses co-héritiers ; on lui assigne une maison à la charge d'une soulte de 600 francs *ou* elle se rend adjudicataire par licitation d'une maison dont un tiers seulement lui appartient à titre d'héritière , moyennant 9,000 francs pour la totalité. Dans l'un et l'autre cas , la maison est propre à Alexandrine , sauf la récompense qu'elle doit à la communauté. Si elle décède, ses héritiers devront passer déclaration de la totalité de la maison ; si, au contraire, Constantin prédécède, ses héritiers seront tenus de déclarer les 3000 francs de récompense qui leur seront dûs par la veuve, dans le cas où elle accepterait la communauté, ou les 6,000, dans le cas où elle y renoncerait.

6°. Les acquêts d'un conjoint ne sont conquêts de communauté, que lorsque le titre de l'acquisition n'a pas précédé le tems de la communauté. De-là il suit, 1°. que l'héritage acquis par le conjoint avant son mariage, est propre de communauté, quoiqu'il n'en ait été mis en possession qu'après la prononciation du mariage ; 2°. qu'il en est de même d'un immeuble dont le tems de la prescription, commencé avant le mariage, a été accompli pendant la durée de la communauté, 3°. que cette règle a lieu dans toutes les acquisitions dont le titre a précédé le mariage, quoiqu'il fut d'abord invalide et sujet à rescision, et n'ait été confirmé que durant la communauté. Ces articles, pour être facilement entendus, ne nous paraissent pas avoir besoin d'exemples.

7°. Si, après le mariage fait, un père donnait à son gendre et à sa fille un héritage pour leur appartenir à chacun pour moitié, la moitié de la femme lui serait un propre, parce qu'elle le tiendrait en ligne directe, et la moitié du mari serait un vrai *conquêt*, parce que cette moitié serait réellement pour lui l'effet d'une pure libéralité. La femme prédécédant, ses héritiers seraient tenus de déclarer, 1°. la moitié de cet héritage qui lui était propre ; 2°. et la moitié de l'autre moitié qui formait un conquêt de communauté. Par une raison contraire, les héritiers du mari ne seraient tenus qu'à la déclaration du quart en total.

8°. Les donations faites en collatérale, avec mention que c'est *en avancement d'hoirie*, produisent des propres de communauté au profit du donataire.

9°. Il ne faut pas mettre au rang des conquêts les héritages dans lesquels un conjoint rentre durant le mariage, par la voie de la rescision, de la résolution ou de la simple cessation de l'aliénation qui en avait été faite auparavant, sauf la récompense due à la communauté pour les sommes qui en auraient été tirées pour opérer la rentrée. Quant à la déclaration à passer, même règle à suivre qu'au nombre 5.

Cependant l'objet d'une rétrocession devient un conquêt, quand même cette rétrocession serait faite pour le même prix, lorsque les choses étaient consommées, et qu'il n'y avait aucune cause pour y donner lieu forcément. Dans ce cas, l'immeuble rétrocédé, quelque soit le conjoint qui l'eût aliéné, appartient par moitié à chacun d'eux.

Mais si cette rétrocession était prononcée en justice pour défaut de paiement, elle serait regardée comme une résolution de contrat, parce qu'en fait de vente, le prix est une des trois conditions sans lesquelles le contrat ne peut subsister, et dès lors l'héritage ne peut être regardé comme un conquêt, parce que le vendeur, en y rentrant, n'y rentre point par un droit nouveau : ce defaut de paiement remet simplement les choses dans l'état où elles étaient avant l'aliénation. L'héritage étant propre à celui des conjoints qui l'avait aliéné, ses héritiers devraient passer déclaration de la totalité.

10°. Ce qui tient à un héritage, par une union réelle et naturelle, en suit la nature, parce qu'il ne fait qu'un seul et même corps, qu'une seule et même chose avec l'héritage auquel il est uni. Ainsi, un édifice est construit sur un propre de communauté ; l'union de cet édifice avec le propre est telle qu'elle peut être regardée comme naturelle ; tous les auteurs conviennent que l'édifice suit la propriété du fonds, suivant la maxime *superficies solo cedit*. Cependant comme cette union naturelle a été déterminée pour une cause morale et civile, qui est la construction, le conjoint à qui reste l'héritage est obligé d'indemniser la communauté d'une moitié de ce qu'il en a coûté pour parvenir à cette construction. Supposons que l'héritage appartienne au mari et que la femme prédécède ; ses héritiers, s'ils acceptent la communauté, seront tenus de déclarer moitié de la somme qu'il en aura coûté pour la construction, et dont le mari leur doit récompense ; mais dans le cas de renonciation à la communauté, ils ne seront obligés à aucune déclaration à cet égard, parce que alors tout ce qui dépendait de la communauté, appartient au mari.

11°. Les immeubles, quoique acquis pendant la communauté, en sont propres, par la fiction de la subrogation, lorsqu'ils ont été acquis à la place d'un propre de communauté et pour en tenir lieu. Exemple : Trajan et Béatrix sa femme acquièrent par échange un héritage en contreéchange d'un immeuble qui était propre de communauté

nauté

nauté à Béatrix ; l'héritage acquis prend la qualité du propre échange, et par conséquent ne forme point de conquêt. Il appartient en entier à la femme qui, venant à décéder, ses héritiers sont obligés d'en comprendre la totalité dans leur déclaration. S'il avait été tiré une somme de la communauté pour un retour en argent auquel l'échange aurait donné lieu, les héritiers de Trajan, s'il prédécédait Béatrix, seraient tenus de déclarer la moitié de ce retour, dont cette dernière doit récompense, et même la totalité, si elle avait renoncé à la communauté.

Autre exemple : Un bien propre de Trajan est vendu, s'il est réservé par le contrat d'employer le prix de son propre aliéné, en achat d'un ou de plusieurs autres héritages, et qu'effectivement cet achat ait été fait, les héritages nouvellement acquis ; avec déclaration d'emploi de deniers, lui tiennent lieu de propre vendu et lui appartiennent privativement. Observez cependant, que si le prix de cette nouvelle acquisition excédait de beaucoup le prix de l'aliénation, les nouveaux objets acquis ne seraient propres que jusqu'à concurrence de la somme pour laquelle Trajan aurait aliéné son propre, et ils seraient conquêts pour le surplus. Cet excédent est déterminé au tiers en sus du prix de la première acquisition.

XXXIe. QUESTION.

Quel est le droit à percevoir sur la déclaration faite par un enfant adoptif.

A., célibataire, a adopté C. pour son fils, il l'a en outre institué pour son héritier. A. n'avait que des parens éloignés, et C., en sa seule qualité d'héritier testamentaire, serait fondé à recueillir la totalité de la succession, conformément à la loi du 4 germinal an 8. Il a fait sa déclaration en la double qualité d'enfant adoptif et d'héritier testamentaire.

Les effets de l'adoption ne sont déterminés par aucune loi, et suivant celle du 16 frimaire an 3, tout doit rester en dépôt jusqu'à la promulgation du code civil. Il ne faut cependant pas conclure de cette loi que l'enfant adopté puisse être considéré comme héritier collatéral. Il est, par une fiction de droit, reconnu pour fils de celui qui l'a adopté, et il peut y avoir d'autant moins de doute

sur sa qualité de successeur direct , que dans les pays
où l'adoption existait , l'enfant adopté concourrait avec
les enfans naturels et légitimes.

Ce principe reconnu , les droits d'enregistrement de
la déclaration dont il s'agit , doivent être liquidés à
raison de vingt-cinq centimes par cent francs sur la valeur des meubles , et d'un franc par cent francs sur celle
des immeubles , suivant les articles LXIX , §. Ier. et III
de la loi du 22 frimaire an 7.

La régie de l'enregistrement a rendu plusieurs solutions conformes dans l'espèce.

XXXIIe. QUESTION.

Peut-on exiger les droits de déclaration des avantages
mobiliers éventuels , recueillis par une veuve , en vertu
d'un contrat de mariage , insinué en 1775 ?

Pour soutenir la négative , on a dit : A l'époque de la
passation de l'acte , l'ouverture d'un don mobilier éventuel
n'entraînait point , à l'événement , celle d'un droit proportionnel , ce droit ayant été acquitté par celui d'insinuation. Dans l'espèce , tous les droits de la mutation
se trouvent avoir été acquittés d'avance ; on ne peut
exiger ceux d'enregistrement sans donner un effet rétroactif à la loi.

Ce raisonnement n'est point solide. Dans l'ancien régime du contrôle , il n'existait point de droit à l'événement des donations mobilières pour la transmission
qu'elles opéraient ; l'acte qui les contenait n'était sujet
qu'à un droit de pure forme , qui ne pouvait excéder
50 fr. Lors de la suppression des droits de contrôle et
d'insinuation , les lois sur l'enregistrement ont établi ce
droit sur les gains de survie et autres avantages que recueille le survivant des époux. Le paiement de l'insinuation sur la clause qui contient le don de survie , ne
peut exempter du droit d'enregistrement , auquel la mutation ouverte par le décès donne lieu. Il faudrait , pour
établir cette exception et cette sorte de compensation ,
une disposition formelle dans la loi de l'enregistrement,
et elle ne s'y trouve point : aussi la régie a-t-elle toujours tenu en principe que le droit d'insinuation payé
pour un don éventuel , ne dispense point du droit d'enregistrement auquel l'événement du don donne ouverture.

XXXIIIe. QUESTION.

Une succession ouverte en prairial an 6, se composait de rentes sur particuliers. La déclaration n'en a point été faite. Quel droit peut-on exiger aujourd'hui ?

On a prétendu que, dans l'espèce, aucun droit n'était exigible, et, pour l'établir, on a dit que la loi du 22 frimaire an 7, est la première qui ait exigé une déclaration des biens mobiliers. L'article premier de la loi du 27 ventose an 9, veut, en abrogeant la disposition de l'article LXXIII de celle du 22 frimaire an 7, que les droits d'enregistrement soient liquidés et perçus suivant les fixations établies par la loi du 22 frimaire an 7, et celles postérieures, quelle que soit la date ou l'époque des actes et mutations à enregistrer. Cette disposition ne s'applique point aux dispositions réglementaires. Elle ne peut entraîner l'assujettissement à un droit qui n'existait point à l'époque de la transmission par décès. Ainsi, on ne peut exiger le droit de déclaration de meubles échus dans une succession ouverte avant la publication de la loi du 22 frimaire an 7, par la raison que ce droit perçu dans les inventaires n'était point exigible avant la loi.

Ce raisonnement n'est pas exact. A l'époque du décès, les rentes étaient immeubles fictifs, et cette nature de biens devait, lors de mutation par décès, la moitié des droits de déclaration fixée pour les immeubles réels. Il y a donc lieu à déclaration.

La loi du 27 ventose an 9 veut que les perceptions soient réglées par la loi du 22 frimaire an 7. C'est d'après cette loi que doit être liquidé le droit. Elle tarife les rentes comme les meubles. Le droit est dû à raison de 2 fr. par cent.

XXXIVe. QUESTION.

La république s'était emparée d'une succession à titre de confiscation ; elle y renonce, à cause des créances qui en absorbent la valeur : le curateur à cette succession, devenue vacante, est-il tenu de passer déclaration, et d'acquitter le droit d'enregistrement de la succession ?

Ici, il ne s'est présenté aucun héritier républicole

habile à succéder, les créanciers ont poursuivi la nomination du curateur, et ils ont prétendu que la renonciation pure et simple de la république n'avait produit
aucune mutation; ils ont observé que le curateur représente le défunt et non l'héritier; que la confiscation
avait entièrement rompu la ligne de successibilité; que
la république, lorsqu'elle renonce au droit de succéder,
ne se départ pas de celui de la confiscation; et par conséquent, que le curateur n'est qu'un gérent provisoire
établi pour la sûreté et l'avantage des créanciers : ils ont
dit que les droits de succession ne peuvent être exigés
que de la part des héritiers ou de ceux qui les représentent. Or, ici il n'y a point de succession ouverte, puisque,
par la confiscation, la nation a cumulé les qualités de
débiteur et de créancier, et qu'ayant joui plus de cinq
années, s'il était dû quelques droits d'enregistrement,
ils sont censés avoir été acquittés, et l'action relative à
la demande s'est éteinte dans ses mains.

Au moment où la succession a été ouverte, le droit
d'enregistrement était un droit personnel qui n'avait aucune suite sur les biens, et ne pouvait être exigé que de
l'héritier, ce serait donner un effet rétroactif à la loi du
22 frimaire an 7, que d'en appliquer les dispositions à
une succession ouverte antérieurement; enfin la loi n'a
rien statué sur les renonciations faites par la république
à des successions échues.

Ces motifs n'ont pas paru fondés. L'administration a
considéré que la renonciation faite par la république
produit l'effet d'une répudiation ordinaire, et saisit les
héritiers habiles à succéder au second rang, que ce curateur ne représente pas le défunt, mais bien ses héritiers, et qu'il prend en leur nom possession de l'héritage.

Que la confiscation n'a pas détruit la ligne de successibilité, que d'après cet axiôme du droit, *le mort saisit
le vif*, il a dû y avoir mutation, dès qu'il y avait des
héritiers appelés à succéder; que s'ils s'abstiennent de
prendre la succession, ils ne sont pas moins saisis en la
personne du curateur; que la république cessant de
succéder, la succession est de nouveau ouverte en faveur du plus proche parent, du jour de la renonciation;
que, pendant que la république a gardé les biens, le
délai n'a pu courir à cause de la confusion momentanée
des qualités de créancier et du débiteur, et que par conséquent la prescription ne peut être opposée; que d'après

les anciens principes, le centième denier était dû dans
ce cas de succession vacante, lorsqu'elle était ouverte
en ligne collatérale, la ligne directe n'étant assujétie à
aucun droit, d'après les lois existantes avant celle du
19 décembre 1790 ; que d'après cette dernière loi, on a
constamment perçu le droit pour toutes successions vacantes, même pour celles en déshérence.

D'après ces considérations, la Régie de l'enregistrement a décidé, le 25 ventose an 9, que le curateur à une
succession vacante, devait passer déclaration des biens-
fonds et objets mobiliers de la succession, et en acquitter les droits, ainsi qu'elle l'a déjà prescrit par sa
circulaire n°. 1306, du 12 messidor an 6.

XXXVe. QUESTION.

*Dans les cas d'insuffisance dans les déclarations, les
héritiers doivent-ils être assignés devant les tribunaux,
par les receveurs, ou ceux-ci doivent-ils seulement
décerner une contrainte ?*

L'article LXIV de la loi du 22 frimaire porte, que
le premier acte de poursuites pour le recouvrement des
droits d'enregistrement et le paiement des peines et
amendes, sera une contrainte décernée par le préposé
de la régie, visée par le juge de paix du canton, et ensuite signifiée. L'exécution de la contrainte ne pourra
être interrompue que par une opposition formée par le
redevable, et motivée avec assignation à jour fixe devant le tribunal civil du département.

Le double droit dû pour omissions ou insuffisance dans
les déclarations, est une peine prononcée par l'article
XXIX de la loi, il est donc certain que, dans le cas
dont il s'agit, les receveurs doivent seulement décerner
contrainte au pied de leur procès-verbal, qui n'est alors
qu'une espèce de rapport non sujet à affirmation. Ce
n'est pas à eux à citer les redevables devant les tribunaux,
et il ne doit s'introduire d'instance dans l'espèce, que
lorsque les parties forment opposition à la contrainte,
avec citation devant le tribunal.

Décision de la régie, du 26 vendémiaire an 10.

XXXVIe. QUESTION.

*Les enfans conçus et à naître sont-ils habiles à
succéder ?*

Un père a une fille d'un premier mariage ; sa seconde
femme se trouve enceinte à l'époque du décès de cette
fille.

On demande si la succession de cette fille du premier
lit appartient à l'enfant conçu et à naître du second lit,
comme frère ou sœur consanguin de la défunte, ou si
c'est le père seul qui doit la recueillir.

La solution de cette question importe à la liquidation
des droits résultans de la déclaration de cette succession.

Avant de discuter sur le fond de la question , il se
présente une difficulté principale qu'il convient de
résoudre.

Un enfant conçu mais à naître à l'époque du décès de
sa sœur consanguine , est-il habile à lui succéder *instante mortis.*

L'affirmative ne peut être douteuse d'après cette règle
de droit qui veut que, *qui sunt in utero pro jam natis
habeantur , quoties de eorum commodis et utilitate
agitur.*

Si c'est une maxime constante que l'enfant conçu
doit être considéré comme s'il était né , on doit en conclure que , dès l'instant de sa conception , il est habile
à succéder.

Ainsi, dans l'espèce , il ne s'agit plus que de déterminer qui de lui ou de son père doit succéder à la fille
du premier lit.

La loi du 17 nivose an 2 décide cette question.

L'article LXXXIII dit : « Si les héritiers du défunt
» descendent , les uns de son père , les autres de sa
» mère , une moitié de la succession sera attribuée aux
» héritiers paternels , et l'autre moitié aux héritiers
» maternels. »

L'article LXIX porte : « Si le défunt n'a laissé ni
» descendant , ni frère ou sœur , ni descendant de frère
» ou sœur , ses père et mère ou le survivant d'eux lui
» succèdent. »

Le rapprochement des dispositions de ces deux articles
établit donc en principe général , que , d'une part , toute

succession se divise en deux parties formant les lignes paternelle et maternelle, et que de l'autre les frères ou sœurs excluent leurs père et mère.

Dans l'espèce, la succession de la fille du premier lit doit se diviser en deux parties.

Et attendu que l'enfant à naître du second lit exclud son père de cette succession, elle doit se partager entre lui et les parens maternels de sa sœur consanguine, il prendra en conséquence la moitié de la succession comme ayant tout droit à la moitié paternelle, et comme il est étranger à la ligne maternelle, l'autre moitié passera aux héritiers de cette ligne.

Cette solution est au surplus la conséquence des dispositions de l'article LI de la loi du 22 ventose an 2, explicative de celle du 17 nivose précédent.

Mais on demande, actuellement qu'il est décidé que cette succession est en collatérale, si le demi-droit en sus sera exigible, tant contre le père, pour la portion échue à l'enfant à naître, que contre les héritiers maternels, dans le cas où la déclaration de cette succession serait passée hors les délais.

Nul doute à l'égard des héritiers maternels, parce que ceux-ci étant saisis par la loi *instante mortis*, ils ont à se reprocher de n'avoir pas fait leur déclaration dans les délais.

À l'égard du père de l'enfant conçu, mais non né à l'époque du décès, il faut distinguer.

Ou la naissance de l'enfant a eu lieu avant l'expiration du délai accordé par la loi pour faire la déclaration, ou elle n'est arrivée qu'après.

Dans le premier cas, le père, tuteur né de son enfant, devait faire la déclaration dans les délais.

Dans le second cas, quoiqu'on puisse dire que le père est également curateur né de l'enfant conçu, ce serait extrêmement rigoureux que de le condamner à la peine du demi-droit, attendu que, d'après la règle du droit précité, *l'enfant conçu ne passe pour né que lorsqu'il s'agit de son avantage*; or, ici il s'agit d'une peine dont le principe de droit n'a plus d'application : ainsi, dans le second cas, le père doit être admis à passer la déclaration sans payer le demi-droit.

Solution de la régie, du 15 frimaire an 9.

XXXVIIe. QUESTION.

Les biens acquis par le défunt, et dont il n'a pas ac-
quitté le prix, font-ils partie de la succession ?

Un particulier qui avait acquis un domaine, est décédé sans *en avoir acquitté le prix.* Son héritier a prétendu que cet immeuble ne devait pas être compris dans
la déclaration des biens dépendans de cette succession,
attendu que la propriété d'un acquéreur n'est consolidée
que par le paiement du prix de la vente, que d'ailleurs
celui-ci égalant la valeur de l'immeuble, on peut dire
qu'il n'y a aucun bénéfice pour l'héritier.

Mais il s'était opéré une mutation par le seul fait du
décès de cet acquéreur, dès-lors le droit d'enregistrement qui en résultait, a été acquis à la république sur
la valeur entière du bien délaissé, quels que fussent les
évènemens ultérieurs, le nombre sept de l'article XV
de la loi du 22 frimaire établissant la perception *sans*
distraction des charges, la prétention de cet héritier
n'était donc pas fondée.

Au surplus, il pouvait, si la succession lui était onéreuse, y renoncer. Mais en l'acceptant il est tenu de
l'acquittement du droit d'enregistrement de la mutation,
comme étant une charge de cette succession. Décision
du ministre des finances du 8 frimaire an 9.

XXXVIIIe. QUESTION.

Les receveurs sont-ils autorisés à exiger des héritiers,
qui se présentent pour acquitter les droits de mutation
par décès avant l'expiration du délai de six mois,
l'extrait de sépulture du décédé ?

On ne peut exiger des redevables plus que la loi ne
prescrit ; or, celle du 22 frimaire an 7, non plus que les
précédentes, n'astreint point les héritiers à rapporter
l'extrait mortuaire de celui dont ils déclarent les biens
à eux échus. C'est aux receveurs, à faire affirmer, dans
la déclaration, la date du décès, aux peines de droit,
et à s'assurer ensuite, à la vue de leur table des sépul-
tures, si la date déclarée est véritable. En cas de contravention, et que le décès se trouve antérieur de plus
de six mois à la déclaration, ils rapporteront procès-

verbal et suivront , contre les héritiers , le paiement du demi droit en sus encouru , la fraude ne pouvant profiter à celui qui la commet.

XXXIXe. Question.

Pour une insuffisance d'estimation d'immeubles résultente d'une déclaration faite par un possesseur provisoire, peut-on demander le double droit aux héritiers qui ne jouissaient de rien à l'époque de la déclaration, et qui étant sous le séquestre, n'ont pu faire eux-mêmes la première déclaration avant qu'il fût levé ?

Voici les faits.

Une femme , en mourant , laisse deux légataires et un grand nombre d'héritiers , dont trois sont prévenus d'émigration. Par suite de cette dernière circonstance , le séquestre a été mis sur les biens de la succession , mais les légataires ont obtenu l'envoi en possession de la totalité , à charge d'en rendre compte. Ils ont fait une déclaration , les droits ont été perçus.

Mais enfin , après de longues difficultés , les héritiers ont fait reconnaître leurs droits , et demandé partage avec la république. Les estimations faites dans le partage ont élevé les biens de la succession , à une valeur bien supérieure à celle déclarée par les légataires.

Peut-on exiger des héritiers qu'ils paient le double droit pour cette plus value ?

Les droits de succession sont dus sur les biens qui la composent , et tant que le séquestre est sur les biens , les héritiers ne doivent rien.

Dans l'espèce , les légataires ont été envoyés en possession à charge de rendre compte ; ils ont fait la déclaration des biens dont ils jouissaient. Cette déclaration se trouve insuffisante , la faute en est à eux ou aux bases sur lesquelles ils l'ont établie ; mais il ne peut être exigé qu'un simple supplément de droit , et non pas un double droit.

L'article XXIV de la loi du 22 frimaire an 7 , porte « que le délai de six mois ne court que du jour de la mise en possession pour une succession séquestrée , et qui est recueillie par indivis avec la nation. »

Il est possible que la déclaration faite par les légataires

soit insuffisante , mais ce n'est pas aux héritiers à en supporter la peine , ils ne jouissaient de rien , et ne doivent payer que dans les six mois qui suivent le partage.

La déclaration faite par les légataires à cause de leur jouissance provisoire , ne peut être considérée que comme provisoire à l'égard des héritiers sur-tout , elle peut bien servir à prouver que le droit n'a pas été acquitté en entier , mais elle ne peut engendrer une peine contre les héritiers.

Il est donc évident, que dans le cas dont il s'agit , il n'est dû qu'un supplément de droit sur la portion de biens plus évalués , mais on ne peut exiger un double droit.

Solution de la régie du 2 nivose an 9.

X L°. QUESTION.

Lorsqu'une succession est répudiée par les héritiers et les légataires , peut-on contraindre les détenteurs à titre onéreux des biens de cette succession , à en faire la déclaration , et à payer les droits de mutation par décès dus à raison des biens dont ils sont tenanciers ?

Quelques receveurs , par une fausse application de l'article XXXII de la loi du 22 frimaire , ont cru pouvoir , dans cette espèce , diriger des poursuites contre les détenteurs , pour les forcer d'acquitter les droits de la succession répudiée ; mais cette prétention a été avec raison rejettée par les tribunaux. En effet, l'art. XXXII porte : « La nation aura action sur les revenus des biens » à déclarer , en quelques mains qu'ils se trouvent : » pour le paiement des droits dont il faudrait poursuivre » le recouvrement. »

Il résulte de cet article que la nation a une action réelle sur les fruits des biens de la succession répudiée ; mais il ne s'ensuit pas qu'elle ait une action personnelle et directe contre les détenteurs , et qu'elle pût se faire payer sur leurs biens autres que ceux provenant de la succession.

Ainsi , le droit d'enregistrement n'ayant pas été acquitté par le curateur nommé à la succession , soit à défaut d'avoir touché des revenus ou par d'autres motifs , et les biens ayant été vendus ou adjugés à la requête des créanciers, l'action du préposé de la régie subsiste sur les fruits des biens, et il est autorisé à les faire saisir, *en quelques mains qu'ils se trouvent* pour obtenir le paiement du droit. Le préposé doit, en pareil cas, diriger ses poursuites contre le curateur à la succession, qui a seul qualité pour faire la déclaration ; mais avoir soin d'énoncer dans sa contrainte qu'elle sera mise à exécution sur les fruits des biens de la succession passés en telles mains. Cette contrainte sera visée et déclarée exécutoire par le juge-de-paix, conformément à l'article LXIV de la loi du 22 frimaire an 7.

XLIe. QUESTION.

1°. *Le délai accordé à la nation pour réclamer les droits de succession ne commence à courir que du jour de la mise en possession des héritiers ; 2°. la dernière loi sur l'enregistrement, n'a pas d'effet rétroactif ; 3°. on ne peut compenser les droits d'enregistrement avec les sommes qui peuvent être dues à la nation, par les particuliers.*

Du 22 vendémiaire an 9.

JUGEMENT DE CASSATION, *rendu au rapport du citoyen Bazire.*

Contre la citoyenne Chilleau, femme Bonneau.

Les biens du citoyen Chilleau, décédé en l'an 2, avaient été confisqués au profit de la république, qui en a conservé la propriété jusqu'au 22 prairial an 5.

En vertu de la loi de ce jour, la citoyenne Chilleau, femme Bonneau, appelée à recueillir la succession de son frère, a été mise en possession des héritages.

Elle devait dans les six mois du jour de sa réintégration, faire la déclaration prescrite aux héritiers, et acquitter les droits.

Ayant négligé ce devoir, elle fut sommée d'y satisfaire, par une contrainte qui lui fut signifiée le 26 frimaire an 5.

Une seconde contrainte fut décernée contre elle le 22

messidor an 6 , par suite de la loi du 9 vendémiaire précédent, dont l'article XXIV avait accordé un nouveau délai de trois mois , aux héritiers des condamnés.

Enfin , la régie s'était vue obligée de faire signifier , le 14 brumaire an 8, une troisième contrainte , et de procéder par voie de saisie.

Alors la citoyenne Bonneau s'est pourvue au tribunal civil de la Gironde. Elle a prétendu que les droits réclamés étaient *prescrits* , attendu que son frère étant mort en l'an 2 , *le délai de cinq ans* , fixé pour le recouvrement des droits de succession, était expiré , et que les poursuites commencées étaient sans effet , aux termes de l'article LXI de la loi du 22 frimaire an 7 , qui regarde comme nulles les poursuites *interrompues pendant plus d'une année*, sans qu'il y ait eu d'instance engagée devant les juges compétens.

Elle a ajouté , que dans tous les cas , il devait y avoir *compensation*, entre les droits de succession , et le montant des fruits qu'on était obligé de lui restituer.

Par jugement du 12 frimaire an 8, le tribunal civil de la Gironde avait adopté tous ces moyens , et avait déclaré la régie *non-recevable* dans sa demande.

Sur le recours en cassation , après une admission préalable ; l'instance est devenue contradictoire , et la discussion a présenté à juger les mêmes difficultés , comparées avec les *mêmes textes* des lois invoquées précédemment.

La régie a démontré que le jugement du tribunal civil de la Gironde , était contrevenu à l'article XVIII de la loi du 19 décembre, *qui accordait cinq ans* , pour réclamer utilement les droits de succession.

Aucune des objections de la citoyenne Bonneau ne pouvait écarter l'action de la régie.

1°. On argumentait de l'article LXI de la loi du 22 frimaire an 7 , qui déclare nulles les poursuites *non-suivies d'instance* dans le délai d'une année , et on prétendait rendre aussi sans effet *la dernière contrainte* , signifiée , le 14 *brumaire an* 8 , attendu que jusqu'alors *il n'y avait pas eu d'instance engagée*.

L'adversaire , isolant ainsi cette contrainte *des précédentes* , ajoutait que le délai de cinq ans , devait commencer du jour de la mort de son frère arrivée en l'an 2, et que la régie était donc hors du délai de cinq ans , au 14 brumaire an 8.

Sur ce point , la régie a répondu que l'article LXI

de la loi du 22 frimaire an 7 , ne pouvait avoir aucune application dans l'espèce , attendu qu'il s'agissait de droits *ouverts antérieurement* ; et que l'article LXXIII de la même loi dit formellement. « Que les anciennes » lois sur l'enregistrement continueront d'être exécu- » tées , *à l'égard des actes faits , et des mutations par* » *décès, effectuées* avant sa publication. »

C'était donc la loi du 19 décembre 1790 , qu'il fallait suivre , et cette loi se contentait d'une réclamation dans les cinq ans, *sans exiger qu'il y eût d'instance engagée.*

La régie a prouvé ensuite , qu'en se guidant d'après la seule loi du 22 frimaire an 7 , la contrainte signifiée le 14 brumaire an 8 , se trouvait faite dans le délai de cinq ans , puisque le délai n'avait pu commencer à courir *que du jour de la mise en possession de l'adversaire.*

C'était de ce jour seulement que l'adversaire *était investi de la propriété* , et que *le délai de six mois* courait contre elle pour faire sa déclaration.

La régie ne pouvait rien lui demander auparavant.

Par la même raison , l'action de la république ne prenait son ouverture , qu'à compter du jour où l'adversaire avait été saisi de la propriété.

Autrement , *en se fixant au jour du décès* , et en supposant que la réintégration s'effectue *plus de cinq ans* après le décès , il se trouverait que la république ne pourrait recueillir aucuns droits de succession , ce qui est absurde.

2°. Pour maintenir l'application de l'article LXI de la loi du 22 frim. , l'adversaire soutenait que l'art. LXXIII , ne pouvait s'entendre *que de la quotité des droits* , et ne concernait pas le délai pour l'exercice des actions.

Cet argument n'était pas soutenable , car la disposition de l'article LXXIII est générale , et embrasse aussi bien les droits dus à raison des actes antérieurs , *que la forme et les délais* dans lesquels les droits devaient être réclamés.

On n'avait donc pu annuller l'effet des deux premières contraintes , *quoique non suivies d'instances dans l'année* , sans donner *un effet rétroactif* , à l'article LXI de la loi du 22 frimaire.

3°. L'adversaire avait prétendu compenser les droits de succession avec le montant des fruits qui lui revenaient.

Mais on avait confondu deux choses très-distinctes , et confiées par les lois à des autorités différentes.

L'adversaire , qui avait sans doute la faculté de réclamer les fruits perçus depuis le 22 prairial an 3 , devait s'adresser à l'autorité compétente pour les faire liquider.

Cela n'arrêtait nullement le paiement des droits dus pour déclaration des héritages recueillis.

Ces motifs ont fait annuller le jugement du tribunal civil de la Gironde.

XLIIe. QUESTION.

Un immeuble acquis par le survivant de deux époux , depuis le décès de l'autre avant l'inventaire et le prix payé des deniers de la communauté , doit–il être compris pour moitié dans la déclaration des biens immeubles de la succession du prédécédé ?

Lorsqu'il y a continuation de communauté , elle a lieu pour tous les acquets faits avec les deniers communs , et les enfans ont de plus l'avantage de renoncer à la communauté et d'exercer leur créance ; mais il ne s'ensuit pas de ces principes de jurisprudence , que dans l'espèce proposée , l'immeuble acquis par le survivant , des deniers de la communauté doive être compris dans la déclaration des biens immeubles composant la succession du prédécédé ; il n'en a jamais fait partie , puisque l'acquisition en a été faite postérieurement à son décès.

Nous estimons , en conséquence , que la moitié du prix seulement de l'immeuble acquis doit être compris dans la déclaration du mobilier de la succession.

XLIIIe. QUESTION.

A quelle quotité doit-on liquider le droit d'enregistrement d'une rente légitimaire à prendre sur les immeubles , et dépendante d'une succession collatérale ?

Dès que l'enfant légitimaire est décédé , sans exiger que sa légitime lui fut délivrée en corps héréditaire , il n'a laissé dans sa succession que la rente dont il jouissait pour sa légitime , et ses héritiers collatéraux ne doivent conséquemment acquitter le droit de cette succession que sur le pied d'un franc 25 centimes , aux termes de l'article LXIX , §. IV , n°. 2 de la loi du 22 frimaire an 7 , attendu que les rentes , même foncières , sont considérées comme objets mobiliers par l'art. XIV de cette loi.

XLIVe. QUESTION.

A quelle époque peut-on aujourd'hui former la demande du droit d'enregistrement pour la succession d'un absent ?

Les successions échues depuis l'absence d'un individu qui n'a point donné de preuves d'existence , et avant l'expiration du délai nécessaire pour le réputer mort , sont-elles censées avoir été recueillies par lui , ou ont-elles passé directement sur la tête des parens habiles à succéder ?

D'après les diverses lois du digeste et du code , ce n'est qu'après cent ans , terme présumé de la vie de l'homme qu'un absent est réputé mort , et que l'on peut partager définitivement sa succession. Mais ceux qui sont appelés à lui succéder , peuvent se faire envoyer en possession de ses biens et se les partager par provision , après qu'il s'est écoulé un certain laps de tems , sans qu'il ait donné de ses nouvelles.

Ce tems n'est pas le même dans toutes les coutumes : il a été fixé à sept ans par les coutumes du Maine et d'Anjou ; à trois ans par celle du Hainaut ; à dix ans par d'autres. Ce dernier terme est généralement adopté dans le ressort de toutes les autres coutumes.

La jurisprudence sur ce point subsiste encore toute entière ; elle n'a été changée ni par la loi du 17 nivose an 2 , concernant les successions, ni par aucune autre.

Ainsi, aujourd'hui comme autrefois , les héritiers de ceux qui ont disparu, ou qui s'absenteraient sans donner de leurs nouvelles , et qui ne sont pas soumis aux lois sur l'émigration , peuvent obtenir l'envoi en possession de leurs biens , et en faire le partage provisoire dans le délai et aux conditions déterminées par la jurisprudence ancienne et les coutumes locales. Ce partage se fait moins à titre de succession qu'à titre de séquestre ou de dépôt , et les partageans restent obligés de rendre les biens à l'absent s'il reparaissait.

Mais un absent est-il réputé mort du jour où l'on a cessé de recevoir de ses nouvelles, ou du jour du partage

provisoire ou de celui de l'envoi en possession obtenu
par ses présomptifs héritiers? La jurisprudence est encore fixée sur cette question.

C'est un principe constant que l'absent est réputé
mort du jour du partage provisoire ou de l'envoi en possession ; c'est à partir de ce jour seulement que les successions qui peuvent échoir ne le concernent plus , mais
jusqu'à l'époque de ce partage ; autant que l'absent n'a
pas atteint sa centième année , il peut toujours succéder ,
parce qu'il n'y a point de preuve , ni morale , ni physique
de son décès. Le partage provisoire prouve que l'on a acquis la présomption de son décès par le défaut de nouvelles de sa mort. L'absent étant alors réputé mort , les
successions qui peuvent échoir ne le concernent plus.
Tel est l'avis de Lebrun , Pothier et autres , et cet avis
est conforme à plusieurs arrêts du parlement de Paris :
l'un , du 7 juillet 1629 , a jugé que Tiellement , absent
depuis dix-sept ans , avait succédé à sa mère , décédée
quatorze ans après son départ , depuis lequel il n'avait
pas donné de ses nouvelles ; l'autre , du 13 février 1672 ,
a adjugé aux créanciers de Pierre Langlet une succession
échue à André Langlet son frère , dix-neuf ans après le
départ de celui-ci , dont on n'avait aucunes nouvelles
depuis sa disparution , à la charge par les créanciers
de donner caution.

Le droit de centième denier pouvait être demandé
après dix ans d'absence sans nouvelles ; mais pendant les
trente années d'absence , le droit n'était payé que provisoirement , et sauf à le restituer en cas de retour de
l'absent. Il était de principe alors que , si la demande
n'était formée qu'après vingt ans depuis le jour de l'absence , on ne pouvait pas objecter la fin de non-recevoir ,
pour cause de prescription , par la raison que d'un côté
le fermier ne pouvait point agir avant le tems pour réputer l'absent mort , et que de l'autre on ne pouvait fonder
la fin de non-recevoir que sur un jugement d'envoi en
possession ou un partage provisoire , ou tout autre acte
authentique qui aurait donné connaissance de l'ouverture du droit.

Les nouvelles lois sur l'enregistrement n'ont apporté
de changement à ces principes que celui des délais pour
la prescription. Celle du 19 décembre 1790 porte , article XII :

« Pour les héritiers des absens , le délai de six mois
» ne.

» ne commencera à courir que du jour où ils auront
» pris la succession ; et en cas de retour de l'absent ,
» les droits seront restitués. »

Cette disposition est rappelée par la loi du 22 frimaire
an 7 , en ces termes :

« Le délai de six mois ne courra que du jour de la
» mise en possession pour la succession d'un absent. »

D'après ces motifs , la régie a donné , le 18 frimaire
an 9 , les solutions suivantes :

1°. La demande du droit d'enregistrement de la succession d'un absent ne peut être formée par voie de contrainte que six mois après l'acte , ou le jugement qui
constate la mise en possession , et que , faute par les
héritiers d'un absent d'acquitter le droit dans le délai
déterminé par l'article XXIV de la loi du 22 frimaire ,
ils encourent la peine du demi-droit en sus.

2°. La prescription du droit , faute de poursuites ;
n'est acquise qu'à l'expiration des cinq années qui ont
suivi la mise en possession ou le partage provisoire ; ou
tout autre acte public , qui prouve que les héritiers de
l'absent ont pris sa succession.

3°. Jusqu'au moment de la mise en possession par
suite d'un paiement ou d'un partage , l'absent qui n'a pas
donné de ses nouvelles depuis sa disparution , est censé
avoir recueilli la part qui lui revenait dans les successions
ouvertes depuis son absence , et celles seulement qui
échoient depuis l'envoi en possession ou le partage provisoire , ne le concernent plus quant à l'acquit des
droits.

XLV°. Question.

*Si dans une déclaration de succession en ligne directe ,
dont les immeubles sont évalués 50 francs , et les meubles 40 francs , il doit être perçu 25 centimes fixe sur
les meubles , au lieu de 10 centimes que donnent les
40 francs ?*

On avait pensé que le droit dû sur le mobilier était
indépendant de celui dû sur les immeubles , et que chaque
nature de biens était passible du droit fixe de 25 centimes ,
quand les droits par leur valeur ne s'éleveraient pas à cette
somme d'après le tarif.

Nous pensons au contraire que les droits dus pour une
succession sur les biens-meubles et immeubles , doivent

être cumulés, et que dès que l'une des espèces de biens produit plus de 25 centimes le droit dû pour l'autre nature de biens, ne doit être perçu que sur le montant de sa valeur, quelque faible que soit la somme qui en résulte, et dans le cas où les deux perceptions ne s'élèveraient qu'à 25 centimes, il ne peut rien être exigé au-delà.

XLVIe. QUESTION.

Au nombre des immeubles composant une succession, se trouvent 500 arpens de bois, dont l'héritier est en possession, mais qui lui sont contestés par une commune.

On avait proposé de ne payer le droit d'enregistrement de cet objet, qu'après le jugement définitif de la contestation.

Mais l'héritier étant en possession de ce bois, il a été décidé qu'il devait faire sa déclaration, et payer le droit de la mutation, sauf à insérer, tant dans sa déclaration que dans la quittance qui lui sera délivrée, que ce droit lui sera restitué, si par le jugement de la contestation il se trouve exproprié, attendu que dans ce cas, il sera obligé de rapporter les revenus qu'il aurait touchés.

Délibération du conseil d'administration, du 18 nivose an 10.

XLVIIe. QUESTION.

Une créance de 60,000 francs fait partie des biens dépendant d'une succession ; mais l'héritier est en même-tems débiteur de cette créance ; doit-il la comprendre dans la déclaration qu'il est tenu de passer à raison de l'hérédité ?

Ceux qui soutiennent la négative, disent : les qualités de créancier et de débiteur dans la même personne, sont absolument contraires, elles se détruisent mutuellement ; car on ne peut être créancier ni débiteur de soi-même. La créance est donc éteinte. Dès-lors elle ne doit point faire partie de la déclaration.

Mais en répond que la créance était comprise dans les biens de la succession ; que l'héritier était, avant l'ouverture de l'hérédité, débiteur de 60,000 francs ; qu'il avait cette somme de moins dans ses biens ; que par sa qualité d'héritier et la confusion de la créance, son patrimoine est réellement augmenté de 60,000 fr., et l'on en conclat avec raison que cette mutation est sujette à déclaration et au paiement des droits d'enregistrement qui en résultent.

On observe de plus que le débiteur n'est pas toujours seul héritier ; que la créance, par l'effet du partage, ou d'une licitation, peut appartenir à un co-héritier non débiteur, ou à un étranger ; que cette circonstance démontre qu'elle fait partie des biens de la succession, puisque, si elle était réellement éteinte, elle ne pourrait leur être transmise ; que si, dans ce cas, il est incontestable que la créance doit entrer dans la déclaration et être sujette au droit de mutation, comme on en convient généralement, elle est également soumise à la déclaration et au droit, lorsqu'il y a mutation en faveur seulement de l'héritier débiteur, puisqu'il profite de la créance par la confusion.

XLVIIIe. QUESTION.

L'abstention tacite d'un héritier est-elle suffisante pour prétendre que celui-ci n'était pas possesseur, et pour se dispenser de passer déclaration de sa succession ?

Dans la règle générale le mort saisit le vif, et l'instant de la mort est celui de l'ouverture des successions: ainsi l'héritier commence à posséder dans l'instant même que la possession du décédé cesse ; il n'y a point de vuide entre l'un et l'autre de ces possessions, et l'un des héritiers décédant un instant après le défunt, il meurt saisi de sa portion héréditaire, qu'il transmet à ses héritiers.

L'héritier présomptif étant saisi du moment de l'ouverture de la succession et non pas seulement du jour de son acceptation, il s'ensuit que l'on ne peut invoquer aucune abstention tacite, ni renoncer pour l'héritier décédé à la succession du défunt dont il a hérité. La déclaration des biens dont il a été saisi, doit donc être passée et le droit d'enregistrement être acquitté.

De-là la conséquence que si une femme meurt en travail d'enfant sans avoir accouché, l'enfant que l'on retire de son sein succède à sa mère. Le droit d'enregistrement de sa succession est dû par ses héritiers, n'eût-il survécu à sa mère que quelques instans ; mais si la survie de l'enfant n'était pas prouvée par un acte de naissance ou par un certificat du chirurgien accoucheur, il serait réputé n'avoir jamais existé.

L'on ne suit cependant la maxime, *le mort saisit le vif*, que lorsqu'il s'agit d'une succession dévolue par la loi au plus proche parent du défunt, mais s'il s'agit d'un legs d'usufruit auquel on est appelé par l'effet d'un testament ou autre acte, et que le préposé de l'administration n'ait pas eu le soin de former la demande du droit du vivant du légataire, il faudra qu'il prouve que celui-ci a joui de son legs pour que l'enregistrement soit exigible.

XLIXe. QUESTION.

Par contrat de mariage il a été stipulé entre les futurs communauté de tous leurs biens. On demande si le survivant doit le droit d'enregistrement de la portion des immeubles du prédécédé, propres avant le mariage, qu'il recueille en vertu de cette association générale, et qui lui est assignée par le partage ?

Chacun des conjoints ayant un titre égal de propriété commune avant la division des objets qui composent la société générale contractée entr'eux, le partage de ces objets n'est qu'un acte déclaratif de propriété; c'est une convention qui indique et assigne à chacun des co-partageans, l'objet distinct de leur propriété dans une masse qui leur appartenait déjà par indivis, et cette convention, en cas de partage égal, ne peut donner ouverture au droit proportionnel d'enregistrement, mais seulement au droit fixe de 5 francs.

L^e. QUESTION.

Un détenteur d'un immeuble est-il tenu de payer le supplément des droits d'enregistrement qui pourraient être dûs pour fausse déclaration faite par les propriétaires antérieurs, qui l'ont précédé dans la possession des héritages ?

L'article XXXII de la loi du 22 frimaire an 7, porte entr'autres dispositions : « La nation aura action sur » les revenus des biens à déclarer, en quelques mains

« qu'ils se trouvent, pour le paiement des droits dont
« il faudrait poursuivre le recouvrement. »

Si pour soutenir l'affirmative dans l'espèce proposée,
l'on invoquait cet article, ne serait-ce pas lui donner
une extension forcée ? Dans quel cas en effet accorde-
t-il la faculté de recouvrer les droits sur les revenus,
quoique les biens ne soient plus entre les mains des
héritiers ? C'est lorsque les biens sont *à déclarer*, c'est-
à-dire, lorsqu'il n'y a pas eu de déclaration passée. Or,
dans l'hypothèse, il y a eu déclaration ; les droits ont
été acquittés, l'acquéreur en a pris connaissance, il a
donc dû se croire à l'abri de toute recherche ; et s'il
était permis de répéter sur les revenus des héritages
qu'il a acquis, les supplémens de droits résultans d'une
fausse déclaration qui n'est pas de son fait, quand
pourra-t-il regarder sa propriété comme libre ? Enfin,
le droit de recours doit être rigoureusement renfermé
dans les limites exprimées par la loi ; il ne peut donc
être exercé que *sur les revenus des biens à déclarer.*

L I^e. QUESTION.

*L'héritier est-il tenu de comprendre dans sa déclaration,
des domaines nationaux dont la déchéance a été prononcée postérieurement à l'ouverture de la succession ?*

Un exemple facilitera l'intelligence de la question.

Dans l'espèce, Pierre acquit en l'an III différens
domaines nationaux, dont il n'acquitta que partie du
prix.

Le 7 vendémiaire an 8, sa succession fut ouverte par
l'effet de sa mort naturelle.

En exécution des lois des 11 frimaire et 18 pluviose
an 8, la déchéance fut prononcée contre l'héritier.

Cependant il fut décerné une contrainte le premier
thermidor an 8, contre l'héritier, attendu que ces
biens faisaient partie de la succession à son ouverture.

Par suite une instance s'est engagée ; on a opposé que
les lois relatives à la vente des domaines nationaux,
produisaient l'effet du pacte commissoire, d'où il résultait que ces domaines étaient réputés ne pas être sortis
de la main de la nation, lorsqu'elle y rentrait.

Mais il était de fait que les biens existaient dans la
succession à son ouverture, que c'était par la seule né-

gligence de l'héritier qu'il avait été dépossédé. Or, cet
événement postérieur n'empêchait pas qu'il n'y eût eu
une mutation en sa faveur, opérée par la transmission
de l'hérédité.

Ces motifs ont déterminé les juges à ordonner que
les biens seront compris dans la déclaration, et les droits
d'enregistrement acquittés, par la raison que la propriété résidait sur la tête de l'acquéreur à son décès.

LIIe. QUESTION.

*Un mari décède, en laissant sa femme enceinte. A
quelle quotité doit-on régler le droit de sa succession?
Par qui doit-il être acquitté? La veuve accouche d'un
enfant mort, plus de six mois après le décès de son
mari : le droit acquitté est-il restituable? A compter
de quelle époque court le délai pour la déclaration à
passer par les héritiers collatéraux? Quelle est la
durée de ce délai?*

L'état de l'enfant qui est dans le sein de la mère, ne
peut être déterminé que par la naissance ; jusqu'alors il
n'est pas compté parmi les enfans, et s'il se trouve mort,
lorsque la mère vient à accoucher, il est censé n'avoir
jamais vécu ; mais la présomption qu'il naîtra vivant,
fait que, quand il est question de ses intérêts, on le
regarde comme s'il était né ; ainsi on lui conserve les
successions qui peuvent lui échoir avant qu'il soit né,
et à cet effet, on lui nomme un curateur.

C'est ce curateur qui doit passer la déclaration, et
payer les droits, et comme l'enfant est censé né pour
recueillir la succession de son père, ces droits doivent
être réglés, tels qu'ils sont fixés par la loi pour la ligne
directe.

Mais si cet enfant est mort-né, nous l'avons déjà
dit, il est censé n'avoir jamais vécu, conséquemment
aucune mutation de son père à lui ne s'est opérée ; ainsi,
le droit payé des deniers de la succession, doit être restitué ou plutôt il doit en être tenu compte sur celui à
acquitter par les héritiers collatéraux du père.

Pendant la grossesse de la mère, les collatéraux n'a-
vaient aucun droit sur la succession : ce n'est qu'au
moment de son accouchement, qu'ils ont été saisis des
biens qui en dépendent : le délai de six mois, accordé

par la loi pour en passer la déclaration, et en acquitter les droits, ne doit donc commencer à courir que du jour de l'accouchement. Ce n'est également qu'à compter de cette époque, que le délai de la prescription des droits a pu commencer à courir.

En supposant que le défunt eut laissé des enfans vivans, ceux-ci ayant fait la déclaration, tant pour eux que pour le posthume, ils ne doivent aucun nouveau droit, quoique l'enfant soit mort-né, puisqu'ils ont acquitté l'enregistrement sur la totalité de la succession, mais aussi aucune restitution ne doit leur être faite pour la portion censée payée pour l'enfant posthume.

LIIIe. QUESTION.

Les mutations par décès des biens meubles ou immeubles situés en France, appartenans à des habitans des États-Unis d'Amérique, sont assujétis au droit d'enregistrement. Décision du ministre des finances, du 5 floréal an 10.

DÉDIT.

On entend par dédit, la somme que doit payer, d'après sa convention, celui qui manque à son engagement. C'est une indemnité éventuelle qui ne devient exigible qu'en cas d'inexécution du contrat.

Si ce dédit est stipulé dans un acte séparé de la convention primitive, il est dû, comme pour promesse d'indemniser, un droit de 5o centimes par 100 francs Article LXIX, §. II, n°. 8.

Si la clause du dédit est insérée dans le contrat, elle en est alors partie intégrante, elle ne doit donc pas un droit particulier et indépendant de celui perçu sur l'obligation principale.

DÉGUERPISSEMENT.

SOMMAIRE.

1°. Formule d'un déguerpissement volontaire.
2°. Modèle de l'enregistrement.
3°. Définition.
4°. Des personnes qui peuvent déguerpir.
5°. Des personnes qui ne peuvent déguerpir.

§. PREMIER.

Formule d'un déguerpissement volontaire.

Par-devant, etc.

Furent présens.

Le citoyen A.   , et Madeleine B.   sa femme, qu'il autorise à l'effet des présentes, demeurant à , etc.

Lesquels étant hors d'état, non-seulement de faire valoir les biens *compris au bail à rente*, dont il sera ci-après parlé, mais encore de servir la rente en grains, dont lesdits biens se trouvent grevés et d'acquitter les *charges et contributions foncières* à prendre sur iceux, ainsi que les *arrérages échus et à écheoir* de ladite rente, suivant qu'il va être expliqué ;

Ont volontairement cédé et abandonné, cèdent, abandonnent et délaissent, par ces présentes conjointement.

Au citoyen C.   (profession et demeure) à ce présent et acceptant.

Une métairie, située à, etc.

(Mettre la désignation des biens telle qu'elle est portée au bail à rente.)

Appartenant ce que dessus cédé et abandonné auxdits A.   , et sa femme, au moyen du bail à rente qui a été fait à leur profit par ledit citoyen C.   suivant l'acte passé devant   notaire à   le   an , enregistré le   , aux charges, clauses et conditions portées audit bail à rente, et en outre pour et moyennant, 1°. La somme de deux mille francs de deniers d'entrée, qui ont été payés comptant lors de la passation dudit bail à rente : 2°. et la rente annuelle et

perpétuelle de la quantité de   mesures *de bled
méteil du poids de*   , payable et livrable le
de chaque année.

Pour de ce que dessus abandonné jouir par ledit citoyen
C.   , à compter du   prochain, an   , et
néanmoins en faire et disposer, ainsi que bon lui semblera, dès à présent et pour toujours, en toute propriété,
et comme de chose lui appartenant, au moyen des présentes ; à l'effet de quoi, lesdits citoyen A.   et sa
femme se dessaisissent et se démettent de tous droits de
propriété qu'ils peuvent avoir sur lesdits biens par eux
cédés et abandonnés, et en saisissent ledit cit. C.

Le présent déguerpissement volontaire fait par lesdits
A.   et sa femme, audit citoyen C.   , afin
d'être libérés des *charges, clauses et conditions* énoncées audit bail à rente, et encore, pour par les cédans,
demeurer quittes envers ledit citoyen C.   , qui y
consent, du *capital de ladite rente en grains, et des arrérages* du passé, jusqu'audit jour   prochain, ensemble de toutes les charges et obligations auxquelles
lesdits A.   et sa femme, se sont soumis par ledit
bail à rente, de même que s'il n'avait jamais existé, ou
qu'il n'eût jamais été passé entre les parties.

Quant aux *deux mille francs* de deniers d'entrée, qui,
lors de la passation dudit bail à rente, ont été payés
comptant audit citoyen C.   par lesdits citoyen
A.   , et sa femme, ces derniers consentent que
ladite somme soit retenue, et qu'elle reste audit citoyen
C.   pour lui servir d'indemnité et lui tenir lieu
de dommages et intérêts qu'ils lui doivent à raison de
l'inexécution dudit bail à rente.

Dont acte, fait et passé à   , en l'étude, le
au   , et ont signé.

§. II.

Modèle de l'enregistrement.

Déguerpissement par le citoyen A.   , et sa
femme, au profit du citoyen C.   d'une métairie
et dépendances à l'effet d'être déchargé de la rente
de   mesures de bled méteil, évaluées d'après les mercuriales   et formant un capital de

Droit. Quatre francs par cent francs, comme rétrocession. Article LXIX , §. VII ; n°. 1er. de la loi du 22 frimaire an 7.

Le jugement d'un tribunal civil portant déguerpissement pour cause de nullité radicale du bail à rente foncière, ne donnerait lieu qu'au droit fixe de 3 francs. Article LXVIII, §. III, n°. 7.

§. III.

Définition.

Déguerpissement signifie l'abandonnement de la possession d'un immeuble fait par le détenteur, pour s'exempter de quelque charge réelle.

Il ne faut pas confondre le déguerpissement avec le délaissement par hypothèque. *Voir* ci-après DÉLAISSEMENT.

Le déguerpissement n'a lieu qu'en matière de charges foncières, lorsque celui qui est personnellement soumis à ces charges, abandonne l'héritage en faveur du créancier propriétaire ou de celui qui le représente.

§. IV.

Des personnes qui peuvent déguerpir.

Celui qui a pris un héritage à la charge d'une rente, peut être reçu au déguerpissement, en payant les arrérages du passé, et le terme suivant, et en laissant l'héritage dans l'état où il était lorsqu'il l'a pris à rente, quoiqu'il ait hypothéqué tous ses biens à la continuation de la rente, la raison en est que cette promesse de payer la rente n'a d'effet qu'autant qu'il demeure propriétaire de l'héritage.

§. V.

Des personnes qui ne peuvent déguerpir.

Celui qui a pris l'héritage à la charge d'une rente et qui a promis fournir et faire valoir la rente, et a pour cet effet obligé tous ses biens, ne peut plus déguerpir, parce qu'il s'est obligé personnellement à faire ensorte que la rente fut toujours exigible, indépendamment de l'héritage qui en a été chargé, c'est ce que signifient ces mots : *Fournir et faire valoir.*

Le déguerpissement étant une aliénation , celui qui ne peut aliéner ne peut déguerpir ; ainsi la femme en puissance de mari , l'interdit , le mineur , le tuteur ne peuvent déguerpir qu'après y avoir été autorisés et s'être soumis aux autres formalités prescrites pour les autres aliénations.

DELAI

C'est le tems accordé par la loi aux officiers publics et aux parties pour satisfaire à la formalité de l'enregistrement, et en acquitter les droits.

L'article premier de la loi du 27 ventose an 9 , porte qu'à compter du jour de la publication de cette loi , les droits d'enregistrement seront liquidés et perçus suivant les fixations établies par la loi du 22 frimaire an 7 , et celles postérieures , quelle que soit la date ou l'époque des actes et mutations à enregistrer.

Les délais, d'après la loi du 22 frimaire , pour faire enregistrer les actes publics , sont de dix jours pour les actes des notaires qui résident dans les communes où le bureau d'enregistrement est établi.

De quinze jours pour ceux des notaires qui n'y résident pas.

Les testamens déposés chez les notaires , ou par eux reçus , sont enregistrés dans les trois mois du décès des testateurs, à la diligence des héritiers , donataires , légataires ou exécuteurs testamentaires. Titre III , art. XXI de la loi du 22 frimaire an 7.

Il en est de même des codiciles et actes de donations à cause de mort : tous ces actes n'ont d'autre date relativement à l'enregistrement et à l'application de la loi , que celle du décès des disposans.

Les actes faits sous signature-privée , et qui portent transmission de propriété ou d'usufruit de biens immeubles ; les baux à ferme ou à loyer , sous-baux , cessions et subrogations de baux , et les engagemens aussi sous signature-privée , de biens de même nature , doivent être enregistrés dans les trois mois de leur date.

Il ne suffit pas que ces actes soient remis dans les délais , au receveur de l'enregistrement ; il faut que le paiement des droits , soit réalisé dans le délai de trois mois , pour qu'ils soient exempts de la peine du double droit. Jugement du tribunal de cassation du 21 floréal an 8 , contre le citoyen Segui.

Pour ceux des actes de ces espèces passés en pays étrangers , ou dans les îles ou colonies françaises où l'enregistrement n'aurait pas encore établi , le délai est de six mois, s'ils sont faits en Europe ; d'une année si c'est en Amérique , et de deux années, s'ils sont passés en Asie ou en Afrique. Titre *ibidem* , article XXII.

Il n'y a point de délai de rigueur pour l'enregistrement de tous autres actes que ceux mentionnés dans l'article précédent , faits sous signature-privée , ou passés en pays étrangers , et dans les îles et colonies françaises ou l'enregistrement n'aurait pas encore été établi; mais il ne pourra en être fait aucun usage , soit par acte public , soit en justice ou devant tout autre autorité constituée , qu'ils n'aient été préalablement enregistrés. Titre *ibidem* , article XXII.

Les délais accordés aux héritiers , donataires ou légataires , pour l'enregistrement des déclarations des biens à eux échus ou transmis , par décès , sont , savoir ;

De six mois , à compter du jour du décès , lorsque celui dont on recueille la succession est décédé en France.

De huit mois , s'il est décédé dans toute autre partie de l'Europe ;

D'une année , s'il est mort en Amérique.

Et de deux années , si c'est en Afrique ou en Asie.

Le délai de six mois ne court que du jour de la mise en possession pour la succession d'un absent , celle d'un condamné si ses biens sont séquestrés , celle qui aurait été séquestrée pour toute autre cause , celle d'un défenseur de la patrie , s'il est mort en activité de service , hors de son département ; ou enfin celle qui serait recueillie par indivis avec la nation.

Si avant les derniers six mois des délais fixés , pour les déclarations des successions de personnes décédées , hors de France , les héritiers prennent possession des biens , il ne leur reste d'autre délai à courir , pour passer déclaration , que celui de six mois à compter du jour de la prise de possession Titre *ibidem* , art. XXIV.

Dans les délais fixés par les articles précédens pour l'enregistrement des actes et des déclarations , le jour de la date de l'acte , ou celui de l'ouverture de la succession ne sera point compté.

Si le dernier jour du délai se trouve être un dimanche ou un jour de fête nationale, ou s'il tombe dans les jours complémentaires, ces jours-là ne sont point compris non plus. Titre *ibidem*, art. XXV.

Le dimanche doit être compté, lorsqu'il ne se rencontre pas le jour de l'échéance. Jugement du tribunal de cassation, du premier fructidor an 8, contre le cit. Loworeins.

Pour les amendes et peines encourues à défaut de s'être conformé à la loi, dans le délai ci-dessus. *Voir* Contravention.

Au surplus voir Déclaration de succession.

DÉLAISSEMENT PAR HYPOTHÈQUE.

SOMMAIRE.

1º. Formule d'un délaissement par hypothèque.

2º. Modèle de l'enregistrement.

3º. Définition.

§. Premier.

Formule d'un délaissement par hypothèques.

Par-devant, etc.

Fut présent le citoyen A.

Lequel pour éviter toute espèce de contestation et être déchargé de la rente foncière prétendue par   sur une métairie située à   par lui acquise du citoyen D.   par acte passé devant   notaire à le   enregistré le   déclare qu'il déguerpit et délaisse ledit héritage aux citoyens   à ce présens et acceptants, demeurants à   ; déclarant en outre qu'il fait ledit délaissement aux risques, périls et fortuits du citoyen D.   son vendeur, qui ne lui a point déclaré ladite rente foncière, comme aussi sans préjudice audit citoyen A.   des améliorations et impenses faites audit héritage ; et pour faire signifier la présente déclaration audit D.   a fait et constitué

sou procureur général et spécial le citoyen P.
auquel il a donné tout pouvoir nécessaire.

Fait et passé, etc.

§. I I.

Modèle de l'enregistrement.

Délaissement par le citoyen A.   aux citoyens
             d'une métairie située à   par lui acquise du
citoyen D.   à l'effet d'être déchargé de la
rente de   affectée sur ladite métairie et non déclarée
dans l'acte de vente qui lui en a été fait par ledit cit. D.

Droit. Quatre francs par cent francs. Article LXIX ,
§. VI , n°. 1er. de la loi du 22 frimaire an 7.

Si le délaissement par hypothèque , n'était pas fait
aux créanciers , et qu'il dût nécessairement être suivi
d'une vente par adjudication , en ce cas , n'emportant
pas de mutation , il n'est dû que 5 francs fixe comme
abandonnement , conformément à l'art. LXVIII , §. IV ,
n°. 1er.

Le délaissement pour cause de nullité radicale prononcée par un jugement , est assujetti au droit fixe de 3
francs , article LXVIII , §. III , n°. 7.

§. I I I.

Définition.

Le délaissement par hypothèques est l'abandon par
un tiers acquéreur poursuivi par les créanciers de son
vendeur , d'un héritage grevé de créances hypothécaires ,
pour en être déchargé.

Le délaissement ne pourrait avoir lieu , s'il y avait de
la part de l'acquereur , une obligation personnelle autre
que celle de tiers détenteur.

Le délaissement ne peut pas être partiel.

Il ne peut être fait que par celui qui a capacité
d'aliéner.

La reconnaissance ou titre nouvel donné par le tiers
détenteur en cette qualité , ou le jugement qui déclare l'immeuble hypothéqué , ne sont point des empêchemens à ce qu'il puisse délaisser par hypothèque.

L'héritier du détenteur peut délaisser l'immeuble hypothéqué qui lui est échu en partage.

D'après le projet de code civil du 24 thermidor an 8,
le délaissement par hypothèque doit être fait au greffe.

DÉLÉGATION.

SOMMAIRE.

1°. Formule d'un acte de délégation.

2°. Modèle de l'enregistrement et développemens sur la perception du droit résultant des délégations par actes particuliers et de celles contenues dans des actes de vente, baux et autres.

3°. Définition.

§. PREMIER.

Formule d'un acte de délégation.

Fut présent le citoyen A.   lequel pour s'acquitter envers le citoyen B.   de la somme de   que ce dernier lui a prêtée (indiquer l'acte s'il en existe) a par ces présentes délégué avec toute garantie, et a promis payer, faute de paiement audit citoyen B.   (si cette délégation est acceptée ajouter) à ce présent et acceptant,

La somme de   à prendre dans celle de qui sera due audit citoyen A.   par le citoyen D.   au premier vendémiaire prochain, pour le sémestre qui échoira à cette époque ; de la rente viagère de   constituée à son profit par ledit citoyen D.   par acte devant

Pour, par ledit citoyen B.   toucher et recevoir cette somme des mains dudit citoyen D.   ou de tous autres qu'il appartiendra, à l'effet de quoi ledit citoyen A.   a mis et subrogé avec la même garantie que celle ci-dessus exprimée, et jusqu'à due concurrence ledit citoyen B.   dans tous ses droits et actions, consentant que ledit citoyen D.   et tous autres, en faisant audit citoyen B.   le paiement

de ladite somme de   en demeurent d'autant
quittes et déchargés envers lui.

Pour parvenir à la perception de ladite somme (Nota.
*Cette clause est inutile lorsque la somme déléguée est
une créance pure et simple*) de   ainsi déléguée
ledit citoyen A.   a promis et s'est obligé de se présenter dans les premiers jours dudit mois de vendémiaire devant qui il appartiendra , à l'effet de faire
constater son existence , *ou* , s'est soumis de fournir son
certificat de vie en bonne forme audit citoyen B.
et de lui remettre en outre sous son récépissé le titre
constitutif de ladite rente ; de son côté ledit citoyen B.
s'est obligé de donner audit citoyen A.   quittance
de ladite somme de   par acte ensuite des présentes aussitôt qu'il aura reçu les   francs présente-
tement délégués.

Nota. *Si la délégation est acceptée par le débiteur,
mettre la clause ci-après.*

A ces présentes est intervenu ledit citoyen D.
lequel en se tenant cette délégation pour signifiée , a promis payer audit citoyen B.   la somme de
à l'époque y stipulée.

Et pour l'exécution des présentes les parties ont élu
domicile en leurs demeures ci-devant déclarées , auxquels lieux , etc. nonobstant , etc. promettant , etc. obligeant etc. , renonçant , etc.

Fait à

§. II.

*Modèle de l'enregistrement et développemens sur la
perception du droit résultant des délégations par actes
particuliers et de celles contenues dans des actes de
vente , baux et autres.*

Délégation par A.   au citoyen B.
son créancier acceptant ; d'une somme de
qui lui est due , en conséquence d'un acte enregistré ,
par D.   présent à l'acte.

Droit. Un pour cent sur la somme déléguée et un franc
fixe pour l'acceptation de D.

Le numéro 3 du §. Ier. de l'article LXVIII de la loi
du 22 frimaire an 7, règle à un franc le droit , 1°. des
acceptations de transport ou délégations de créance à

termes ,

termes, faites par actes séparés, lorsque le droit proportionnel a été acquitté pour le transport ou la délégation; 2°. et de celles qui se font dans les actes mêmes de délégation de créance, aussi à terme, quand le titre d'après lequel on délègue, a été enregistré.

Et le n°. 3, du §. III de l'article LXIX qui comprend les actes sujets au droit d'un franc par cent francs, porte : « Les mandats, transports, cessions et délégations de créances à terme; les délégations de prix stipulés dans un contrat, pour acquitter des créances à terme envers un tiers; sans énonciation de titre enregistré, sauf pour ce cas la restitution dans le délai prescrit, s'il est justifié d'un titre précédemment enregistré, et les acceptations de délégation de créance à terme, si le droit proportionnel n'a pas été perçu pour la délégation. »

Nous allons, par des exemples, faire connaître les perceptions à établir par application à ces deux articles.

Délégations par actes particuliers.

Pierre cède, transporte ou délègue à Paul, son créancier acceptant une somme qui lui est due en conséquence d'acte enregistré par Antoine, présent à l'acte.

Droit. Un pour cent sur la somme déléguée, et un fr. fixe pour l'acceptation d'Antoine.

Dans la même hypothèse, s'il n'est point justifié que la créance déléguée sur Antoine soit due en vertu de titre enregistré, il doit être perçu deux droits proportionnels d'un franc par cent francs; l'un pour la délégation faite par Pierre à Paul, et l'autre pour l'obligation par Antoine, au profit de Pierre.

Délégations contenues dans des actes de vente, baux et autres.

Jean vend une maison à Joseph, moyennant 2,000 fr, délégués à Louis, *présent et acceptant.* Cette délégation donne ouverture au droit d'un pour cent.

Mais si l'acquéreur payait à Louis, par le même acte, il n'y aurait lieu qu'au droit de 50 centimes par cent fr. comme quittance.

Dominique vend à Constantin un domaine, moyennant 6,000 francs, délégués à Benoît *non acceptant*, s'il est énoncé un titre enregistré relativement à la créance de Benoît, il n'est dû aucun droit pour cette délégation.

Par acte particulier, Benoît accepte la délégation faite à son profit, le droit est perceptible, pour cette acceptation, sur le pied d'un pour cent.

Claude vend à Jean une maison moyennant une somme de 5,000 fr., qui est déléguée à Joseph, *non acceptant* et sans énonciation de titre enregistré, il est dû pour cette délégation un pour cent, sauf la restitution, s'il est justifié d'un titre précédemment enregistré.

Le droit étant perçu, Joseph accepte par acte particulier, la délégation, il n'est dû, pour l'acceptation, qu'un franc fixe ; mais le droit proportionnel d'un pour cent serait perceptible, si celui exigé lors de l'enregistrement de la vente avait été restitué en conséquence de justification d'un titre précédemment enregistré.

De ces mots, *les délégations de créances à terme*, il résulte nécessairement que si la délégation a pour objet de faire acquitter une rente, elle opérerait, en cas d'acceptation ou à défaut d'énonciation d'acte précédemment enregistré, le droit de 2 francs par cent.

Lorsqu'on délègue la jouissance de biens immeubles, c'est une aliénation, un engagement. *Voir* ENGAGEMENT.

§. III.

Définition.

La délégation est l'acte par lequel un débiteur donne à son créancier un autre débiteur qui se charge de payer la dette.

La délégation ne peut se faire sans le consentement de trois personnes ; savoir, du débiteur qui délègue un autre débiteur à sa place ; du débiteur qui est délégué et qui s'oblige envers le créancier, et du créancier qui accepte la nouvelle obligation, et c'est en quoi la délégation est différente de la cession ou transport. Ici le consentement du débiteur n'est point nécessaire. D'un autre côté, si la délégation n'est point acceptée par le débiteur délégué, ce n'est qu'un mandement.

Quand la délégation est acceptée purement et simplement par le créancier, le débiteur qui l'a faite est déchargé de plein droit ; de sorte que quand le débiteur qui a été délégué serait insolvable, le créancier qui l'a accepté n'a plus de recours contre son premier débiteur ; aussi voit-on rarement des délégations pures et simples ; un créancier se réserve presque toujours un recours à exercer contre le premier débiteur, dans le cas qu'il ne pourrait pas être payé par le second.

Il y a une autre sorte de délégation imparfaite, qui se fait par le débiteur en l'absence du créancier ; telle est celle qui a lieu dans un contrat de vente, quand le débiteur délègue à son créancier le prix de l'immeuble vendu. Cette délégation opère cet effet, que le prix de la vente ne peut être saisi par aucun créancier au préjudice de celui qui est délégué.

DÉLIVRANCE DE LEGS.

SOMMAIRE.

1º. Formule d'une délivrance de legs universel.

2º. Formule d'une délivrance de legs particulier.

3º Modèle de l'enregistrement et liquidation des droits.

4º. Définition.

§. PREMIER.

Formule d'une délivrance de legs universel.

Sont comparus la citoyenne A.   et le citoyen B.   au nom et comme mandataire de la citoyenne E.   veuve du citoyen A.   comme tutrice de   A.   et de   A.   ses deux enfans mineurs et dudit citoyen A.   son mari, nommé à cette tutelle qu'elle a acceptée et autorisée spécialement à l'effet de ce qui suit, le tout suivant un procès-verbal d'avis de parens reçu par le juge de paix de   le   enregistré le   et homologué par jugement rendu au tribunal civil du département de   le   enregistré le

Le citoyen B.   comparant fondé de la procuration spéciale à l'effet des présentes de ladite citoyenne

E.   en sadite qualité , passée en minute devant
notaire à   le   enregistré le

La citoyenne A.   et les deux mineurs A.
restés seuls héritiers chacun pour tiers de A.
leur père commun.

Lesquels , le citoyen B.   ès noms qu'il agit ,
après avoir pris communication du testament du feu
citoyen A.   par lui fait olographe à   le
déposé avec son enveloppe par le procès-verbal d'ouverture dressé par le citoyen G.   juge de paix de
le   dudit testament enregistré à   par
le   ont présentement consenti
l'exécution de ce testament et fait à la citoyenne P.
la délivrance des legs y portés jusqu'à concurrence toutefois du   des biens composant la succession du
feu citoyen A.   dont acte.

Fait à   etc. le   etc.

§. I I.

Formule d'une délivrance de legs particuliers.

Furent présens les citoyens   enfans et héritiers
de

Lesquels après avoir pris communication du testament
olographe de   du   enregistré le
au bureau de   et déposé pour minute à   ont
déclaré consentir à son exécution ainsi qu'à la délivrance
des legs y portés.

A cet effet le citoyen B.   ici présent reconnaît que les enfans et héritiers dudit citoyen
lui ont remis les meubles et effets mobiliers que ce dernier
lui avait légués suivant sondit testament.

Comme aussi le citoyen D.   demeurant à
a reconnu et confessé avoir reçu desdits héritiers
la somme de   montant du legs qui lui avait été
fait par le même testament.

De laquelle somme de   ainsi que desdits effets
mobiliers , lesdits citoyens B.   et D.
chacun pour ce qui les concerne , soit contens , quittent
et déchargent les héritiers dudit citoyen

Consentent les parties que mention du présent soit
faite même en leur absence , par tous notaires et officiers
requis sur toutes pièces que besoin sera.

Dont acte , fait et passé , etc.

§. III.

Modèle de l'enregistrement et liquidation des droits.

Délivrance par le citoyen A.   à la citoyenne
P.   du legs à elle fait par le citoyen C.
suivant son testament, enregistré le   étant du
    des biens du testateur.

Droit. Un franc fixe. Article LXVIII, §. Ier., n°. 25
de la loi du 22 frimaire an 7.

Nota. Le légataire doit passer déclaration, tant des
objets mobiliers que des immeubles qu'il recueille à ce
titre et en acquitter le droit proportionnel.

Délivrance par le citoyen   au citoyen
de la somme de   léguée à ce dernier par
le citoyen   suivant son testament enregistré le

Droit. Un franc fixe d'après le même article.

Les délivrances pures et simples de legs sont soumises
au droit d'enregistrement sur le pied d'un franc fixe par
l'article LXVIII, §. Ier. n°. 2 de la loi du 22 frimaire
an 7, et le légataire doit passer déclaration non-seulement des immeubles, mais même des objets mobiliers
qu'il recueille à ce titre, et en acquitter le droit proportionnel. *Voir* DÉCLARATION.

Néanmoins il n'y aurait pas lieu de faire cette déclaration si le droit proportionnel avait été perçu lors de
l'enregistrement du testament sur les legs d'objets mobiliers, perception qui a ordinairement lieu pour les
sommes léguées et pour les objets désignés susceptibles
d'évaluation, au moment de la formalité.

On a pensé que si la délivrance a pour objet une
somme léguée en deniers, il y a alors libération et
quittance envers l'héritier, et qu'il est dû 50 centimes
par cent francs, mais nous sommes d'un avis contraire,
nous estimons que les délivrances, même de sommes en
deniers, n'opèrent que le seul droit d'un franc fixe.

§. IV.

Définition.

Une délivrance de legs est l'acte par lequel l'héritier légitime remet au légataire l'objet qui lui a été légué.

Il ne suffit pas d'avoir acquis un legs en vertu d'un testament, pour se croire en droit de s'en mettre aussitôt en possession ; sans en avoir demandé la délivrance à l'héritier. La nécessité de demander cette délivrance est introduite dans presque toutes les coutumes, notamment dans celle de Paris.

Voir. SUCCESSION. TESTAMENT.

DÉMENCE.

C'est l'état d'une personne dont la raison est affaiblie au point d'ignorer, si ce qu'elle fait, est bien ou mal.

Ceux qui sont dans un état pareil, ne sauraient prendre soin par eux-mêmes de l'administration de leurs biens, on leur donne un curateur pour y veiller.

La démence ne se présume point dans les actes antérieurs à une interdiction, à moins qu'il ne soit prouvé qu'elle existait déjà, et qu'il ne paraisse une lésion évidente dans les actes que l'on veut faire annuller. N'importe qu'il soit dit par l'acte que celui que l'on prétend avoir été dans un état de démence, était *sain de mémoire, d'esprit et d'entendement* ; ces sortes de déclarations ne préjudicient point à la preuve par témoins du fait contraire qu'on pourrait articuler, parce qu'un notaire, en pareil cas, n'est point un juge irréfragable.

Il y a cette différence entre la démence et l'imbécillité, que la démence est une privation absolue de raison, au lieu que l'imbécillité n'en est qu'un affaiblissement : c'est ce qui fait qu'un imbécille peut contracter mariage, pourvu qu'il sache ce qu'il fait, au lieu qu'un homme qui est exactement en démence ne le peut pas. Il y a cette autre différence entre la démence, l'imbécillité et la folie, que la démence, ainsi que l'imbécillité indiquent un état habituel de privation ou de faiblesse de bon sens, au lieu que la folie ne dénote quelquefois qu'un dérangement fougueux de l'imagination qui cesse par intervalle. Dans ces intervalles de tranquillité qu'on appelle *momens lucides*, comme la personne peut jouir de tout son bon sens, on confirme ou on rejette les actes émanés d'elle, suivant qu'ils paraissent sensés ou déraisonnables.

DÉMISSION DE BIENS.

SOMMAIRE.

1°. Formule d'une démission de biens.

2°. Modèle de l'enregistrement.

3°. Définition.

4°. Conditions essentielles pour la validité des démissions.

5°. La naissance d'un enfant du démettant annulle la démission faite en ligne collatérale.

6°. Le projet de code civil n'admet plus de démission.

§. PREMIER.

Formule d'une démission de biens.

Par-devant les notaires à Paris, soussignés, fut présent la citoyenne A.   veuve de   demeurant à   laquelle s'est volontairement démise, et a abandonné et délaissé dès-maintenant et pour toujours à Jean   demeurant à   et Marie demeurant à   ses enfans et héritiers présomptifs à ce présens et acceptans, tous les biens immeubles, sommes principales, arrérages, intérêts échus, et autres effets généralement quelconques, qui appartiennent présentement à ladite D°. A.   sans aucune exception, sinon de ses meubles meublans qu'elle se réserve; tous lesquels biens et effets ladite A.   a dit être mentionnés et estimés article par article en l'état qu'elle a présenté, qu'elle certifie véritable, demeure annexé à ces présentes, après avoir été paraphé des parties et des notaires soussignés, déclare ladite A.   que tous sesdits biens ne sont chargés d'aucune dette en hypothèque, à la

4

réserve de   de rente qu'elle doit à   à l'effet du présent délaissement, ladite A.   a présentement remis et délivré auxdits Jean   et Marie   ses enfans, tous les titres et papiers qu'elle avait, concernant sesdits biens et affaires, dont a été fait un état aussi demeuré annexé à ces présentes, après avoir été paraphé desdites parties et notaires soussignés, consentant que ceux qui peuvent en avoir d'autres, les remettent ès-mains desdits Jean   et Marie   ses enfans qu'elle subroge en tous ses droits, noms, raisons, actions privilèges et hypothèques, pour, par eux jouir, faire et disposer de tous lesdits biens et effets, comme de chose à eux appartenante ; consentant même ladite A.   que lesdits Jean   et Marie ses enfans, fassent le recouvrement de tous lesdits effets, sous son nom, transportant, dessaisissant, etc.

La valeur des objets mobiliers abandonnés par ces présentes, suivant l'état dont est parlé ci-dessus, est de

Fait et passé, etc.

NOTA. Il faut avoir l'attention de désigner et d'estimer, dans l'état joint à l'acte, les objets mobiliers, article par article, si on veut éviter qu'il ne soit perçu sur ces objets le même droit que pour des immeubles.

§. II.

Modèle de l'enregistrement.

Démission par   au profit de   ses enfans, de tous ses biens meubles et immeubles évalués à   les meubles à   et les immeubles à

Droits. Un franc 25 centimes sur la valeur des meubles.   et 2 francs 5o centimes sur la valeur des immeubles.

Les démissions ne sont pas dénommées dans la loi, elles doivent être assimilées aux donations, et le droit perçu, comme pour ces actes. Décision de la régie, du 15 pluviose an 7.

Voir, au surplus, DONATION.

§. III.

Définition.

La démission de biens est un acte par lequel une personne abandonne ses biens en ouvrant succession par anticipation en faveur de ses héritiers présomptifs.

Voir ci-après §. VI.

La démission est de sa nature révocable jusqu'à la mort du démettant, néanmoins elle porte toujours l'intention de gratifier sans retour. La révocation n'est qu'un accident et la démission a tous les caractères de la mutation qui opère une translation réelle de propriété ; le démissionnaire jouit *animo domini*, et perçoit irrévocablement les fruits, en un mot, il est réel propriétaire.

La démission n'est pas une donation entre-vifs, puisqu'elle est révocable de sa nature ; il faut cependant excepter de cette règle générale, les démissions faites par contrat de mariage, celles-ci sont irrévocables. Ce n'est pas non plus une donation à cause de mort, puisqu'elle a un effet présent, et qu'elle n'est point sujette aux formalités des testamens, c'est plutôt une de ces conventions que les Romains appelaient, contrats innommés, à cause des charges que le démettant y impose au démissionnaire, soit en se réservant l'usufruit, soit en stipulant une pension viagère, ou que le démissionnaire le logera, le nourrira, l'entretiendra durant sa vie.

La révocation de la démission en fait regarder l'acte comme non avenu, de sorte qu'elle éteint les hypothèques que les démissionnaires auraient pu créer sur les biens qui leur avaient été abandonnés.

Lorsqu'un démissionnaire vient à décéder du vivant du démettant, sa part accroît aux autres démissionnaires, s'il n'a point d'enfans habiles à le représenter.

Le démissionnaire peut renoncer à la succession du démettant, et par ce moyen, il n'est point tenu des dettes créées depuis la démission.

Les enfans démissionnaires doivent rapporter au partage des biens compris dans la démission, tous les avantages particuliers qui pourraient leur avoir été faits par le père ou la mère démettant.

§. IV.

Conditions essentielles pour la validité des démissions.

Une condition essentielle pour la validité d'une démission, est qu'elle soit acceptée par tous ceux au profit
de qui est elle faite.

Les autres conditions requises sont,

1°. Que la démission soit faite en faveur des héritiers présomptifs du démettant, c'est-à-dire, de ceux
qui lui doivent succéder, suivant l'ordre désigné par
la loi.

2°. Qu'elle soit faite à tous ceux qui sont actuellement
dans le même dégré, soit de leur chef, soit par le moyen
de la représentation, sans en excepter aucun.

3°. Que le partage que le démettant aurait fait dans
un acte de démission, soit entièrement conforme à la
loi des successions *ab-intestat*, c'est-à-dire, que le démettant doit laisser ses biens à tous ceux que la loi
appelle à sa succession, et de la même manière qu'elle
les y appelle, sans y rien changer.

4°. Que la démission comprenne tous les biens du démettant, à l'imitation du droit d'hérédité qui est universel. Cependant s'il se réservait quelques meubles pour
son usage, et même la faculté de disposer par testament
ou autrement, de quelques effets, la démission n'en serait pas moins valable, pourvu que la disposition em-
brassât par elle-même tous les biens, et que la réserve
ne fût que de quelque chose en particulier.

5°. Que la démission soit faite par forme d'universalité, et non à titre singulier, parce qu'une démission
est une succession anticipée, et qu'une succession ne se
réfère qu'à titre d'universalité.

6°. Que le démettant ne donne point à ses biens une
qualité qu'il ne pourrait donner par testament, comme
d'ordonner que ses meubles tiendront nature d'immeubles
aux démissionnaires.

7°. Que la démission ait un effet présent, et transfère
la possession et la propriété des biens donnés au démissionnaire pour en jouir tant que la démission ne sera
pas révoquée.

§. V.

La naissance d'un enfant du démettant annulle la démission faite en ligne collatérale.

La démission faite en ligne collatérale , est révoquée de plein droit par la naissance d'un enfant légitime du démettant , et en ligne directe la naissance d'un enfant opère seulement la nécessité d'un partage avec les autres enfans démissionnaires.

§. VI.

Le projet de code civil n'admet plus de démission.

D'après le projet de code civil , du 24 thermidor an 8 , on ne peut disposer de ses biens à titre gratuit que par des donations *entre-vifs* ou *testamentaires* , et dans les formes établies pour l'un ou l'autre de ces actes.

Nous les ferons connaître aux mots donations et testamens.

Voir DONATIONS et TESTAMENS.

DEPOT.

SOMMAIRE.

1°. Formule d'un dépôt de pièces.

2°. Définition.

3°. Des obligations du dépositaire et des actions auxquelles le dépôt donne ouverture.

4°. Peines contre les dépositaires qui ne remplissent pas leurs obligations.

5°. Des obligations de celui qui a fait le dépôt.

6°. Droit d'enregistrement dû pour les dépôts de sommes et pour les dépôts d'actes et pièces.

§. PREMIER.

Formule d'un dépôt de pièces.

Par-devant, etc.
est comparu le C. François Langouville, demeurant à   lequel a déposé pour minute au C.
l'un des notaires soussignés.

1°. L'acte de décès de   tiré des registres de l'état civil de la commune de   délivré par   officier public de ladite commune, le

2°. L'original d'un acte de notoriété, passé devant   notaire à   en présence de témoins, le constatant le décès dudit   et ses héritiers, enregistré à   le

3°. L'expédition d'une procuration passée devant   et son collègue, notaires à   département d   le   donnée par   au C.   laquelle expédition fait mention que sa minute a été enregistrée.

Lesquelles trois pièces duement légalisées sont, à la réquisition du comparant, demeurées ci-annexées après avoir été de lui certifiées véritables, signées et paraphées en présence des notaires soussignés.

Fait et passé à, etc.

Modèle du certificat à mettre au pied ou en marge des pièces déposées.

Certifié véritable , signé et paraphé en présence des notaires à   soussignés au désir d'un acte de dépôt de cejourd'hui

§. I I.

Définition.

Le dépôt des sommes et d'objets mobiliers est l'acte par lequel on donne une chose à garder gratuitement , pour être remise en nature , soit au déposant , soit à une autre personne indiquée , dans le tems exprimé dans l'acte , ou à la première réquisition.

Le dépôt est un contrat synallagmatique imparfait ; attendu qu'il n'y a d'obligation principale que celle du dépositaire , et que les obligations de l'autre partie , qui est le déposant, ne sont que des obligations incidentes.

Il faut que le dépôt soit gratuit , autrement ce serait un louage , puisque le dépositaire louerait ses soins.

§. III.

Des obligations du dépositaire et des actions auxquelles le dépôt donne ouverture.

Le dépôt produit deux actions , l'une par laquelle celui qui a fait le dépôt peut obliger le dépositaire à le rendre , et l'autre par laquelle ce dernier peut répéter les dépenses qu'il a été obligé de faire pour la conservation de la chose déposée.

Si la chose déposée produit des fruits ou revenus , ils entrent dans le dépôt , et le dépositaire est chargé de ces accessoires comme du principal. Ainsi celui qui prend en garde un troupeau de moutons et de brebis , doit rendre la laine et les agneaux que le troupeau a produits. C'est ce qui résulte de la loi 58, §. X , ff de usur.

Lorsque le dépositaire fait usage de la chose déposée , contre la volonté du propriétaire , il commet une sorte de larcin pour lequel il doit être responsable des dommages et intérêts qui peuvent en résulter.

Le dépositaire n'est tenu de rendre la chose déposée

que dans l'état dans lequel elle se trouve au moment de
la restitution, quand même elle serait détériorée, pourvu
qu'elle ne l'ait point été par sa faute.

Il est déchargé si la chose a péri par un accident dont
il ne soit pas responsable, ou lui a été volée sans qu'il y
ait eu de sa part négligence dans la garde.

Le dépositaire auquel la chose a été enlevée par une
force majeure, et qui a reçu un prix ou quelque chose à
la place, doit restituer ce qu'il a reçu en échange.

L'héritier du dépositaire qui a vendu de bonne foi la
chose dont il ignorait le dépôt, n'est tenu que de rendre
le prix qu'il a reçu, ou de céder ses actions contre l'a-
cheteur s'il n'a pas touché le prix.

Le dépositaire ne doit restituer la chose déposée qu'à
celui qui la lui a remise, ou au nom duquel le dépôt a
été fait.

Il ne peut pas exiger de celui qui a fait le dépôt la
preuve qu'il en était propriétaire.

Lorsque celui qui a fait le dépôt est décédé, ou a
perdu la vie civile, le dépôt ne peut être remis qu'à
son héritier; s'il y a plusieurs héritiers, il doit être remis
à chacun d'eux pour leur part et portion, à moins que le
dépôt ne soit indivisible; auquel cas, ils doivent s'accorder entre eux.

Si le déposant a changé d'état, comme la femme qui
se marie, le majeur qui est interdit, le dépôt ne peut
être restitué qu'à celui qui a l'administration des droits
et des biens du déposant.

Si le dépôt a été fait à un tuteur, à un mari, ou à un autre
administrateur, il ne peut être remis qu'à celui que cet
administrateur représentait lorsque sa fonction est cessée.

Lorsque le contrat indique le lieu où le dépôt doit
être restitué, il doit être rendu dans cet endroit, mais
si la remise exige un transport, les frais en sont à la
charge du déposant.

Si le contrat n'indique point le lieu auquel le dépôt
doit être rendu, la restitution en doit être faite au lieu
où le dépôt a été fait.

Le dépôt doit être rendu au déposant aussitôt qu'il le
redemande, quand même le contrat porterait un temps
déterminé pour sa restitution, à moins qu'il n'existe
entre les mains du dépositaire une saisie-arrêt ou une
opposition faite sur le propriétaire.

La prescription n'a pas eu lieu pour le dépôt public,

mais le dépôt particulier peut être prescrit par trente
ans, à moins qu'on ne retrouve encore l'objet déposé
en nature, avec la preuve du dépôt.

§. I V.

Peines contre les dépositaires qui ne remplissent pas leurs obligations.

Le corps législatif ayant considéré qu'un dépôt doit
toujours être remis en nature au moment où il est demandé, a rendu, le 5 fructidor de l'an 3, une loi qui détermine les peines que doivent encourir les dépositaires
qui ne remplissent pas leurs obligations, elle contient
les quatre articles suivans :

Art. Ier. « Tout dépositaire qui aura disposé d'un dépôt, sera tenu de le rétablir en effets de même espèce
et de même valeur. »

II. « Si le dépôt consiste en matières d'or ou d'argent,
il sera rétabli en matière de même nature et de même
valeur. »

III. « A défaut par le dépositaire de satisfaire à son
obligation, il sera condamné au paiement de la somme
nécessaire pour se procurer les effets de remplacement,
eu égard à la valeur desdits objets à l'époque du jugement, et à une amende égale à cette valeur, dont la
moitié au profit de la nation, et l'autre moitié au profit
du propriétaire du dépôt. »

IV. « Sont exceptés des dispositions de la présente
loi ceux des dépositaires publics qui justifieront par
certificats authentiques et non équivoques, qu'en exécution de la loi du 11 avril 1793, ils ont versé à la trésorerie nationale les dépôts qui leur avaient été confiés. »

» Dans ce cas, les propriétaires desdits dépôts adres-
seront leurs réclamations en la forme et de la manière
prescrite par l'article VI de la loi du 13 thermidor de
l'an 3 de la république. »

§. V.

Des obligations de celui qui a fait le dépôt.

Celui qui a fait le dépôt est tenu de rembourser au

dépositaire les avances qu'il a faites pour la conservation de la chose , et de l'indemniser généralement de tout ce que lui a coûté le dépôt.

Il est même tenu d'indemniser le dépositaire des pertes que peut lui avoir causées la chose déposée.

Le dépositaire peut retenir le dépôt pour la restitution des avances et indemnités qui lui sont dues par le propriétaire.

§. V I.

Droit d'enregistrement dû pour les dépôts de sommes et pour les dépôts d'actes et pièces.

Il n'est dû qu'un franc fixe pour les dépôts et consignations de sommes et effets mobiliers , lorsqu'ils sont faits chez des officiers publics et qu'ils n'opèrent pas la libération des déposans , et pour les décharges qui en sont données par les déposans ou leurs héritiers lorsque la remise des objets déposés leur est faite. Art. LXVIII, §. Ier. numéro 27 de la loi du 22 frimaire an 7. Si la décharge est donnée par une autre personne , le droit en doit être perçu comme quittance.

A l'égard des dépôts de sommes chez des particuliers , ils opèrent le droit d'un franc par cent francs comme obligation. Art. LXIX , §. III , n°. 3.

Si celui qui a fait le dépôt en retirait quelqu'émolument , ce serait plutôt un louage , qu'un véritable dépôt , et si le dépositaire se faisait payer des salaires pour la garde du dépôt , en ce cas ce ne serait plus un simple dépositaire , mais un préposé à gages , dont les engagemens se règlent différemment. Dans ces espèces , le droit d'enregistrement doit être perçu ou comme bail et location de biens meubles; ou comme bail d'industrie.

Dépôt d'actes et pièces chez des notaires , greffiers et autres officiers publics , est tarifé à un franc fixe par l'article LXVIII , §. Ier., n°. 2 de la loi du 22 frimaire an 7.

Mais aucun officier public ne peut recevoir le dépôt d'un acte sous signature privée ou d'acte passé en pays étranger , s'il n'a préalablement été enregistré , à peine de 50 francs d'amende pour chaque contravention , et de répondre personnellement du droit. Article XLI de la même loi,

La

Le dépôt d'un billet à ordre enregistré, avec obligation et hypothèque, n'est sujet qu'à un franc fixe, sur le fondement que tous actes qui, soumis à la formalité, ont acquitté les droits dont ils étaient passibles, peuvent être déposés et produits, sans donner lieu à de nouveaux droits.

Le dépôt fait chez un notaire d'un acte sous seing-privé contenant mutation d'immeuble, dans l'intervalle du délai fixé pour l'enregistrement, n'est pas suffisant pour faire éviter la peine d'un plus fort droit, lorsque l'acte est présenté à l'enregistrement après le délai. Jugement du tribunal de cassation, du 4 germinal an 9, qui confirme ce principe.

DESHERENCE.

La déshérence est le droit de succéder aux biens d'un naturel français, né en légitime mariage, qui meurt sans avoir disposé de ses biens; et sans héritiers habiles à lui succéder.

La propriété publique que chaque peuple a des fonds situés dans son territoire, est la source universelle d'où dérivent les propriétés particulières, et à laquelle elles retournent. Lorsque ces propriétés particulières sont abandonnées par leurs possesseurs, et que les lois et les usages qui en tiennent lieu, n'appellent plus personne à les recueillir, elles rentrent nécessairement dans le domaine public, et le pouvoir souverain a le droit d'en disposer de la manière qu'il juge la plus convenable.

Les successions échues à ce titre à la nation, sont exemptes du droit d'enregistrement. Loi du 24 juillet 1793, et article LXX, §. III, n°. 1er. de celle du 22 frimaire an 7. Mais si, avant la prescription acquise, il se présentait un héritier, et que la succesion lui fût adjugée, il devrait payer le droit d'enregistrement dans les six mois de l'envoi en possession. Circulaire du 12 messidor an 6, n°. 1506.

A l'égard des successions qui deviennent vacantes par la renonciation des héritiers habiles à succéder, la régie a pensé que le droit est exigible, attendu qu'il y a eu un héritier saisi. Même circulaire.

En conséquence, aussitôt que la régie des biens est

dans les mains du préposé de l'enregistrement et du domaine national, il doit faire la déclaration, porter le
droit en recette des premiers deniers recouvrés pour la
succession, et faire dépense dans son compte à l'ins-
pecteur, du montant de la quittance qu'il délivrera pour
cet objet. Et si la main-mise est retardée par un événement quelconque, le droit doit être recouvré, par les
voies ordinaires contre le curateur à la succession dans
le cas où il en serait établi un à la requête des créanciers. Même circulaire.

On a élevé la question suivante : Paul ne se connaît
point d'héritier, et dispose de la totalité de son bien en
faveur d'un étranger. La nation a-t-elle droit d'attaquer
cette disposition et de réclamer les cinq sixièmes de la
succession à titre de déshérence ?

Non. La loi du 17 nivose veut que lorsque le testateur
n'a point d'héritiers, les prédilections de l'amitié puissent remplacer celles de la nature, et la volonté de
l'homme celle de la loi. Elle porte, article XXXII :
« En cas que les dispositions aient été faites par un
» homme décédé sans parens, le donataire ou institué
» en conservera l'effet. »

DÉSISTEMENT.

Le désistement est l'abandon que l'on fait de la suite
d'une chose qu'on a entreprise.

Lorsque le désistement est pur et simple, il n'opère
qu'un franc fixe. Article LXVIII, parag. Ier., n°. 28 de
la loi du 22 frimaire an 7

Le désistement n'est point pur et simple, s'il est fait
moyennant une somme, ou s'il a lieu après un jugement
de condamnation. On ne doit point non plus considérer
comme tel, l'acte qui anéantirait l'effet d'un précédent
acte, dont l'exécution devrait continuer d'avoir lieu.
Il ne faut point dans ce cas s'arrêter à l'expression de
désistement, mais formaliser le contrat comme tran-
saction, résiliement ou rétrocession, relativement à
son objet.

DIMANCHE.

Jour consacré au repos.

Toutes les autorités constituées et les préposés des régies sont autorisés à vaquer le dimanche.

Les taxes de témoins dans les procédures criminelles, doivent être acquittées tous les jours, même le dimanche.

Si le dernier jour du délai se trouve être un dimanche, ce jour-là ne doit point être compté dans les délais fixés pour l'enregistrement des actes et des déclarations.

DON MUTUEL.

SOMMAIRE.

1°. Formule d'un don mutuel entre époux sans enfans.

2°. Formule d'un don mutuel entre époux ayant enfans.

3°. Modèle de l'enregistrement avec la liquidation des droits.

4°. Définition.

5°. De la forme et des caractères du don mutuel.

6°. Des époux entre lesquels le don mutuel peut avoir lieu.

7°. Des conditions d'où dépend le don mutuel, et de la manière dont les donataires en sont saisis.

8°. Des obligations du donataire mutuel.

9°. De l'insinuation du don mutuel.

10°. De la portion des biens dont on peut disposer par don mutuel, d'après les lois nouvelles.

11°. Dispositions du projet de code civil relativement aux donations entre époux.

§. PREMIER.

Formule d'un don mutuel entre époux sans enfans.

Par-devant les notaires
                        furent présens
le citoyen A.   et la D^e. B.
son épouse, qu'il autorise à l'effet des présentes, demeurant à

Lesquels, étant en bonne santé, considérant qu'ils n'ont point d'enfans, et voulant se donner des témoi-

gnages réciproques de l'estime et de l'amitié qu'ils ont
dit avoir l'un pour l'autre , se sont volontairement fait
par ces présentes , l'un à l'autre et au survivant d'eux ;
ce accepté respectivement pour ledit survivant , donation mutuelle entrevifs et irrévocable en la meilleure
forme que donation puisse valoir , de tous les biens
meubles et immeubles qui se trouveront appartenir au
premier mourant d'eux , au jour de son décès , de
quelque nature qu'ils soient et en quelques lieux qu'ils
soient dûs ou situés.

Pour en jouir et disposer , par le survivant , en toute
propriété à compter du jour dudit décès.

Cette donation subira les réductions ordonnées par
les lois , dans le cas où le prédécédé laisserait des enfans nés ou à naître de leur mariage.

Pour faire insinuer et transcrire ces présentes , par-
tout où besoin sera , tout pouvoir est donné au porteur
de l'expédition.

Fait et passé à , etc.

Si le don mutuel était fait en usufruit seulement , la
clause pour en jouir. . . . devrait être ainsi conçue :

Pour en jouir par le survivant en usufruit seulement
à compter du jour dudit décès , sans être tenu de
donner caution , mais à la charge de faire faire bon et
fidèle inventaire des biens du prédécédé.

§. II.

Formule d'un don mutuel entre époux ayant enfans.

Par-devant les notaires
furent présens
le citoyen A.   et la D.ᵉ B.
son épouse , qu'il autorise à l'effet des présentes , demeurant à

Lesquels , étant en bonne santé , et voulant se donner
des preuves réciproques de l'affection qu'ils ont dit
avoir l'un pour l'autre , et profiter à cet égard de la
latitude qui leur est accordée par les lois des 5 brumaire et 17 nivose an 2 , se sont volontairement fait
par ces présentes , l'un et l'autre et au survivant , donation mutuelle , entrevifs et irrévocable , en la meilleure forme que donation puisse valoir , de la moitié de
tous les biens meubles et immeubles qui se trouveront

appartenir au premier mourant d'eux au jour de son décès.

Pour en jouir par le survivant en usufruit seulement pendant sa vie à compter du jour dudit décès, sans être tenu de donner aucune caution, mais à la charge de faire faire bon et fidèle inventaire des biens du prédécédé.

Cette donation est ainsi faite de l'usufruit seulement de la moitié de leurs biens, attendu que les comparans ont des enfans de leur mariage, mais si lesdits enfans venaient à décéder sans descendans d'eux, avant le premier mourant des époux donateurs, et que celui-ci n'eût laissé aucun enfant dudit mariage, les comparans entendent que la présente donation soit convertie en une donation en toute propriété de la totalité des biens du prédécédé, s'en faisant en tant que de besoin par ces présentes, ce accepté respectivement, toute donation mutuelle, entrevifs et irrévocable en la meilleure forme que donation puisse valoir.

Pour faire insinuer et transcrire ces présentes, partout où besoin sera, tout pouvoir est donné au porteur de l'expédition.

Fait et passé à, etc.

§. III.

Modèle de l'enregistrement et liquidation des droits.

Don mutuel entre   et   son épouse, en faveur du survivant d'eux de la propriété de tout ou d'une partie des biens que laissera le premier décédé (*ou*) de l'usufruit de moitié des biens qui appartiendront au premier mourant au jour de son décès.

Droit. Trois francs fixe, article LXVIII, §. III, n°. 5 de la loi du 22 frimaire an 7.

Le survivant doit acquitter, dans les six mois du décès, le droit proportionnel des biens qu'il recueille.

§. IV.

Définition.

Le don mutuel est une convention faite entre deux conjoints, depuis le mariage, en vertu de laquelle le

survivant jouit en usufruit ou en toute propriété de tout
ou de partie des biens du prédécédé.

Il serait superflu de rapporter ici ce que disent les
différentes coutumes sur le don mutuel, puisqu'aujour-
d'hui les époux ont la plus grande latitude pour se donner mutuellement ce qu'ils jugent à propos, sauf les
restrictions énoncées dans la loi du 17 nivose an 2, relativement aux enfans qu'ils peuvent avoir, et celles portées par le projet de code civil, du 24 thermidor an 8.

Nous les ferons connaître au parag. X, ci-après.

§. V.

De la forme et des caractères du don mutuel.

L'art. XLVI de l'ordonnance du mois de février 1731,
a excepté les dons mutuels entre conjoints de la nécessité des formes et des règles que cette loi a prescrites
pour les autres donations entrevifs, cependant il reste
encore des formes auxquelles ces dons sont assujétis.

Il faut qu'ils soient faits par des actes passés devant
notaires, et dont il reste minute. En effet, si le don
mutuel pouvait avoir lieu par acte sous seing-privé, rien
n'empêcherait qu'on n'en changeât la date. De même,
si le don mutuel pouvait se faire par acte passé par-
devant notaire, mais expédié en brevet sans qu'il en
restât de minute, le mari aurait le pouvoir de supprimer
l'acte, et par conséquent, d'annuller le don mutuel sans
le consentement de la femme.

Pour la validité du don mutuel, il faut que la femme
soit autorisée de son mari.

Pour la validité des donations entrevifs, il faut exprimer que la donation a été acceptée par le donataire ou
par quelqu'autre ayant qualité à cet effet, sans que cette
formalité puisse être suppléée, ni par la signature du
donataire au bas de l'acte de donation, ni par la possession des choses données; il en est autrement à l'égard
du don mutuel entre mari et femme; il n'est pas nécessaire, pour qu'il soit valable, de stipuler que les parties l'ont respectivement accepté. C'est ce qui résulte
de l'art. XLVI de l'ordonnance du mois de février 1731.

L'irrévocabilité est un caractère propre au don mutuel, aussitôt qu'il est fait, l'une des parties ne peut
plus le révoquer sans le consentement de l'autre. Ce

caractère est tellement essentiel au don mutuel, que si par une clause, l'un ou l'autre des conjoints, ou tous les deux ensemble, s'étaient réservé la liberté de le révoquer, cette clause rendrait le don mutuel absolument nul, quand même les époux n'en auraient fait aucun usage.

D'après le projet de code civil précité, on ne peut disposer de ses biens à titre gratuit que par des donations entrevifs ou testamentaires, et dans les formes établies pour l'un ou l'autre de ces actes.

Voir DONATIONS, TESTAMENS.

§. VI.

Des époux entre lesquels le don mutuel peut avoir lieu.

Il est nécessaire que les personnes entre lesquelles le don mutuel est autorisé, soient unies par un mariage légitime qui ait les effets civils. Il faut conclure de cette décision, que si un homme et une femme s'étaient faits un don mutuel, et que par la suite leur mariage vint à être déclaré nul, cette nullité entraînerait celle du don mutuel qu'ils se seraient faits.

On a autrefois agité la question de savoir si des conjoints mineurs pouvaient se faire un don mutuel, la raison de douter était que les lois défendent aux mineurs d'aliéner, tant la propriété que l'usufruit de leurs immeubles. Mais cette considération n'a pas prévalu, et il a été décidé, conformément à l'avis de Dumoulin, que des époux mineurs avaient, comme les majeurs, la faculté de se faire des dons mutuels.

Le don mutuel est de même valable, quoique le mari soit interdit pour cause de prodigalité. C'est l'avis de Duplessis, et il doit être suivi.

Le projet de code civil précité veut que l'époux mineur ne puisse, pendant le mariage, donner à l'autre époux que ce que la loi permet au mineur émancipé de donner à un étranger.

Voir ci-après, parag. X.

Le même projet de code civil interdit aux époux, pendant leur mariage, par acte entrevifs ou par testament, toute donation mutuelle et réciproque, par un seul et même acte.

§. VII.

Des conditions d'où dépend le don mutuel, et de la manière dont les donataires en sont saisis.

Le don mutuel étant fait en cas de survie, il est évident que c'est le décès du conjoint mort le premier qui donne ouverture à la donation en faveur du survivant, la mort civile produit à cet égard le même effet que la mort naturelle.

L'ouverture du don mutuel ne donne à l'époux survivant que le droit de demander aux héritiers du prédécédé, la délivrance des choses comprises dans ce don. C'est ce qui résulte d'une disposition de l'art. CCLXXXIV de la coutume de Paris, qui est ainsi conçue : Un don mutuel de soi ne saisit, ains est sujet à délivrance.

En cela, le don mutuel fait durant le mariage, diffère de celui qui a été fait par le contrat de mariage : ce dernier saisit de plein droit le conjoint survivant qui se trouve possesseur des choses données, sans qu'il soit tenu d'en demander la délivrance aux héritiers du prédécédé.

§. VIII.

Des obligations du donataire mutuel.

L'art. CCLXXXVII de la coutume de Paris charge le donataire en usufruit de faire faire les réparations qu'exigent les héritages sur lesquels s'étend le don mutuel, de payer les charges annuelles, ainsi que les arrérages, tant des rentes foncières que des autres rentes constituées pendant la communauté, échues depuis la jouissance du don mutuel, sans espérance de les recouvrer.

Ces dispositions doivent être considérées comme un droit commun relativement aux coutumes qui n'ont rien dit à cet égard.

La coutume de Paris a dispensé formellement le donataire mutuel en usufruit de payer les legs et les autres dispositions testamentaires du prédécédé. Cette décision est fondée sur ce que le caractère d'irrévocabilité, qui est essentiel au don mutuel, interdit au donateur la fa-

culté de la diminuer par des legs que le donataire serait
obligé d'avancer.

De ce que le donataire mutuel ne peut pas être tenu
d'avancer les legs, est résultée la question de savoir si
le conjoint prédécédé, n'ayant pas laissé d'autres biens
que ceux dont le survivant a l'usufruit, les légataires
sont fondés à exiger que l'héritier du prédécédé leur paie
sur le champ leur legs, ou s'ils doivent attendre que l'u-
sufruit du donataire mutuel soit éteint. A moins que le
défunt n'ait caractérisé la volonté d'accorder un terme
à l'héritier pour payer les legs, il est tenu de les payer
immédiatement après le décès, ou d'abandonner aux légataires la nue propriété à laquelle il a succédé.

§. I X.

De l'insinuation du don mutuel.

Le don mutuel n'est pas assujetti aux formes et aux
règles prescrites par l'ordonnance de 1731. Voyez l'En-
cyclopédie, et surtout le Dictionnaire des domaines,
au mot, *don mutuel*, où Bosquet prouve d'une manière
aussi convaincante que lumineuse, que le don mutuel
n'est point sujet à l'insinuation *légale*; que la nullité,
faute de cette formalité, n'est prononcée par aucune
loi, et que l'insinuation la plus authentique n'empêcherait pas d'aliéner et d'hypothéquer valablement les biens,
le survivant ne pouvant prétendre qu'à ce qui se trouve,
et à la charge de payer les dettes, ce n'est donc pas une
donation, mais une simple convention réciproque, qui
est seulement sujette à l'insinuation ordinaire ou *bursale*.

D'ailleurs, c'est ce qui a été jugé par arrêts du parlement de Paris, des 22 juin 1776 et 10 mars 1777, qui
ont déclaré deux dons mutuels bons et valables, quoiqu'ils n'eussent été insinués que sur les registres ordinaires et non sur ceux où les donations entre-vifs doivent
être transcrites en entier, conformément à la déclaration
du 17 février 1731.

Il résulte encore de ces arrêts que les lettres-patentes
du 3 juillet 1769, qui ordonnent que les donations mutuelles faites entre les conjoints par le contrat de mariage, seront insinuées dans les 4 mois du décès, à peine
de nullité, ne concernent nullement les dons mutuels
faits après le contrat de mariage. Ceux-ci n'étant soumis

qu'à l'insinuation bursale, supprimée par l'article Ier. de la loi du 19 décembre 1790, il s'ensuit qu'ils ne sont pas même aujourd'hui assujettis à l'insinuation, sauf dans la coutume de Paris et celles qui prescrivent l'insinuation des dons mutuels pour en assurer l'irrévocabilité.

Cependant, pour éviter des difficultés et des procès toujours désagréables, les parties agiront prudemment en faisant insinuer leurs dons mutuels faits après le mariage, dans les 4 mois du décès, comme il en est usé pour les dons mutuels contenus dans les contrats de mariage.

§ X.

De la portion des biens dont on peut disposer par don mutuel, d'après les lois nouvelles.

Dans le droit coutumier on tenait pour principe qu'un contrat de mariage formait une loi particulière entre les familles, et que les époux entre eux n'y pouvaient rien changer, si ce n'est qu'il leur était permis, quand ils n'avaient point d'enfans, de se faire un don mutuel en usufruit seulement de la portion qui appartiendrait au prédécédé dans leur communauté.

Là se bornaient tous les avantages que les époux pouvaient se faire entr'eux, mais autant ce droit coutumier avait mis d'entraves aux actes de bienfaisance entre mari et femme, autant la loi nouvelle a cru qu'il était d'une sage politique de leur donner la plus grande faveur. Une seule circonstance peut la restreindre, c'est lorsque les époux ont des enfans, soit de leur mariage, soit d'un mariage précédent, car il ne faut pas que l'affection conjugale soit tellement impérieuse, qu'elle impose silence à l'affection paternelle.

Ainsi, suivant la loi du 17 nivose an 2, les époux sans enfans qui ne se sont pas donné par contrat de mariage, ou qui ne se sont fait qu'une donation en usufruit, peuvent se donner en toute propriété telle portion de leurs biens qu'ils jugent à propos, soit par donation de l'un deux, soit par *don mutuel*, sauf la réduction dont il va être parlé, si le donateur décède avec postérité.

Les dons mutuels peuvent comprendre, non-seulement les meubles et acquêts, mais ce qu'on appelait avant la loi nouvelle, héritages propres; car les réserves coutumières n'existent plus, et la loi ne reconnaît plus aucune différence dans la nature des biens et dans leur origine, pour en régler la transmission.

Quoique les époux, en se faisant une donation par leur contrat de mariage ou par un acte postérieur, doivent prévoir qu'ils laisseront des enfans de leur union, néanmoins la donation réciproque qu'ils se seraient faite de leur fortune en toute propriété, ne serait pas nulle pour la totalité, *en cas d'enfans*, elle serait seulement réductible au profit du survivant, à l'usufruit de la moitié de tous les biens du prédécédé. Il n'importe que celui-ci n'ait laissé qu'un ou plusieurs enfans de son mariage, la portion du survivant est toujours la même, et si ces enfans partagent avec lui l'usufruit des biens de celui de leurs auteurs, qu'ils ont eu le malheur de perdre, il leur reste la jouissance de l'autre moitié et la propriété du tout : disposition sage qui concilie tous les intérêts et toutes les convenances.

Pour qu'il y ait lieu à la réduction, en cas d'enfans, d'une donation de simple usufruit, il faut que le revenu des objets dont on a donné la jouissance, excède la moitié du revenu total des biens du prédécédé. Quand des époux comme il était d'usage dans l'ancien droit coutumier, ont donné au survivant des deux la jouissance de la portion appartenant au prédécédé dans les biens de la communauté, il y a lieu à réduction de cet usufruit, s'il se trouve excéder la moitié du revenu total des biens du défunt, y compris ceux étrangers à la communauté ; il n'y a pas lieu à réduction, si le revenu des biens du prédécédé hors la communauté était aussi considérable que celui de sa portion dans la communauté.

Supposons qu'un mari ait donné à sa femme en toute propriété, une maison pour en jouir après sa mort, et qu'il prédécède laissant un enfant, d'abord la donation en toute propriété se trouvera convertie en simple jouissance de l'objet donné ; ensuite, il faudra examiner si la valeur annuelle de cette jouissance excède ou n'excède pas la moitié de celle de tous les biens du prédécédé ; si elle excède, elle doit être réduite, si elle se trouve de beaucoup inférieure, l'époux survivant sera tenu de s'en contenter, car l'ordre social n'exige pas que le survivant des époux jouisse de la moitié des biens de l'autre, au préjudice des enfans de ce dernier, et c'est honorer assez la bienfaisance, que de convertir, en pareil cas, le don de propriété, en un don d'usufruit.

On doit comprendre dans le calcul de réduction tous les avantages en général, qui proviennent des dons faits par le prédécédé, de ses biens ou sur ses biens, à titre de libéralité, tels que la jouissance accordée à la femme survivante, sous les dénominations de douaire, d'augment, gains nuptiaux ou sous quelque dénomination que ce soit.

§. XI.

Dispositions du projet de code civil, relativement aux donations entre époux.

Nous croyons devoir faire connaître les changemens apportés aux principes ci-dessus, par le projet du code civil, du 24 thermidor an 8, voici comment il s'exprime chapitre VIII, titre IX.

Les époux peuvent, par contrat de mariage, se faire réciproquement, ou l'un des deux à l'autre telle donation qu'ils jugent à propos, sous les modifications ci-après exprimées.

Toute donation, entre-vifs faite par contrat de mariage entre époux, n'est point censée faite sous la condition de la survie du donataire, si cette condition n'est formellement exprimée ; et elle est soumise à toutes les règles et formes prescrites pour ces sortes de donations.

La donation de biens à venir, ou de biens présens et à venir, faite entre époux par contrat de mariage, soit simple, soit réciproque, est soumise aux règles établies à l'égard des donations pareilles qui leur sont faites par un tiers ; sauf qu'elle n'est point transmissible aux enfans issus du mariage en cas de décès de l'époux donataire avant l'époux donateur.

L'époux peut, soit par contrat de mariage, soit pendant le mariage pour le cas où il ne laisserait point d'enfans ni descendans, donner à l'autre époux, en propriété, tout ce qu'il pourrait donner à un étranger ; et en outre l'usufruit de la totalité de la portion dont la loi prohibe la disposition au préjudice des héritiers.

Et pour le cas où l'époux donateur laisse des enfans ou descendans, il peut donner à l'autre époux ou un quart en propriété, et un autre quart en usufruit, ou la moitié de tous ses biens en usufruit seulement.

Le mineur émancipé peut, par contrat de mariage, donner à l'autre époux, soit par donation simple, soit par donation réciproque, tout ce que l'époux majeur peut donner.

S'il n'est point émancipé, il ne peut donner qu'avec le consentement et l'assistance de ceux de ses parens dont le consentement est requis pour la validité de son mariage ; et, avec ce consentement, il peut donner tout ce que la loi permet à l'époux majeur de donner à l'autre conjoint.

L'époux mineur ne peut, pendant le mariage, donner à l'autre époux que ce que la loi permet au mineur émancipé de donner à un étranger.

Toute donation faite entre époux, pendant le mariage, quoique qualifiée entre-vifs, est toujours révocable.

La révocation peut être faite par la femme, sans y être autorisée par le mari, ni en justice.

Les époux ne peuvent, pendant le mariage, se faire, ni par acte entre-vifs, ni par testament, aucune donation mutuelle et réciproque, par un seul et même acte.

L'homme ou la femme qui convole à de secondes ou subséquentes noces, ayant enfans ou descendant d'un précédent mariage, ne peut donner à son nouvel époux qu'une part d'enfant légitime le moins prenant, et en usufruit seulement.

Il ne peut disposer, à titre gratuit ni onéreux, des immeubles qu'il a recueillis, à titre de don, de son époux ou de ses époux précédens, tant que les enfans issus des mariages desquels sont provenus ces dons, existent ; sauf ce qui a été dit au titre *des successions*, sur le partage desdits biens.

Les époux ne peuvent se donner indirectement au-delà de ce qui leur est permis par les dispositions ci-dessus.

Toute donation simulée par le déguisement de l'acte, ou faite à personnes interposées, est nulle.

Sont réputées faites à personnes interposées, celles faites par l'un des époux aux enfans ou à l'un des enfans de l'autre époux, issus d'un autre mariage ;

Celles faites par le donateur aux héritiers présomptifs de l'autre époux, ou à l'un desdits héritiers ;

Celles faites par l'époux donateur, aux parens dont l'autre époux est héritier présomptif au jour de la donation, encore que ce dernier n'ait point survécu à son parent donataire.

D O N A T I O N.

S O M M A I R E.

1°. Formule d'une donation entrevifs d'un corps certain.

2°. Formule d'une donation entrevifs, avec réserve d'usufruit.

3°. Formule d'une donation onéreuse.

4°. Formule d'une donation rémunératoire.

5°. Formule d'une donation mutuelle et réciproque.

6°. Formule d'une donation des choses mobilières.

7°. Modèle de l'enregistrement et liquidation des droits.

8°. Définition.

9°. Des donations rémunératoires.

10. Des donations onéreuses.

11°. Des donations à rente viagère.

12°. De la forme des donations entre-vifs.

13°. Des personnes entre lesquelles les donations entre-vifs peuvent avoir lieu.

14°. De l'irrévocabilité des donations.

15°. De la tradition des choses données.

16°. De l'acceptation.

17°. De l'insinuation.

18°. De la portion des biens qu'il est permis de donner et du rapport de la donation lors de l'ouverture de la succession du donateur.

19°. De la réduction des donations entrevifs, quand elles excèdent la quotité déterminée par la loi.

20°. Y a-t-il lieu à réduction pour avantage résultant d'un contrat aléatoire ?

21°. Y a-t-il lieu à la révocation des donations par survenance d'enfans ?

22°. Y a-t-il lieu à la révocation pour cause d'ingratitude ?

23°. Des conditions non obligatoires apposées à la donation.

24°. Des donations résolues ou répudiées. Droits d'enregistrement qu'elles opèrent.

§. PREMIER.

Formule d'une donation entre-vifs d'un corps certain.

Par-devant les notaires publics du département de
à la résidence de   et en présence de   témoins ci-après nommés et soussignés, fut présent *ou* est comparu le citoyen A.   lequel voulant donner au citoyen B.   des preuves de son amitié et de son attachement, a, par ces présentes, fait donation entre-vifs, pure simple et irrévocable, en la meilleure forme que donation puisse valoir, audit citoyen B.
demeurant   à ce présent et acceptant.

(*Ou bien*) Ici représenté par le citoyen C.
fondé de sa procuration spéciale à cet effet, etc.
lequel audit nom, a déclaré accepter ladite donation pour lui, ses hoirs et ayans-cause, d'une maison, *ou* d'une pièce de terre, etc. située   tenant d'une part
d'autre part   la susdite maison, *ou* pièce de terre du revenu de   et appartenant au do-nateur, comme l'ayant acquise par contrat, etc.
ou comme lui étant échue pour sa part héréditaire dans la succession de, etc.

Pour, par ledit citoyen B.   ses hoirs et ayans-cause, jouir, user et disposer en pleine propriété de l'immeuble ci-dessus désigné, et en commencer la jouis-sance, à compter de   à l'effet de quoi ledit donateur cède et transmet audit donataire tous les droits de propriété et autres qu'il a et peut avoir sur icelui, s'en dessaisissant à son profit, voulant qu'il en soit saisi et mis en possession par qui et ainsi qu'il appartiendra,

constituant

constituant à cet effet, pour son procureur, le porteur des présentes, auquel il donne de ce faire tout pouvoir.

La présente donation ainsi faite, purement et gratuitement audit B.   pour l'amitié que lui porte ledit A.   et au surplus, parce que telle est sa volonté.

Et a, ledit citoyen A.   donateur, remis audit citoyen B.   donataire, le contrat d'acquisition, *ou* acte de partage ci-devant énoncé, avec tous les autres titres de propriété dudit immeuble.

Et pour la parfaite validité et exécution des présentes; ledit A.   donateur, a prié et requis le *notaire* soussigné de faire enregistrer, insinuer et transcrire le présent acte de donation, par tout et ainsi qu'il sera nécessaire.

Car, ainsi ce fut fait et passé à   en l'étude de   et en présence de   témoins à ce appelés, le   l'an   etc.

<h2 style="text-align:center">§ II.</h2>

Formule de donation entre-vifs, avec réserve d'usufruit.

Fut présent le citoyen A.   lequel voulant donner des marques de l'amitié qu'il porte au citoyen B.   et desirant lui procurer un établissement convenable, *ou* faciliter son futur mariage avec la citoyenne C.   a, par ces présentes, fait donation entre-vifs et irrévocable, et en la meilleure forme que donation puisse avoir lieu, audit citoyen B.   à ce présent et acceptant, pour lui, ses hoirs et ayant-cause, de la somme de   *ou de telle portion de ses biens*, à prendre sur tous ses biens-meubles et immeubles les plus clairs et apparens qui se trouveront lui appartenir au jour de son décès, jusqu'auquel jour il s'en réserve l'usufruit et la jouissance à titre de constitut et précaire; auquel jour du décès dudit donateur, il veut et entend que ledit B. soit saisi de ladite somme de   *ou* des biens qu'il choisira pour icelle, sans être tenu d'en faire aucune demande en justice, se dessaisissant ledit donateur, au profit dudit donataire, dès-à-présent, de tous ses biens-meubles et immeubles, présens et à venir, jusqu'à concurrence de ladite somme de   l'autorisant, en con-

séquence, à prendre dès-à-présent, inscription hypothécaire sur tel de ses biens immeubles qu'il avisera, jusqu'à
ladite concurrence; etc. »

La fin comme en la formule ci-dessus.

§. III.

Formule d'une donation onéreuse.

Par-devant, etc.   fut présent le cit. A.
demeurant à   département de   lequel
en considération de l'amitié qu'il a pour A.   son
frère a volontairement donné, par donation entrevifs
et irrévocable, en la meilleure forme que faire se peut,
audit A.   demeurant à   à ce présent et
acceptant, pour lui, ses hoirs ou ayans-cause, le sixième
indivis d'une maison sise en la grande rue de
dans laquelle le donataire fait actuellement son habitation, tant comme locataire du donateur et de ses autres
cohéritiers en la succession de leur père commun, que
comme propriétaire de son chef d'un pareil sixième qu'il
a recueilli dans la même succession. Ladite maison louée
moyennant 600 francs par an.

Pour, par ledit A.   jouir, faire et disposer en
pleine propriété du sixième par indivis compris dans la
présente donation, et en commencer la jouissance à
compter du premier   prochain; à l'effet de quoi le
donateur, lui cède et transmet tous les droits de propriété
et autres qu'il a et peut avoir sur ladite portion indivise,
s'en dessaisissant à son profit, voulant qu'il en soit saisi
et mis en possession par qui et ainsi qu'il appartiendra,
constituant à cette fin pour son procureur, le porteur
des présentes, auquel il donne tout pouvoir de ce faire.

Cette donation ainsi faite, à la charge de cent cinquante francs de pension viagère que le donateur se réserve, et que le donataire s'oblige de lui payer annuellement, en quatre termes et paiemens égaux, dont le
premier échoira au   de l'année prochaine, pour
ainsi continuer de trois mois en trois mois, pendant la
vie et jusqu'au jour du décès du donateur, à compter
duquel jour ladite pension demeurera éteinte.

A la sûreté de quoi le donataire affecte, oblige et hypothèque généralement tous ses biens présens et à venir,
et spécialement par privilège, la portion de maison qui

vient de lui être donnée ; élisant , pour l'exécution des
présentes , son domicile en la demeure du citoyen
homme de loi , auquel lieu , etc. nonobstant , etc. promettant , etc. obligeant , etc. renonçant , etc.

Fait et passé à　　　en l'étude de　　　l'un des
notaires soussignés.

Le　　　et ont les parties signé , après avoir été
duement averties , de faire insinuer le présent acte.

§. I V.

Formule d'une donation rémunératoire.

Par-devant , etc.　　　fut présent le citoyen A.
négociant , demeurant à　　　etc.

Lequel après avoir considéré les bons et fidèles services que B.　　　lui a rendus , et tous ceux qu'il
pourra lui rendre par la suite , a , par ces présentes ,
donné entre-vifs et par forme de donation rémunératoire ,
et avec promesse de garantir de tous troubles et autres
empêchemens généralement quelconques , audit B.
demeurant à　　　à ce présent et acceptant pour lui ,
ses hoirs et ayans-cause , six cents francs de rente perpétuelle , au principal de douze mille francs , constituée
au profit dudit citoyen A.　　　par le cit. C.
suivant le contrat passé devant notaire à　　　le
enregistré le

Pour , par ledit B.　　　jouir , faire et disposer de
ladite rente , tant en principal qu'arrérages , comme de
chose à lui appartenante , et en commencer la jouissance
du premier　　　prochain. A l'effet de quoi ledit citoyen
A.　　　l'a subrogé dans tous ses droits , et lui a remis
la grosse dudit contrat.

Cette donation faite pour les motifs ci-dessus , et
parce que telle est la volonté du donateur.

Ces présentes seront insinuées.

Promettant , etc. obligeant , etc. renonçant , etc.

Fait et passé à　　　en l'étude de
l'un des notaires soussignés ,　　　le
　　　et ont signé.

§. V.

Formule d'une donation mutuelle et réciproque.

Par-devant, etc.
furent présens les citoyens A.   et le citoyen
B.   tous deux demeurans ensemble à
département de

Lesquels considérant qu'ils ont toujours vécu dans la plus étroite union et voulant se donner des preuves de l'amitié qu'ils se conservent l'un pour l'autre, se sont, par ces présentes, donné réciproquement, à titre de donation entrevifs et mutuelle, en la meilleure forme que faire se peut, tous les biens immeubles que chacun d'eux possède actuellement, et qui consistent, savoir, ceux dudit citoyen A.   en une maison sise à
jardin contigu, terres, prés et chenevières, et dont la description se trouve insérée en un état qui est demeuré ci-joint à la réquisition des parties, après qu'elles l'ont eu signé et paraphé en présence des notaires soussignés, et ceux dudit citoyen B.   en une ferme située
à   composée d'environ   de terres labourables, et   de prés, etc.

Pour, par le survivant jouir, faire et disposer en pleine propriété, des immeubles qui appartiennent présentement à celui qui décédera le premier, et en commencer la jouissance, à compter du jour du décès du prémourant; se réservant, lesdites parties respectivement leur vie durant, l'usufruit desdits biens, pour le tenir l'une de l'autre, à titre de constitut et précaire, et être ledit usufruit réuni à la propriété, en faveur du survivant desdits A.   et B.   sitôt que l'un des deux sera décédé.

Ce qui a été accepté par eux réciproquement, sous la réserve qui vient d'être exprimée.

Cette donation faite pour les motifs ci-dessus, et parce que telle est la volonté respective des deux parties.

Moyennant quoi, lesdits citoyens A.   et B.
se sont cédés et transmis respectivement tous les droits de propriété qu'ils ont et peuvent avoir sur les biens compris en la présente donation, s'en dessaisissant en faveur l'un de l'autre, voulant que chacun d'eux en soit saisi et mis en possession par qui et ainsi qu'il appartiendra, constituant à cette fin pour leur procureur, le

porteur des présentes , auquel ils donnent tout pouvoir de ce faire.

Ces présentes seront insinuées.

Promettant, etc. obligeant, etc. renonçant, etc.

Fait et passé à   en l'étude de   l'un des notaires soussignés   le   an   et ont signé.

§. V I.

Formule d'une donation de choses mobilières.

Par-devant , etc.   fut présent le citoyen A. marchand   demeurant à   département de

Lequel voulant donner à B.   son neveu , des marques de l'amitié qu'il a pour lui , en l'aidant à faire un établissement avantageux , a , par ces présentes , donné , sous le titre de donation entre-vifs et irrévocable , en la meilleure forme que faire se peut , audit B. demeurant à   à ce présent et acceptant , toutes les marchandises qui se trouvent actuellement dans la boutique du donateur , et qui sont comprises dans l'état estimatif qui en a été fait entre les parties , lequel état est à leur réquisition demeuré ci-joint , après qu'elles l'ont eu signé et paraphé en présence des notaires sous-signés.

Pour , par le donataire jouir , faire et disposer en pleine propriété , à compter de cejourd'hui , de toutes les marchandises contenues audit état , à l'effet de quoi il reconnaît que le donateur lui en a fait la tradition réelle, dont il le quitte et remercie.

Comme aussi , et par ces mêmes présentes , ledit ci-toyen A.   donne , au même titre de donation entrevifs , audit B.   son neveu , ce acceptant , la somme de dix mille francs , une fois payée , à prendre après le décès du donateur , sur les biens dépendans de sa succession , et spécialement sur une maison à lui appartenante , sise à   tenant d'une part à d'autre à   etc. de la propriété de laquelle maison ainsi affectée au paiement de ladite somme de dix mille francs , le donateur s'est , dès-à-présent et jusqu'à due concurrence , démis et devêtu en faveur du donataire , consentant qu'il en soit saisi et mis en possession par

qui et ainsi qu'il appartiendra, constituant à cette fin
pour son procureur le porteur des présentes, auquel il
donne tout pouvoir de ce faire, sous condition néanmoins que ledit citoyen donateur conservera durant sa
vie la jouissance de ladite somme de dix mille francs, laquelle jouissance il se réserve à titre de constitut et précaire, jusqu'au jour de son décès, duquel jour elle sera
réunie et consolidée à la propriété.

Cette donation faite pour les causes susdites, et parce
que telle est la volonté du donateur.

Ces présentes seront insinuées.

Promettant, etc. obligeant, etc. renonçant, etc.

Fait et passé à   en l'étude de   l'un
des notaires soussignés, le
an   etc.

§. VII.

Modèle de l'enregistrement.

Donation entrevifs par   à   d'une maison
située à   *ou* d'une pièce de terre, du revenu
de   *s'il y a réserve d'usufruit, ajouter :* desquels objets le donateur s'est réservé l'usufruit pendant
sa vie, *si la donation est onéreuse, ajouter :* cette donation faite à la charge de   de pension viagère ;
*si la donation est rémunératoire, commencer l'enregis-
trement en ces termes :* Donation entre-vifs et rémunératoire, par   , etc.

Donation entre-vifs par   , à   des
marchandises qui se trouvent dans la boutique du donateur, détaillées dans un état annexé à ladite donation,
et évaluées à la somme de   , comme aussi d'une
somme de   à prendre après le décès du donateur sur les biens de sa succession, et spécialement sur
une maison sise à

Donation mutuelle entre le C.   et le C.
savoir, de la part du C.   d'une maison à
et de la part du C.   d'une ferme à
pour, par le survivant d'eux, jouir de ces objets en toute
propriété et usufruit, s'en réservant respectivement la
jouissance pendant leur vie.

La quotité des droits est graduée pour les donations

en propriété ou usufruit, selon le dégré de parenté, ainsi qu'il suit :

Pour les donations entrevifs en propriété ou usufruit *de biens et objets mobiliers*, en ligne directe, un franc 25 centimes par cent francs. Art. LXIX, §. IV, n°. 1er. de la loi du 22 frimaire an 7, et par un collatéral ou autre personne non parente, 2 francs 50 centimes par cent francs. §. VI, n°. 1er.

Pour celles en propriété ou usufruit *de biens immeubles*, en ligne directe, 2 francs 50 centimes par cent francs, §. VI, n°. 2, et par des collatéraux ou autres personnes non parentes, 5 francs par cent. §. VIII, n°. 1er.

Le droit d'enregistrement des donations d'objets mobiliers, se liquide sur la déclaration estimative des parties, sans distraction des charges ; article XIV, n°. 8 ; mais s'il s'agit d'immeubles, voyez *estimation*, pour connaître comment l'évaluation doit en être faite.

L'usufruit transmis à titre gratuit, s'évalue à la moitié de la valeur entière de l'objet. Même article, n°. 11.

Il n'est dû que la moitié des droits ci-dessus fixés pour les donations faites par contrat de mariage en faveur des futurs.

La donation mutuelle faite entre les futurs conjoints ou entre d'autres personnes que celles qui veulent s'unir par les liens du mariage, comme entre parens ou amis ; étant une disposition subordonnée à l'événement du décès, il s'ensuit qu'elle n'est assujettie qu'au droit fixe de 3 francs, article LXVIII, §. III, n°. 5 de la loi du 22 frimaire an 7. Mais le survivant devra acquitter le droit proportionnel des biens qu'il recueille à ce titre, dans les six mois du décès.

Le droit d'enregistrement d'une donation d'immeubles évaluée 3000 francs, et de meubles évalués 1000 francs, est-il dû sur 4000 francs, au taux réglé pour les immeubles, à défaut d'estimation, article par article, desdits meubles ?

Ces mots de l'article IX de la loi du 22 frimaire an 7 : « *Lorsqu'un acte translatif de propriété ou d'usufruit* » *comprend des meubles et immeubles* », semblent embrasser toute espèce de transmission, mais ceux-ci : « *Le droit d'enregistrement est perçu sur la totalité du*

» *prix*, etc. » font suffisamment connaître que cet article, dans la totalité de ses dispositions, n'est relatif qu'aux transmissions à titre onéreux, parce que ce sont les seules qui soient susceptibles de stipulation *d'un prix*. Inutilement voudrait-on soutenir que *prix* signifie aussi valeur, estimation ou évaluation, puisqu'il suffit de lire attentivement la loi pour se convaincre que le législateur a partout différencié ces dénominations.

D'ailleurs l'on trouve dans la loi même la preuve que l'article IX n'a nullement rapport aux transmissions à titre gratuit.

En effet, le titre II *des valeurs sur lesquelles le droit proportionnel est assis*, porte, article XIV : « La valeur » de la propriété, de l'usufruit et de la jouissance *des* » *biens meubles*, est déterminée pour la liquidation et » le paiement du droit proportionnel ainsi qu'il suit, » n°. 8, pour les transmissions entrevifs, à titre gra- » tuit, et celles qui s'opèrent par décès par *la déclaration* » *estimative des parties*, sans distraction des charges. «

Et l'article XV qui règle le mode de déterminer la valeur *des biens immeubles*, porte, n°. 7 : « Pour les » transmissions de propriété entrevifs à titre gratuit, » et celles qui s'effectuent par décès, *par l'évaluation* » *qui sera faite et portée à vingt fois le produit des biens*, » *ou le prix des baux courans*, sans distraction des » charges. »

Il résulte de cette dernière disposition que l'évaluation des immeubles étant ainsi réglée *d'après leur revenu*, ne peut avoir rien de commun avec la déclaration estimative à faire des objets mobiliers. Ainsi il n'existe aucune connexité entre ces deux natures de biens et entre leur mode d'évaluation : quoiqu'elles se trouvent comprises dans le même acte, il n'en peut résulter la moindre suspicion de fraude.

Dans la vente, ou toute autre transmission à titre onéreux, au contraire, le prix est *un*, et pour les meubles et pour les immeubles. La ventillation à faire de ce prix est susceptible de fraude, et c'est pour la prévenir que l'article IX a ordonné une estimation article par article du mobilier.

Là, ce sont deux évaluations séparées, faites d'après des règles différentes et d'après un mode déterminé par les articles XIV et XV ; ici c'est un prix à diviser ainsi qu'il est prescrit par l'article IX : il n'y a donc aucune analogie entre les deux espèces.

On ne peut se dissimuler d'ailleurs qu'une telle disposition est rigoureuse , puisqu'elle ajoute au prix particulier et à la description détaillée qu'exigeait le règlement du 18 juillet 1713 , relatif au centième denier , leur estimation , article par article. Or , il est de principe , que lorsqu'une disposition de rigueur laisse du doute dans son application et son usage , il faut s'abstenir de l'appliquer.

Ainsi , l'on doit , pour les transmissions à titre gratuit , de biens meubles et immeubles , quoique ne contenant pas une estimation , article par article , du mobilier , percevoir deux droits distincts , l'un pour les meubles , et l'autre pour les immeubles , au taux réglé par la loi et sur les évaluations faites pour chacune de ces deux natures de biens.

Un particulier dote , par contrat de mariage , sa future d'une maison dont il lui abandonne , dès l'instant , la propriété , à condition qu'elle n'en aura que l'usufruit , si elle a des enfans. Cette donation est-elle sujette au droit proportionnel ? Dans le cas de l'affirmative , à quelle quotité doit-il être fixé ?

Nul doute que le droit proportionnel ne soit dû lors de l'enregistrement du contrat. La raison en est que la transmission est actuelle. La survenance d'enfans n'annullerait pas la donation qui dans ce cas serait seulement réductible à l'usufruit , et l'objet de cette donation ferait partie de la succession de la future , et passerait à ses héritiers , si elle décédait sans enfans; ainsi , le futur est , dès ce moment , dépouillé de la propriété ; la transmission est parfaite , et ne dépend point des évènemens ; dès-lors , aucun motif ne peut militer pour faire surseoir à la perception du droit proportionnel.

Quant à la quotité de ce droit , elle doit être réglée sur le pied de 2 francs 50 centimes , soit que l'on applique à l'espèce le n°. 5 du §. VI , de l'article LXIX de la loi du 22 frimaire an 7 , ou le second alinéa du nombre premier , §. VIII du même article.

Mais la question relative à la quotité du droit offrirait véritablement une difficulté sérieuse , si la donation était faite entre époux , hors contrat de mariage ; en effet , la loi ne l'a nullement déterminée dans aucune de ses dispositions. Cependant, l'on ne peut méconnaître que l'intention du législateur n'ait été de favoriser les transmissions entre époux, ce serait donc s'en écarter, si l'on faisait l'application de ces sortes de donations aux articles relatifs à celles faites entre *étrangers*. Nous estimons, en conséquence, qu'il conviendrait de réduire la perception telle qu'elle est fixée par le second alinéa du nombre deux, §. IV de l'article LXIX, s'il s'agissait d'objets mobiliers, et par le nombre trois, §. VI du même article, si la transmission avait pour objet des immeubles.

Paiement par anticipation d'une somme portée en une donation, et stipulée payable après le décès du donateur.

Par contrat de mariage, l'oncle de la future lui fait une donation de 2000 francs, payable seulement par ses héritiers.
Par acte subséquent, cet oncle, pour donner à sa nièce des preuves de son attachement, lui paye par anticipation ladite somme de 2000 francs.

On demande si ce second acte contient libéralité ?

La donation d'une somme mobilière ne peut jamais donner lieu qu'à la perception d'un seul droit d'enregistrement, ainsi l'anticipation de la remise de cette somme que le donateur s'était réservée pour sa vie ne peut être considérée que comme la plus prompte libération d'une dette dont aurait été tenue sa succession et qu'il a préféré d'acquitter lui-même. La donation de 2000 francs ayant acquitté le droit en même-tems que le contrat de mariage a reçu la formalité de l'enregistrement, le paiement par anticipation du montant de cette donation et que le donateur pouvait différer jusqu'à sa mort, ne peut jamais être considéré comme une nouvelle libéralité, ce second acte ne doit donc être enregistré que comme quittance.

*Donation entre vifs de tous ses biens présens et à venir par
Pierre à Paul, sous la réserve, de la part du donateur, de l'usufruit de ses biens ; et à condition que les
choses données lui retourneront, si le donataire ou ses
enfans meurent avant lui. Le droit proportionnel d'enregistrement doit-il être perçu sur les biens présens
et désignés dans l'acte de donation ?*

On a opposé qu'une telle donation ne transfère point
de propriété, qu'elle est purement conditionnelle, *attendu
la clause de retour* ; qu'il n'y a pas même tradition
feinte, puisque le donataire ne peut ni vendre ni disposer
des biens ; que la propriété étant incertaine, il ne peut
y avoir de mutation.

L'effet de la clause de retour n'est point *suspensif*,
mais seulement *résolutif*. Le donataire dans l'espèce est
réellement propriétaire des biens présens compris dans
la donation, sauf l'usufruit du donateur ; il peut les
vendre sous la même charge, seulement son acquéreur
pourrait voir son contrat résolu, le cas du retour arrivant. On peut assimiler ces mutations à celles que produisent les ventes à réméré ; ces ventes sont résolubles.
Le vendeur peut rentrer dans son bien ; mais tout le
tems qu'il ne le fait pas, la propriété n'en appartient
pas moins à l'acquéreur. Or ces ventes donnent lieu au
droit proportionnel ; la donation dont il s'agit, doit donc
y donner ouverture, puisque l'effet de ces mutations est
le même.

*Comment doit-on régler le droit d'enregistrement d'une
donation entre-vifs, de sommes mobilières, faite à
deux enfans naturels reconnus devant l'officier de
l'état civil par leur père, qui a d'autres enfans légitimes ?*

L'on a prétendu qu'il était dû 2 francs 50 centimes
par 100 francs, parce que les donataires, quoiqu'enfans
reconnus par leur père donateur, ne sont pas habiles à
lui succéder, et qu'ils ne doivent pas, par cette raison,
jouir du bénéfice des dispositions de la loi qui réduisent
ce droit en ligne directe à un franc 25 centimes.

Ce motif ne nous parait pas suffisant pour autoriser
une pareille perception. Il n'est pas question de savoir
si les donataires sont habiles ou non à succéder à leur

père, mais il faut s'en tenir au texte de la loi qui veut qu'il ne soit perçu qu'un franc 25 centimes pour les donations de biens meubles en ligne directe. Or les enfans donataires ayant été reconnus par acte authentique sont, sans contredit, par relation à leur père, dans la ligne directe, il ne peut donc, sous aucun prétexte, être exigé dans l'espèce d'autres droits que ceux fixés par la loi pour cette ligne.

§. VIII.

Définition.

La donation est un contrat par lequel le donateur transfère irrévocablement par le motif de la libéralité, la propriété d'une chose qui lui appartient à une personne qui l'accepte, *donatio est, cum quid, nullo jure cogente conceditur, liberalitas est, quæ nullo jure cogente in accipientem cofertur.*

Depuis l'ordonnance du mois de février 1731, on ne connaît plus en France que deux formes de disposer de ses biens à titre gratuit, qui sont la disposition entre-vifs, et la disposition testamentaire. Elles diffèrent l'une de l'autre en plusieurs circonstances, dont la principale est qu'une disposition ou donation entre-vifs, est de sa nature irrévocable, et qu'une disposition testamentaire demeure continuellement sujette à révocation, tant que celui qui l'a faite est existant. La première a son effet du jour même de sa date; la seconde ne peut l'avoir que du jour que le testateur cesse de vivre.

Celui qui fait une donation entre-vifs, se dépouille lui-même des choses qu'il donne, et les transmet au donataire, qui en devient dès-lors le maître absolu. Tel est le caractère de la donation entre-vifs. *Quâ qui donat donatorium, potius quam se habere mavult.* Au contraire, celui qui dispose par testament ou codicile *si cogitat, se potius habere vult, quam cum cui donet, illum deinde potius quam hæredem;* d'où il suit que le testateur demeure jusqu'à son décès le propriétaire de ce dont il a disposé.

Les donations sont des libéralités naturelles dans l'ordre de la société, où les liaisons des parens et des amis, et les divers engagemens obligent différemment à faire du bien; ou par la reconnaissance des bienfaits, ou par l'estime du mérite, ou par le motif de secourir ceux qui en ont besoin, ou par d'autres vues.

Si l'on considère les donations par rapport aux conditions dont elles sont susceptibles, il faut les diviser en donations pures et simples et donations conditionnelles, donations sans charges et donations onéreuses.

La donation pure et simple, est celle où l'on ne trouve d'autre cause ou d'autre principe de libéralité, que l'intention du donateur, qui a voulu être libéral envers le donataire.

La donation conditionnelle est celle qui a été faite, non d'une manière pure et simple, mais sous une condition suspensive ou résolutoire.

La condition est suspensive quand le sort de la donation dépend d'un événement que les parties ont prévu ou déterminé : par exemple, une donation faite en faveur de mariage, renferme nécessairement la condition que le mariage aura lieu.

La condition est résolutoire lorsque la donation, après avoir eu lieu pendant quelque tems, se trouve ensuite résolue par un événement auquel les parties avaient attribué le pouvoir d'en détruire, *verbi gratiâ* : une donation faite à condition que si le donataire décède avant le donateur, les choses données retourneront à celui-ci, contient une condition résolutoire, puisque le prédécès du donataire résout la donation qui avait subsisté.

La donation *sans charges* est celle par laquelle le donateur gratifie le donataire, sans que celui-ci ait de sa part aucune obligation à remplir.

Et la donation *onéreuse* est celle qui est faite sous des charges imposées au donataire, soit envers le donateur, soit au profit de quelque autre personne à qui il a voulu faire du bien.

Après avoir considéré les donations relativement aux conditions dont elles sont susceptibles, on peut les envisager par rapport aux motifs des donateurs : et sous ce point de vue, elles se divisent en donations gratuites et donations rémunératoires ; donations simples et donations mutuelles.

La donation gratuite est celle qui a été faite sans que le donateur ait eu aucun motif pour exercer sa reconnaissance envers le donataire ; elle est l'opposé de la donation rémunératoire.

La donation *rémunératoire* est celle qui se fait librement , en conséquence de quelques services ou de quelque bienfait qu'on a reçu de la part de celui qu'on gratifie.

La donation *simple* est celle où , à la lecture de l'acte , on peut facilement distinguer le donateur du donataire et dans laquelle c'est évidemment A.   qui gratifie B.   sans qu'il puisse y avoir aucune réciprocité entr'eux.

La donation *mutuelle* est celle par laquelle deux personnes se donnent réciproquement tous leurs biens; ou du moins un certain genre de biens ; et la donation réciproque est lorsque deux personnes se donnent chacune quelque chose. Ainsi, toute donation mutuelle est réciproque ; mais toute donation réciproque n'est pas mutuelle , parce que celle-ci suppose l'égalité , au lieu que la donation réciproque peut être inégale de part et d'autre.

La donation mutuelle se fait ordinairement entre les futurs conjoints par contrat de mariage. *Voir* DON MUTUEL.

Il se fait aussi des donations mutuelles et réciproques entre étrangers, c'est-à-dire, entre d'autres personnes que celles qui veulent s'unir par les liens du mariage, comme entre parens ou amis. Mais elles ne peuvent valablement avoir pour objet que les biens présens.

Ce que l'on nomme ordinairement donation mutuelle , est moins une donation qu'une simple convention réciproque pour assurer un avantage au survivant ; la tradition réelle ou feinte n'y est pas requise , et ne peut pas y avoir lieu , parce que les choses étant données sous un événement incertain , elles demeurent en la possession des prétendus donateurs ; il ne suffit pas de dire que cette convention est irrévocable pour en conclure qu'elle soit une donation entre-vifs.

Tous les contrats et toutes les conventions par lesquels on s'oblige de faire quelque chose, sont irrévocables , et ne sont pas pour cela des donations ; on peut même dire que dans le cas de mutualité et de réciprocité de dispositions, il n'y a ni avantage ni libéralité, l'on n'assure sa part de la chose, qu'à condition qu'il sera assuré de la part de l'autre , et dans la vue de profiter de la totalité s'il est survivant. C'est un contrat irrégulier , *do ut des.*

§. IX.

Des donations rémunératoires.

Le donation rémunératoire est l'acte par lequel je vous donne une chose pour prix des services que vous m'avez rendus. Cet acte doit être considéré dans trois espèces distinctes.

1°. Lorsqu'une donation rémunératoire est faite pour récompense de services mercénaires appréciables à prix d'argent, et pour lesquels celui qui les a rendus aurait action pour obtenir son salaire, la valeur des choses données excède, ou non, celle des services. Dans ce dernier cas, cet acte, qualifié de donation, n'en a que le nom : il est une véritable dation en paiement.

2°. Lorsque la valeur des choses données excède celle des services, la donation rémunératoire devient un acte mixte. Elle est dation en paiement jusqu'à concurrence de la valeur des services ; et elle est donation pour ce que les choses valent de plus.

3°. Lorsque la donation rémunératoire est faite en récompense de services qui ne sont pas de nature à être appréciés à prix d'argent, et pour lesquels celui qui les a rendus n'aurait pas d'action, c'est une pure donation qui ne tient en rien du contrat de vente, quelque importans que soient les services rendus.

§. X.

Des donations onéreuses.

La donation onéreuse est celle qui est faite sous la condition de certaines charges que le donateur impose au donataire. Nous devons encore, pour bien analyser cet acte, établir trois espèces :

1°. Si les charges sont appréciables à prix d'argent et qu'elles égalent la valeur de la chose donnée ; un tel acte n'a que le nom de donation ; il tient du contrat de vente. Le donateur contracte les mêmes obligations qu'un vendeur ; et le donataire de son côté contracte l'obligation d'acquitter les charges qui lui sont imposées.

2°. Si les charges sont de moindre valeur que la chose donnée, si, par exemple, je vous ai donné un héritage de 30,000 livres, sous des charges appréciables à 20,000 livres, l'acte est mixte ; il est vente pour les deux tiers, et donation par l'autre tiers.

3°. Lorsque les charges ne sont pas appréciables à prix d'argent, l'acte est une vraie donation qui ne tient en rien du contrat de vente. Le donataire, en cas d'éviction, n'a aucun recours contre le donateur ; il est seulement quitte des charges, s'il ne les a pas acquittées ; et s'il les a acquittées, il ne peut prétendre aucune récompense.

§. X I.

Des donations à rente viagère.

La donation à rente viagère est l'acte par lequel quelqu'un donne une chose en propriété, à la charge par le donataire de lui payer une certaine somme annuelle sa vie durant. Ou cette rente est égale au revenu de la chose cédée, ou elle est plus forte.

1°. Lorsque la rente excède notablement le revenu de l'héritage, de manière qu'elle peut paraître en renfermer le prix, l'acte n'a que le nom de donation. C'est un contrat semblable au contrat de vente, et qui produit les mêmes effets.

2°. Lorsque la rente est à peu près égale au revenu de l'héritage, c'est une vraie donation ; la rente paraissant être plutôt le prix de la jouissance que le donateur pouvait se réserver, que le prix de l'héritage même.

§. X I I.

De la forme des actes de donation.

Tous actes portant donation entre-vifs, doivent être passés par-devant notaires, et il en doit rester minute, à peine de nullité. Article premier de l'ordonnance du mois de février 1731. Les donations doivent être faites dans la forme ordinaire des contrats et actes passés par-devant notaires, et en y observant les autres formalités qui ont eu lieu jusqu'à présent, suivant les différentes lois, coutumes et usages des pays qui composent la république française. Article II, et toute donation qui ne serait valable en cette qualité, ne pourra valoir, comme donation ou disposition à cause de mort ou testamentaire.

Il résulte de cette disposition, que toute donation entrevifs doit être passée par-devant deux notaires ayant caractère pour instrumenter sur les lieux, ou pardevant un notaire et deux témoins. Il faut qu'elle soit signée des deux notaires ou du notaire et des deux témoins, ainsi que du donataire et du donateur ; et si l'un ou plusieurs d'entr'eux ne savent ou ne peuvent signer, il doit en être fait mention dans l'acte, à peine de nullité, d'où il suit qu'on ne pourrait avoir égard à une donation faite sous seing-privé, et qui aurait ensuite été déposée chez un notaire, quand même il serait resté minute de l'acte de dépôt.

La raison en est que la disposition de l'ordonnance ne peut, comme l'observe Pothier, s'exécuter par équipolence, attendu qu'elle est impérative, et contient un commandement absolu, et qui doit être exécuté à la lettre.

D'un autre côté, si une donation entre-vifs était passée hors du département où le notaire a droit d'instrumenter, elle serait absolument nulle. En cela, une donation diffère des autres contrats ; car ceux-ci, en pareil cas, vaudraient comme actes sous signatures-privées.

§. XIII.

Des personnes entre lesquelles les donations entre-vifs peuvent avoir lieu.

En général, il est permis à toute personne majeure et saine d'entendement, de donner, et à toute personne majeure ou mineure, de recevoir, à moins qu'il n'y ait quelque incapacité particulière dans la personne du donateur et du donataire.

Les choses qui empêchent de donner, sont, lorsque le donateur ne jouit pas de ses droits, par exemple, si c'est un fils de famille, un muet et sourd de naissance, un interdit, un imbécile, la femme sous puissance de mari, à moins qu'elle ne soit autorisée.

Ceux qui sont condamnés à mort naturelle ou civile ne peuvent donner. Quant à celui qui est accusé d'un crime qui emporte confiscation de biens, la donation n'est nulle qu'autant que par l'événement il vient à être condamné ; mais s'il décède pendant l'appel, sa donation vaut au préjudice du fisc.

Lorsque les condamnés par contumace meurent dans les cinq ans, les donations qu'ils ont faites subsistent.

Un tuteur, curateur, ou autre administrateur, ne peut donner pour celui dont il prend soin.

Un mineur, en général, même avec l'autorisation de son tuteur, ne peut donner, mais celui qui se marie ou qui est émancipé par justice, peut disposer de ses meubles à 20 ans accomplis.

Un malade de la maladie dont il meurt par la suite, ne peut donner. Mais son incapacité ne commence qu'à l'instant où sa maladie se déclare avoir un trait prochain à la mort. Ainsi, pour la nullité de la donation, deux conditions sont requises : 1°. qu'au moment où la donation est faite, la maladie fût déjà déclarée mortelle ; 2°. Que la maladie ait trait à une mort prochaine ; car elle pourrait être mortelle de sa nature, et laisser espérer encore plusieurs années de vie. Dans ce dernier cas, la donation serait très-valable.

Sur quoi l'on demande si une donation entre-vifs serait valablement faite par une personne à la veille de courir un grand danger ; par exemple, de subir l'opération de la pierre. La majorité des jurisconsultes ne fait aucun doute sur la validité de cette donation. En effet, chance de si grand danger que ce puisse être n'est pas certitude de mort. Pour qu'une donation perde le caractère de donation entre-vifs, il faut que le donateur ne puisse pas être présumé vouloir préférer le donataire à lui-même, et qu'on le suppose ne donner ses biens que parce qu'il n'a plus aucun espoir de les conserver. Or, celui qui se décide à subir l'opération de la pierre compte fortement sur sa guérison, il ne pense aucunement à la mort, il espère bien jouir de sa bienfaisance, et recueillir encore long-tems les témoignages de la reconnaissance de son donataire.

Au surplus, quelque âgé que l'on soit, fût-on centenaire, on n'est point incapable de donner ; il suffit d'être sain d'entendement.

Les gens d'affaires ne peuvent recevoir aucune donation de ceux dont ils font les affaires pendant que le procès dure.

Les mineurs et les autres personnes qui sont sous la puissance d'autrui, ne peuvent donner directement ni indirectement à leurs tuteurs, curateurs ou autres administrateurs pendant le tems de leur administration, et avant qu'ils aient rendu compte et payé le reliquat s'ils en doivent un. L'incapacité où sont les tuteurs et curateurs de recevoir des libéralités de la part de leurs pupilles, ne doit s'entendre que des tuteurs et curateurs qui sont chargés d'une administration et non pas des curateurs aux causes, des subrogés tuteurs, ni même des tuteurs établis à l'effet d'un seul acte, qu'on nomme tuteurs *ad hoc*; parce que le motif de la prohibition est seulement d'empêcher que ceux qui ont autorité sur la personne et sur les biens des mineurs, n'en abusent pour extorquer quelque libéralité: ce qui n'est point à craindre de la part des subrogés tuteurs ou curateurs, qui n'ont ni administration, ni autorité sur la personne.

Une donation faite aux enfans à naître de quelqu'un ne peut être valable, néanmoins elle a tout son effet lorsqu'elle est faite par contrat de mariage. Ordonnance de février 1731, article X.

Quoiqu'une donation faite autrement que par contrat de mariage, aux enfans à naître de *telle* ou *telle* personne, soit absolument nulle; celle faite à ses enfans *nés* et à naître est valable, même à l'égard des enfans à naître. *Voyez* l'ordonnance précitée, article XII, mais en ce cas, les enfans nés sont les seuls donataires directs, et les enfans à naître doivent être regardés comme des donataires substitués ou fidéi-commissaires, auxquels les enfans nés sont censés chargés de restituer une portion virile dans les choses données lorsqu'ils naîtront.

On peut même, hors contrat de mariage, faire une donation directe à un enfant qui est encore dans le sein de sa mère, et la donation est valable, pourvu qu'il naisse vivant à terme, et que la donation ait été acceptée par quelqu'un qui ait qualité pour cela. C'est une suite de cette règle de droit : *Qui in utero est, pro jam nato habetur, quoties de commodo ejus agitur.*

Les fous, les enfans, les femmes en puissance de mari, ne peuvent recevoir une donation entre-vifs, sans y être autorisés par leurs tuteurs, curateurs ou maris, à la différence du mineur même non émancipé, il peut accepter toute donation sans l'autorisation de son tuteur. *Pupillus sine tutoris auctoritate meliorem suam conditionem facere potest.*

Quant aux bâtards, nos lois nouvelles sont loin de leur refuser la faculté d'accepter une donation de leurs père et mère. La sainteté des mœurs publiques réclame l'abrogation, ou du moins une forte modification de ces lois. Voici celles que propose le projet de code civil, du 24 thermidor an 8.

Les enfans adultérins ou incestueux, ne peuvent rien recevoir en propriété de leur père ni de leur mère.

Ils ne peuvent même recevoir de leurs père et mère, en usufruit, et à titre de pension alimentaire, au-delà de ce que la loi leur accorde *au titre des successions*

Les enfans naturels, même légalement reconnus, ne peuvent recevoir de leurs père et mère au-delà de ce que la loi leur défère *ab intestat*. Pour l'intelligence de ces articles, *voyez* SUCCESSIONS.

§. XIV.

De l'irrévocabilité des donations.

C'est un principe que les donations ne peuvent valoir, si elles ne sont intrinséquement irrévocables : de là l'axiome donner et retenir ne vaut.

C'est donner et retenir, lorsque le donateur se réserve la liberté de disposer directement ou indirectement de la chose donnée. C'est encore donner et retenir, que de donner sous une condition potestative, dont l'accomplissement dépend de la volonté du donateur; ou à la charge par le donataire de payer les dettes que le donateur pourrait contracter dans la suite, parce que dans ces cas ou autres semblables il est au pouvoir du donateur de révoquer ou d'anéantir sa donation. *Voyez* l'article XVI de l'ordonnance de 1731, qui établit que les donations faites sous des conditions dont l'exécution dépend de la seule volonté du donateur, sont nulles.

Le projet de code civil du 24 thermidor an 8, contient les mêmes principes.

Ce n'est pas donner et retenir, que de donner la propriété d'une chose dont on se réserve l'usufruit à vie ou à tems : ce n'est pas non plus donner et retenir que de donner la propriété d'une chose, quoiqu'on en retienne la possession, lorsque c'est seulement à titre de *constitut* ou *précaire* : la raison en est que, dans l'un comme dans l'autre de ces deux cas, la propriété et la vraie possession ne laissent pas que de passer en la personne du donataire, de même que si le donateur n'eût fait aucune réserve. En effet, si l'usufruit ou la possession précaire

que le donateur retient , retarde la jouissance du donataire , il n'en est pas moins saisi du domaine de la
chose , du moment même de la donation.

Le donateur peut stipuler le droit de retour des objets
donnés dans le cas où le donataire et ses descendans viendraient à mourir avant lui. Ce droit ne peut être stipulé
qu'au profit du donateur seul , il n'a pas lieu sans stipulation.

Les donations de biens à venir sont nulles.

§. X V.

De la tradition des choses données.

La tradition est nécessaire dans les donations pour les
rendre valables. On distingue deux sortes de traditions ,
l'une réelle et actuelle , l'autre civile et feinte.

La tradition réelle est celle qui se fait en mettant directement le donataire en possession de la chose donnée
par une vraie et naturelle appréhension de fait qui le
constitue pleinement en possession.

La tradition feinte est celle par laquelle le donateur
se dessaisit de tout le droit de propriété en la chose
donnée au profit du donataire , s'en réservant la jouissance à titre d'usufruit , de constitut ou de précaire.

Dans les donations dont les choses ne font point la
matière , comme dans le cas d'une rente viagère , ou
d'une rente que le donateur constitue sur lui-même ; ou
d'une somme de deniers à payer dans un certain tems ,
ou même après le décès du donateur , l'obligation que
constitue *in præsenti*, le donateur tient lieu de tradition ; en s'obligeant envers le donataire , il fait la tradition autant qu'il peut la faire dans cette espèce de
donation. Ainsi le contrat par lequel un particulier fait
une donation à un autre qui l'accepte , d'une somme
de 20,000 francs , payable après sa mort , n'en est
pas moins une donation entre-vifs dont il ne dépend
point du donateur d'anéantir l'effet. Car si le donataire
n'est pas saisi de la chose , il est saisi à l'instant même
du droit de l'exiger après la mort du donateur , et
il peut faire inscrire son titre au bureau des hypothèques.

A l'égard de la donation des meubles et effets mobiliers , lorsqu'elle ne contient pas une tradition réelle ; il

en doit être fait un état signé des parties, lequel doit demeurer annexé à la minute de la donation ; sinon le donataire ne peut exiger aucun de ces meubles ou effets mobiliers, article XV de l'ordonnance de 1731. Cet état est nécessaire, 1°. pour opérer, au défaut de la tradition réelle, une tradition feinte, en constituant le donateur possesseur précaire au nom du donataire ; 2°. pour assurer à la donation la certitude de l'irrévocabilité qui fait un de ses caractères essentiels. Car celui qui aurait donné ses meubles en général, serait le maître de réduire presqu'à rien la donation, en vendant ou donnant autant de meubles qu'il lui plairait pendant sa vie.

§. X V I.

De l'acceptation.

Les donations entre-vifs étant des contrats synallagmatiques, il en résulte que, pour qu'ils soient parfaits, il faut le concours de deux volontés ; savoir : celle du donateur qui fait la libéralité, et celle du donataire qui l'accepte.

Toute donation entre-vifs peut être révoquée jusqu'à l'acceptation, et elle devient caduque et nulle, si le donateur décède avant qu'elle ait été acceptée. Mais aussitôt que l'acceptation a eu lieu, le donateur est lié, et il peut être contraint à délivrer la chose donnée.

La formalité de l'acceptation est tellement nécessaire pour la validité d'une donation entre-vifs, que ni les établissemens de bienfaisance, ni les mineurs n'ont été exemptés de la rigueur de la loi à cet égard.

Cette acceptation ne forme qu'un seul et même contrat avec la donation dont elle est une partie nécessaire. Il faut, par conséquent, qu'elle soit aussi constante et aussi solennelle que la donation même. C'est pourquoi la loi a ordonné que dans le cas où la donation aurait été acceptée par un tiers qui aurait déclaré se porter fort pour le donataire absent, elle n'aurait d'effet que du jour de la ratification expresse que le donataire en aurait faite par acte devant notaire, duquel acte il resterait minute : il est défendu aux notaires d'accepter aucune donation pour des donataires absens, à peine de nullité de ces sortes de stipulations.

L'acceptation doit être formelle, et l'ordonnance défend aux juges d'avoir aucun égard aux circonstances dont on prétendrait induire une acceptation tacite ou présumée, et cela, quand même le donataire aurait été présent à l'acte de donation, et qu'il l'aurait signé ou qu'il serait entré en possession des choses données.

L'acceptation peut être faite pour un mineur donataire, soit par son tuteur ou curateur, soit par son père, sa mère ou autres ascendans, même du vivant du père et de la mère, sans qu'il soit besoin d'aucun avis de parens pour rendre cette acceptation valable.

Mais les femmes mariées qui sont sous la puissance de leurs maris, étant dans une interdiction perpétuelle, ne peuvent accepter aucune donation sans être, pour cet effet, autorisées de leurs maris, ou à leur refus, par la justice. Il y a néanmoins exception relativement aux donations faites à la femme pour lui tenir lieu de biens paraphernaux, dans les pays où les femmes mariées peuvent posséder des biens de cette qualité.

Si le donataire majeur se trouve interdit, l'acceptation est faite pour lui par son tuteur.

Les donations faites par contrat de mariage aux conjoints, ou à leurs enfans à naître, soit par les conjoints mêmes ou par les ascendans ou parens collatéraux, même par des étrangers, ne peuvent être attaquées, ni déclarées nulles, sous prétexte du défaut d'acceptation.

Enfin, une donation faite en faveur du donataire et de ses enfans nés et à naître, est parfaite par la seule acceptation du donataire, quand même la donation ne serait pas faite par contrat de mariage, et que les donateurs seraient des collatéraux ou étrangers. C'est ce qui résulte des articles 5, 6, 7, 8, 9, 10, 11 de l'ordonnance du mois de février 1731.

Suivant l'article XII, si la donation est faite à des enfans, nés et à naître en général, l'acceptation des enfans déjà nés doit suffire pour rendre la donation valable en faveur des enfans à naître. Il semble par cette disposition, que le législateur ait voulu que tous les enfans nés remplissent la formalité de l'acceptation. On demande néanmoins si lorsqu'une partie des enfans nés n'a pas accepté, ils ne doivent point profiter du bénéfice de l'acceptation que les autres ont faite. Il paraît, qu'en ce cas, on doit distinguer comme dans les legs, si les donataires sont conjoints par les paroles ou par les choses seulement, ou par les paroles et les choses tout-à-la-fois. Si les donataires ne sont conjoints que par les paroles , comme quand on donne à chacun des enfans une partie distincte et séparée dans la chose, l'acceptation de l'un ne peut point servir à l'autre , attendu que chaque enfant étant donataire particulier de sa portion , il faut autant d'acceptations qu'il y a de portions. Mais si les donataires étaient conjoints par les paroles et par les choses ; comme dans cette phrase : *Je donne mes vignes aux enfans d'un tel , nés et à naître* : ou même quand ils ne seraient conjoints que par la chose, le droit d'accroissement ayant lieu dans ces cas , l'acceptation d'un des enfans donataires suffirait pour rendre valable la donation , non-seulement en faveur des enfans à naître mais encore en faveur de ceux qui seraient nés et qui n'auraient point accepté. En effet , si la donation n'était pas valable par le défaut d'acceptation relativement aux enfans nés qui n'auraient point accepté , le donataire , ni ses héritiers , n'en profiteraient pas , et le bénéfice tournerait au profit seul de l'enfant donataire qui aurait accepté, lequel serait non-recevable à contester la forme du contrat qui lui servirait de titre.

§. XVII.

De l'insinuation.

Ce n'est pas assez pour la validité d'une donation entre-vifs qu'il y ait acceptation et tradition des choses données , il faut encore une autre formalité , qui est celle de l'insinuation. Cette dernière formalité a été introduite pour rendre notoires par l'enregistrement les dispositions des actes dont il importe au public d'avoir connaissance , et pour empêcher les fraudes auxquelles , le défaut de publicité de ces actes pourrait donner lieu.

Ainsi , toutes donations entre-vifs de meubles ou immeubles ; mutuelles , réciproques , rémunératoires , onéreuses , en faveur du mariage , et autres faites en quelque sorte et manière que ce soit , doivent être insinuées dans le tems et sous les peines portées dans l'ordonnance de Moulins et la déclaration du 17 novembre 1690. Article I , de la déclaration du 17 février 1731 , et article XX de l'ordonnance. Il y a néanmoins quelques donations dispensées de la peine de nullité , pour le défaut d'insinuation.

L'article LVIII de l'ordonnance de Moulins , et l'article XXVI de la déclaration du 17 novembre 1690 , portent que la donation sera insinuée dans les quatre mois du jour de la date, à peine de nullité, tant à l'égard des héritiers du donateur , que de ses créanciers , et que cependant elle pourra l'être pendant tout le tems de la vie du donateur , avec cette différence , que lorsque l'insinuation aura été faite dans les quatre mois de la date de la donation , cette donation aura son effet du jour qu'elle sera passée ; et lorsque l'insinuation n'aura été faite qu'après les quatre mois, la donation n'aura son effet que du jour qu'elle aura été insinuée.

La donation peut donc être insinuée après les quatre mois de sa date , pourvu que le donateur soit vivant , mais lorsqu'il est décédé , elle ne peut plus l'être après ces quatre mois ; cette insinuation serait inutile et ne garantirait pas la donation de nullité , seule peine prononcée par la loi , mais assez grande pour engager les parties à faire faire cette insinuation dans les temps utiles.

Il est certain que le donateur ne peut se servir du défaut d'insinuation , ni révoquer la donation , sous prétexte qu'elle n'a pas été insinuée. (Article XXVII de l'ordonnance.)

Les délais ne commencent à courir pour ceux dont les biens sont sous le séquestre national , que du jour de la main-levée du séquestre , pendant toute la durée duquel les donations ne peuvent être arguées de nullité pour défaut d'insinuation. (Loi du 25 thermidor an 4.)

Sont dispensées de la peine de nullité pour le défaut d'insinuation , les donations par forme d'augment , contr'augment , dons mobiles , engagement , droit de rétention , agencement , gains de noces et de survie , dans les pays où ils sont en usage. Les donations de choses mobilières , à quelques sommes qu'elles puissent monter , lorsqu'il y a tradition réelle, et celles qui , sans tradition , n'excèdent pas mille francs , une fois payés , enfin les donations en ligne directe , faites par et en faveur de mariage. (Articles 1er., 6 et 7 de la déclaration du 17 février 1751.)

A l'égard des donations mutuelles faites par contrat de mariage, entre les futurs , elles doivent être insinuées à peine de nullité, dans quatre mois du décès du prémourant , au domicile du donateur. (Lettres patentes

du 3 juillet 1769.) Le délai est d'un an pour les veuves
des défenseurs de la patrie et les fonctionnaires publics
employés hors de leur domicile. (Décret du 6 frimaire
an 3).

Dans tous les cas où l'insinuation est nécessaire à
peine de nullité, les donations d'immeubles réels ou
de ceux qui sans être réels, ont une assiette selon les
lois, coutumes ou usage des lieux, et ne suivent pas la
personne du donateur, doivent être insinuées, sous ladite peine de nullité, au greffe du tribunal civil, tant
du domicile du donateur que du lieu dans lequel les
biens sont situés, ou ont leur assiette. Et à l'égard des
donations de choses mobilières, même des immobilières
qui n'ont point d'assiette et suivent les personnes, l'insinuation doit s'en faire seulement au greffe du tribunal
du domicile. (Article XXVIII de l'ordonnance de 1731.)

La formalité de l'insinuation légale a été maintenue
par l'article XXIV de la loi des 6 et 7 septembre 1790,
concernant l'ordre judiciaire, par l'article I.er de celle
du 19 décembre 1790, sur les droits d'enregistrement,
et par l'article VII de celle du 4 février 1791. L'article
LXXI de celle du 22 frimaire an 7 porte que cette formalité continuera d'être donnée dans les bureaux de
recette de l'enregistrement, dans les formes et sous les
peines portées par les lois subsistantes, jusqu'à ce qu'il
en ait été autrement ordonné.

L'enregistrement de formalité des donations entre-
vifs, requis dans un autre bureau que celui où l'acte a
été enregistré, a été réglé à un franc fixe par l'article IV
de la quatrième section de la troisième classe du tarif
de 1790. La loi du 22 frimaire n'ayant aucune disposition à cet égard, il doit être perçu un fr., en conformité
de l'article LXVIII, § I.er. n°. 51.

Lorsqu'une donation est insinuée dans les quatre mois
de sa date, l'insinuation en doit être faite au greffe du
tribunal où le donateur avait son domicile lors de la
donation; mais après les quatre mois, l'insinuation doit
se faire au tribunal dans l'arrondissement duquel le donateur se trouve alors domicilié, attendu qu'il faut se
déterminer par le domicile du tems où la donation commence à avoir son effet.

Notez que toutes les fois qu'il est dit dans ce paragraphe, qu'une donation doit être insinuée au greffe du
tribunal, cela doit s'entendre du bureau d'enregis-

trement établi près le tribunal, parce que les receveurs de l'insinuation sont qualifiés de greffiers, et leurs bureaux de greffes dans les anciennes lois.

Quant à la forme suivant laquelle l'insinuation des donations doit être faite, elle a été réglée par les articles II, et IV de la déclaration du 17 février 1731, et l'article XXIV de l'ordonnance du même mois; il doit, en conséquence, être tenu par le greffier un registre particulier, coté et paraphé à chaque feuillet par le président ou un juge du tribunal, lequel registre sera clos et arrêté à la fin de chaque année par l'un des juges. L'insinuation se fait en transcrivant sur ce registre la donation en son entier, lorsqu'elle est faite par un acte séparé, c'est-à-dire, qui ne contienne d'autres dispositions que la donation; mais si cette donation est renfermée dans un autre acte, il suffit de transcrire seulement, mais littéralement la partie de l'acte qui contient la donation avec toutes ses charges et conditions, sans rien omettre.

Lorsqu'un receveur-greffier des insinuations est incertain de bien faire cet extrait, qu'un acte contient diverses clauses qui peuvent lui faire douter si elles sont dans le cas de l'insinuation légale, le parti le plus prudent qu'il ait à prendre, c'est de transcrire l'acte en entier sur son registre d'insinuation des donations. On ne pourra jamais lui rien imputer de cet enregistrement, au lieu que s'il omettait quelques clauses essentielles, il s'exposerait à être poursuivi en garantie.

Suivant l'article XXV de l'ordonnance de 1731, le dépositaire du registre est obligé d'en donner communication toutes les fois qu'il en est requis et sans ordonnance de justice, même d'en délivrer un extrait signé de lui lorsque les parties le demandent, en lui payant le salaire réglé par la déclaration du 17 février 1731.

L'insinuation des donations est uniquement à la diligence des parties, c'est pourquoi l'article XXIV de l'ordonnance de 1731 a réglé qu'il suffirait pour l'insinuation, de représenter la grosse ou l'expédition de l'acte, sans qu'il fut nécessaire de rapporter les minutes, ce n'est pas que l'insinuation ne serait valablement faite sur la minute; mais cela n'est praticable que quand l'insinuation doit être faite dans le lieu même où l'acte a été enregistré.

On ne doit rien négliger pour que l'insinuation de ces sortes de donations soit régulièrement faite, puisque la validité ou la nullité de l'acte peuvent dépendre de cette formalité. Si la faute provient du préposé, on peut le poursuivre pour le faire condamner à la réparer.

§. XVIII.

De la portion qu'il est permis de donner et du rapport de la donation lors de l'ouverture de la succession du donateur.

Avant la révolution, la faculté de donner entre-vifs n'était en général point limitée, mais par une loi du . mars 1793, le corps législatif déclara abolie la faculté de disposer de ses biens, soit entre-vifs, soit à cause de mort, soit par donation contractuelle en ligne directe ; et en conséquence, il fut ordonné que tous les descendans auraient un droit égal sur le partage des biens de leurs ascendans.

Depuis plusieurs lois ont apporté différens changemens sur la quotité des biens disponibles.

Loi du 17 nivose an 2.

Suivant l'article VIII de la loi du 17 nivose an 2, les enfans, descendans et collatéraux, ne peuvent prendre part aux successions de leurs pères, mères et autres parens, sans rapporter les donations que ceux-ci leur ont faites, et cette disposition doit être observée nonobstant toute dispense de rapport, stipulée dans les lieux où cette convention était autorisée. Le législateur a d'ailleurs voulu que l'on continue d'exécuter les coutumes qui assujettissent les donations à rapport, même dans le cas où les donataires renoncent à la succession du donateur.

La faculté de donner a été restreinte par l'art. XVI de la même loi, au droit de disposer du dixième de son bien, si l'on a des héritiers en ligne directe ; ou du sixième, si l'on n'a que des héritiers collatéraux ; mais la donation ne peut avoir lieu qu'au profit de personnes qui ne sont point appelées par la loi au partage des successions des donateurs.

Cette restriction ne s'applique point aux donations, soit singulières, soit réciproques, que des époux peuvent se faire : celles-ci sont susceptibles de la plus grande latitude, et peuvent avoir lieu, non-seulement par contrat de mariage, mais encore par des actes postérieurs.

La restriction des donations au dixième, en cas d'héritiers directs, et au sixième en cas d'héritiers collatéraux, étant établie en faveur des successibles, il est évident que les règles relatives à cet objet ne peuvent avoir lieu contre eux. Il n'appartient pas à la loi de commander à la bienfaisance des pères, ni d'en fixer la mesure ; ce serait soumettre le sentiment au calcul, et priver la tendresse paternelle de ses plus douces jouissances. Ainsi un père peut se dessaisir en faveur de quelques-uns de ses enfans, de telle portion de son patrimoine qu'il juge à propos, de même que tout autre parent envers quelques-uns de ses héritiers collatéraux. L'un et l'autre, pendant tout le tems de leur vie, usent de leur fortune en maîtres absolus ; mais à la mort, leur autorité fait place à celle de la loi. Cette loi réprime les préférences injustes et les affections capricieuses, elle rétablit l'égalité entre les héritiers, conformément au vœu de la nature, la première et la plus sainte des lois.

Pour rétablir l'égalité entre héritiers dont quelques-uns ont été avantagés par le défunt, il faut qu'ils rapportent à la succession ce qu'ils ont reçu. Le droit romain ne le prescrivait que d'une manière imparfaite, puisqu'il permettait à l'héritier direct avantagé de renoncer à la succession de son père, pour s'en tenir à sa donation, et qu'en collatérale, il était permis de cumuler la qualité de donataire à celle d'héritier. La loi du 17 nivose an 2 veut une égalité absolue dans l'une et l'autre lignes, et voilà la raison pour laquelle le successible n'a pas la faculté de garder le bienfait en renonçant à la succession ; il faut qu'il rapporte ce qu'il a reçu pour être mis en masse, à moins qu'il ne soit question d'une donation antérieure au 14 juillet 1789, première époque de notre révolution.

Cette manière de procéder est la seule qui soit compatible avec la loi de l'égalité. Il arrive souvent qu'un père, en dotant son enfant d'un immeuble réel quelconque, met un prix à cet immeuble. Si le prix seul était rapportable, ce serait ouvrir la voie aux avantages indirects, car pour y parvenir, il ne serait question, de la part du père, que d'estimer l'immeuble au-dessous de sa valeur. L'enfant offrirait même inutilement de rapporter le prix de cet immeuble, suivant l'estimation qui serait faite de la valeur qu'il avait au tems de la donation ; car depuis cette époque jusqu'à celle de l'ouverture de la succession à laquelle le rapport est dû, cette valeur a pu augmenter suivant le cours des choses, de même qu'elle a pu diminuer.

Le rapport n'est dû que de ce qui a été donné ; or, quand un père ou un autre parent donne à son héritier présomptif un immeuble quelconque, ce ne sont pas des fruits qu'il donne, mais un immeuble susceptible d'en produire, et c'est seulement cet immeuble qu'il est tenu de rapporter ; ainsi les fruits par lui perçus jusqu'au décès du donateur lui demeurent ; mais il est tenu de rapporter ceux qui sont échus à partir de cette époque, parce qu'à ce moment l'action en rapport s'est ouverte, et que cette action a rendu l'héritage commun à tous les héritiers. Si le donataire garde l'héritage à lui donné, quoique sa valeur se trouve excéder celle de sa portion héréditaire, il sera tenu de payer une soulte pour prix de l'excédent dont il souffre la réduction, et de payer les intérêts de ce prix, à partir du jour de l'ouverture de la succession.

Loi du 4 germinal an 8.

Cette loi contient les dispositions suivantes :

A compter de la publication de la présente loi, toutes libéralités qui seront faites par actes entre-vifs, dans les formes légales, seront valables lorsqu'elles n'excéderont pas le quart des biens du disposant s'il laisse à son décès, moins de quatre enfans ; le cinquième, s'il laisse quatre enfans ; le sixième, s'il en laisse cinq, et ainsi de suite, en comptant toujours, pour déterminer la portion disponible, le nombre des enfans, plus un.

Sont compris dans l'article précédent, sous le nom d'enfans, les descendans en quelque degré que ce soit ; néanmoins, ils ne seront comptés que pour l'enfant qu'ils représentent dans la succession du disposant.

Vaudront pareillement les libéralités qui seront faites dans les formes légales, soit par actes entre-vifs, soit par actes de dernière volonté, lorsqu'elles n'excéderont pas,

La moitié des biens du disposant, s'il laisse soit des ascendans, soit des frères ou sœurs, soit des enfans ou petits-enfans des frères ou des sœurs ;

Les trois quarts, lorsqu'il laisse soit des oncles ou grands-oncles, tantes ou grand'tantes, soit des cousins-

germains ou cousines-germaines, soit des enfans desdits cousins ou cousines.

A défaut de parens dans les degrés ci-dessus exprimés,
les dispositions à titre gratuit pourront épuiser la totalité
des biens du disposant.

Les libéralités autorisées par la présente loi, pourront
être faites au profit des enfans ou autres successibles
du disposant, sans qu'ils soient sujets à rapport.

Toutes lois contraires à la présente sont abrogées, néanmoins il n'est dérogé ni à celles qui règlent l'ordre des
successions *ab intestat*, ni à celles qui concernent les
dispositions entre époux.

Projet de code civil, du 24 thermidor an 8.

Les donations entre-vifs ne peuvent excéder le quart
des biens du donateur, s'il laisse à son décès des enfans
ou descendans ; la moitié, s'il laisse des ascendans, ou
des frères et sœurs ; les trois quarts, s'il laisse des
neveux ou nièces, enfans au premier degré d'un frère
ou d'une sœur.

A défaut de parens dans les degrés ci-dessus exprimés, les donations peuvent épuiser la totalité des biens
du donateur.

La donation en usufruit ne peut excéder la quotité
dont on peut disposer en propriété ; en telle sorte que le
don d'un usufruit ou d'une pension est réductible au
quart ; à la moitié, ou aux trois quarts du revenu total,
dans le cas ci-dessus exprimé.

La donation de la quotité disponible peut être faite en
tout ou en partie, même en faveur des enfans et autres
successibles du donateur.

Cette donation n'est pas rapportable par le donataire
venant à succession, pourvu qu'elle ait été faite expressément à titre de préciput et hors de part.

§. XIX.

De la réduction des donations quand elles excedent la quotité disponible par la loi.

Toute disposition entre-vifs qui excède la quotité disponible n'est pas nulle, mais seulement réductible à cette
quotité.

La donation entre-vifs conserve tout son effet pendant
la vie du donateur.

Au décès du donateur, la réduction de la donation ne peut être demandée que par ceux des héritiers venant à succession, au profit desquels la loi a restreint la faculté de disposer, et que proportionnellement à la part qu'ils recueillent dans les successions.

Voir PARTAGE, SUCCESSIONS, où cet article sera traité, avec tous les développemens dont il est susceptible.

§. X X.

Y a-t-il lieu à réduction pour avantage résultant d'un contrat aléatoire ?

Tout cit. peut faire, par transactions commerciales avec des non-parens, tel usage de sa fortune qu'il juge à propos. Dans ce cas, c'est pour son avantage qu'il agit, soit qu'il se trompe ou non dans ses spéculations, il peut se préjudicier à lui-même, et par suite à ses héritiers, pourvu qu'il n'ait point eu intention d'avantager, au-delà de la quotité permise, un étranger à leur détriment : ainsi, quand le défunt a vendu son bien à un étranger, moyennant une rente viagère qui est le juste prix des risques respectivement courus, et qu'il meurt peu de tems après, quoique cette acquisition n'ait rien coûté à l'acquéreur, ce n'est point une donation qu'on a entendu lui faire, il n'en doit le bénéfice qu'à un contrat aléatoire : il en sera de même si le défunt, quelque tems avant sa mort, mais cependant avec l'espoir de jouir, avait acheté l'usufruit d'un bien dont il aurait payé le prix. Dans tous les cas, celui de la fraude excepté, les héritiers n'ont aucune action vis-à-vis de l'étranger, pour faire réduire l'avantage qui résulte de ces chances, sous prétexte que cet avantage excédait la part disponible.

§. X X I.

Y a-t-il lieu à la révocation des donations par survenance d'enfans ?

L'ancien droit laissait une grande latitude aux donations. Il était permis à l'homme isolé de disposer au gré de son caprice, parce qu'il ne connaissait pas les plus douces émotions du cœur humain; mais s'il lui survenait un enfant, les lois anéantissaient l'ouvrage d'une affection passagère en faveur du sentiment profond qui

lui

lui succédait; elles remettaient au père la libre disposition
de sa fortune, pour en faire un usage plus conforme à sa
situation nouvelle, et la convention a consacré ce principe
relativement aux donations faites sous l'ancien régime;
mais il n'y a pas même motif dans le droit nouveau de
prononcer la révocation d'une donation pour pareille
cause, parce qu'aujourd'hui la donation faite par un célibataire ne peut valoir que pour une portion de sa fortune, que plus elle est modique, et plus il convient d'en
assurer l'effet, et qu'enfin la grande majorité de la fortune du donateur est conservée à son enfant, s'il devient
père.

Voir SUCCESSIONS.

§. XXII.

Y a-t-il lieu à révocation pour cause d'ingratitude ?

Quoique l'affection soit ordinairement moins raisonnée
que sentie, le cœur qui s'épanche aime qu'on lui ré-
ponde; il se fermerait à la bienfaisance, s'il pressentait
l'ingratitude. L'ingratitude est une espèce de délit chez
tous les peuples qui regardent la vertu comme la principale base de l'harmonie sociale. L'honnêteté des mœurs
réclame donc la révocation de la donation quand l'ingratitude résulte de faits certains et assez graves pour
mettre en évidence la conduite odieuse du donataire
envers son bienfaiteur.

On doit établir pour principe général que quand le
donataire a attenté à la vie ou à l'honneur du donateur,
qu'il lui a fait quelque outrage, ou qu'il lui a occasionné
quelque perte considérable par de mauvaises voies, la
donation peut être révoquée.

Charondas et Despeisses citent un arrêt du mois de
novembre 1499, qui révoqua une donation, parce que
le donataire avait accusé le donateur d'avoir commis une
action digne de la corde.

Refuser des alimens au donateur indigent, est aussi
une ingratitude suffisante pour faire révoquer une donation.

Suivant nos anciennes lois, les donations faites en
faveur de mariage, ne sont point sujettes à être révo-
quées pour cause d'ingratitude. D'après le code civil,
lorsqu'il n'y a point d'enfans du mariage, la révocation

a lieu à l'égard du donataire , mais sans préjudice des droits résultant du contrat de mariage en faveur de l'autre époux.

Le droit de révoquer une donation pour cause d'ingratitude ne passe point aux héritiers du donateur, lorsqu'ayant connu lui-même l'ingratitude , il n'a pas jugé à propos de s'en plaindre.

Le projet de code civil ne reconnaît que deux causes d'ingratitude ; 1°. si le donataire attente à la vie du donateur ; 2°. s'il se rend coupable envers lui de sévices ou de délits.

La demande en révocation doit être formée dans l'année , à compter du jour du délit que le donateur impute au donataire.

§. XXIII.

Des conditions non obligatoires.

Un donateur est le maître d'apposer à sa libéralité telle condition qu'il juge à propos ; mais ces conditions n'obligent qu'autant qu'elles ne contiennent rien de contraire à l'honnêteté publique, ni au droit que chacun tient de la nature de disposer librement de sa personne. Ainsi une condition qui aurait pour objet d'empêcher un citoyen de se marier , ou d'épouser une telle personne , ou de remplir des devoirs prescrits par les lois, serait réputée non écrite , et la donation n'en aura pas moins son exécution , si elle n'excède pas la quotité disponible , parce que le donateur a fait usage légitime de ses facultés en donnant , et qu'il en a abusé dans la condition par lui prescrite.

§. XXIV

Des donations résolues ou répudiées.

Quel droit d'enregistrement doit-on percevoir sur un jugement portant résolution d'un acte de donation entre-vifs d'immeubles.

Par un contrat en forme , un particulier a fait don à une personne non parente , d'un immeuble , à la charge qu'il lui paierait une rente exprimée dans l'acte.

Cette rente a été servie plusieurs années , et le donataire a joui des biens.

Mais depuis il a cessé de payer cette rente, et un tribunal, sur la demande du donateur, a annullé la donation.

Il s'agit de régler la quotité du droit d'enregistrement de ce jugement.

Les parties conviennent, dans l'espèce, que le droit proportionnel est dû.

Mais elles prétendent que ce droit doit être fixé à 4 pour cent comme rétrocession.

On pense, au contraire, qu'il doit l'être comme résolution d'un acte de donation, et dès-lors que la perception doit être réglée sur ce jugement comme elle l'a été pour la donation, en supposant que le droit ait été perçu régulièrement et conformément à la loi. Le donateur et le donataire n'étant point parens, le droit est de 5 pour cent.

On étaie la première opinion sur les dispositions du nombre premier de l'article LXIX, §. VII de la loi du 22 frimaire, qui comprend parmi les actes soumis au droit de 4 francs pour 100 francs, les ventes, reventes, cessions, *rétrocessions*, et tous autres *actes civils ou judiciaires, translatifs de propriété* ou d'usufruit de biens immeubles, à *titre onéreux* : et l'on soutient que le donataire renonçant à la donation pour être déchargé de la rente ou le jugement équivalant à cette renonciation, l'acte ne peut être considéré que comme rétrocession; qu'il n'est pas possible de voir dans ce jugement une donation, puisque le donataire n'a pas l'intention de gratifier le donateur, d'où, selon eux, il résulte qu'il n'est dû pour ce jugement que le droit de 4 pour cent.

Mais, 1°. le donataire peut, dans ce cas, conserver l'immeuble, en acquittant la rente; ainsi, sous ce rapport, il y a renonciation de sa part à la donation.

2°. Pour que le droit de 4 pour cent fût exigible sur le jugement, il faudrait, d'après la loi, que la rétrocession qu'il opère, fût à *titre onéreux*. Or, elle ne l'est pas, puisqu'il n'y a point de prix stipulé ni de charges ajoutées à la donation.

3°. Le jugement n'est qu'une résolution de l'acte de donation; cette résolution n'opère ni le droit fixe de 3 francs, puisqu'elle n'a point pour cause une nullité radicale; ni celui fixe d'un franc, puisqu'il ne s'agit pas d'un résiliement pur et simple, fait par acte authentique, dans les 24 heures de l'acte résilié. La quotité du droit proportionnel à percevoir est celle que la loi indiquait pour la donation.

Au reste, si dans le cas proposé, le droit est de 5 fr. pour cent au lieu de 4 fr. pour cent, il est plus avantageux pour les donations en ligne directe, etc. ; et ce n'est pas par ces considérations, mais d'après les principes qu'il faut se déterminer.

De l'effet des répudiations ou renonciations, à des donations entre-vifs acceptées.

Lorsque la répudiation d'une donation est acceptée par le donateur, la répudiation est une nouvelle donation sujette au même droit proportionnel que la première.

Mais si la répudiation ou renonciation, *n'était pas acceptée* par le donateur, ce serait alors un acte simple seulement passible du droit fixe d'un franc. En effet, il est de principe reconnu et incontestable qu'un acte synallagmatique n'acquiert sa perfection que par le concours de deux personnes qui y sont intéressées et qu'il faut de même leur consentement respectif pour pouvoir l'annuller, le résilier et y faire même quelques changemens ou modifications, ainsi, s'agissant d'une donation qui a été parfaite, par l'acceptation du donataire, elle ne peut point être détruite par l'acte subséquent dans lequel le donataire a déclaré seul et sans la participation du donateur qu'il n'entendait plus profiter de l'effet de la donation. Cet acte, faute d'acceptation de la part du donateur, n'a point dépouillé le donataire de l'objet donné, par conséquent il ne peut être assujetti au droit proportionnel. Mais le receveur doit veiller sur la rentrée en possession de la part du donateur dans le cas où elle aurait lieu, afin de lui faire acquitter les droits dans les trois mois de son entrée en jouissance, s'il n'existe pas d'autre acte, car si le donateur acceptait la renonciation par un acte subséquent, cet acte serait sujet au droit proportionnel, puisqu'il compléterait l'effet de la nouvelle donation.

Voir CONTRAT DE MARIAGE, EFFET RÉTROACTIF, PARTAGE, SUCCESSION.

D O T.

S O M M A I R E.

1°. Définition.

2°. En pays coutumier tous les biens de la femme sont bien dotaux : Secus, en pays de droit écrit.

3°. De la stipulation des propres.

4°. Des personnes qui sont obligées de doter.

5°. Comment la dot se constitue et se règle-t-elle ?

6°. Du paiement de la dot. Y a-t-il prescription contre le mari, si elle n'a pas été payée dans les dix ans ?

7°. Des intérêts de la dot, dans quel cas ils sont dûs ?

8°. Si la dot peut être aliénée ?

9°. De la restitution de la dot.

10°. La dot est-elle sujette au rapport ?

11°. Droits d'enregistrement dûs pour les constitutions ou apports de dot et pour les autres actes qui y sont relatifs.

§. PREMIER.

Définition.

Dot, est tout ce que la femme, ou autres pour elle, donnent au mari, soit meuble ou immeuble, pour en jouir et faire les fruits siens pendant le mariage, à l'effet d'en soutenir les charges, avec cette différence que tous les meubles et effets tombent dans la communauté, s'il n'y a stipulation contraire, et que les immeubles sont réputés propres, à moins qu'ils ne soient ameublis par le contrat pour entrer en communauté. L'on nomme aussi dot ce que le mari se constitue ou ce qui lui est promis en se mariant.

§. I I.

En pays coutumier, tous les biens de la femme sont biens dotaux : Secus, en pays de droit écrit.

Suivant le droit écrit , la dot ne comprend que les biens expressément assignés par la femme , ou accordés et promis à ce titre , par ses parens ou autres personnes. Cette législation ne reconnaît de dot tacitement constituée , que dans le cas où une femme , après avoir divorcé, se remarierait ensuite avec son premier mari. Elle serait alors censée lui rapporter de nouveau sa dot, quand même cela ne serait pas stipulé , à moins qu'elle n'ait manifesté une volonté contraire.

La loi romaine ne reconnaît donc , en thèse générale , pour biens dotaux, que ceux qui sont constitués tels ; ensorte qu'en pays de par droit écrit , une femme qui se serait mariée sans aucune convention écrite , ni verbale sur cet objet, ni avant ni après le mariage, n'apporterait aucune dot proprement dite , à son mari.

Il en est autrement dans nos mœurs ; le droit coutumier ayant établi une société de biens et d'acquêts entre les époux , et la société exigeant naturellement des mises respectives de la part de ceux qui sont appelés au partage du bénéfice , il fut nécessaire , pour être d'accord avec le principe , de réputer dotaux les biens de l'épouse.

Il y a donc sur ce point , cette différence entre la loi romaine et notre droit coutumier , que suivant l'une, les biens paraphernaux réputés *extrà-dotem*, sont tous ceux qui n'ont pas été expressément constitués en dot , ou qui n'en sont pas un accessoire , tandis que dans notre usage il n'y a de paraphernal que ce qui est réservé comme tel , soit par une stipulation expresse , soit équivalemment, en limitant la constitution dotale.

Tous les biens de l'épouse étant réputés dotaux parmi nous , il en résulte que la constitution dotale , quand elle ne fut pas limitée , est un titre universel qui embrasse non—seulement ce qui appartient ou ce qui est donné à la femme lors du mariage , mais même tout ce qui peut lui arriver par la suite, autrement qu'à titre d'acquêts.

Dans les pays de droit écrit, la femme administre
de son chef les biens qu'elle n'a pas apportés en dot au
mari, et elle peut en disposer sans y être autorisée par
celui-ci : cependant une déclaration de 1664 a enlevé
aux femmes cette faculté, dans les pays de droit écrit
du ressort du ci-devant parlement de Paris.

§. III.

De la stipulation des propres.

Quand la dot d'une femme consiste pour le tout, ou
pour la plus grande partie en effets mobiliers, qui, de
leur nature, entrent dans la communauté, on a inventé
des stipulations pour les en exclure, et pour leur faire
produire le même effet qu'à des véritables immeubles ;
afin de conserver en quelque sorte l'égalité entre les
conjoints, et ne pas laisser tout l'avantage du côté du
mari : c'est ce qu'on appelle les stipulations de propres :
ces sortes de clauses qui sont introduites pour remédier
à un inconvénient que la loi ou la coutume n'ont pas
prévu sont ordinairement conçues en ces termes : « que
» de la somme qui est rapportée en mariage, il n'y en
» aura qu'une telle portion qui entrera dans la commu-
» nauté, et le surplus tiendra lieu et nature de propre à
» la future épouse ».

§. IV.

Des personnes qui sont obligées de doter.

Les pères et mères étant obligés, non-seulement de
nourrir et entretenir leurs enfans, mais encore de pourvoir à leur éducation et à leur établissement, sont, par
une conséquence nécessaire, tenus de doter convenable-
ment leurs filles lorsqu'elles veulent se marier ; ce qui est
accordé à ce titre, cède à l'épouse, à charge par elle
d'en rapporter les fonds et capitaux, et non les fruits et
intérêts, en partage des successions des auteurs de la
donation, lorsqu'il y a d'autres enfans appelés avec elle
à les recueillir.

Les dons de cette espèce ne sont pas sujets à la ré-
vocabilité pour cause d'ingratitude, comme les donations ordinaires, parce qu'ils sont moins censés faits
en faveur d'un seul individu, qu'en contemplation du

nouvel établissement , et de la famille qui , à cette condition , a consenti à l'alliance contractée avec le donataire.

Voir DONATION , §. XXII.

Si la fille dotée venait à mourir avant ses père et mère , ce sont ses héritiers qui recueilleraient les biens qui lui auraient été donnés , à moins que le droit de retour ne fût stipulé par ceux qui l'auraient dotée ; auquel cas , ce qui lui aurait été accordé à cette condition , ne ferait point partie de sa succession , si elle était décédée sans enfans , mais retournerait aux auteurs de la donation.

L'obligation de doter les filles lors de leurs mariages , est-elle commune au père et à la mère ? pèse-t-elle également sur l'un et sur l'autre ? la fille pourrait-elle les actionner ensemble pour les forcer à y concourir en commun ? ou cette action n'est-elle que subsidiaire contre la mère , lorsque le père ne peut y satisfaire , comme dans la cause des alimens ?

Quoique dans le simple droit naturel , les obligations des pères et mères envers leurs enfans , soient les mêmes ; qu'elles leur soient concurremment imposées , et que l'une ne puisse être regardée comme subsidiaire à l'autre ; cependant , comme d'après l'organisation sociale , la famille appartient plus particulierement au père qui en est le chef , la loi civile veut que l'obligation de fournir des alimens aux enfans , s'exécute en premier ordre contre lui. Cette obligation principale du mari , n'est qu'une conséquence des avantages que la loi lui accorde d'ailleurs : car , puisque d'une part , elle le rend maitre des fruits des biens dotaux pour soutenir les charges du mariage dont la principale et la première est la nourriture des enfans : et que d'autre côté , cette dette alimentaire étant annuelle et périodiquement renaissante , pèse immédiatement sur les fruits et revenus des biens , c'est à celui qui les a en son pouvoir , à acquitter cette charge dont ils sont naturellement grévés : c'est par ces considérations que la loi romaine veut que , pour obtenir des alimens , les enfans dirigent d'abord leur action contre le père et les ascendans paternels , et que régulierement , ils ne puissent attaquer la mère et les ascendans maternels , que subsidiairement et à défaut de moyens de la part des premiers.

Et comme dans les principes de droit écrit, tous les avantages pécuniaires de l'union conjugale sont en faveur du mari, puisque la femme n'est point associée aux acquêts, la charge de la dot y est aussi dirigée comme celle des alimens, c'est-à-dire, directement et en premier ordre contre le père, et non contre la mère (1).

Voir ci-après : §. VI.

§. V.

Comment la dot se constitue et se règle-t-elle ?

En pays coutumier ce n'est point au père seul à doter sa fille ; la mère qui a sa part dans la communauté, y doit contribuer : c'est pourquoi, si le mari, en l'absence de sa femme marie un de ses enfans, et lui constitue une dot, ou lui fait une donation, cela diminue de plein droit la part de la femme dans la communauté, et si la femme a parlé dans le contrat de mariage de ses enfans, de l'un ou de l'autre sexe, et qu'ensuite elle renonce à la communauté, elle est obligée de payer sur ses propres biens la moitié de ce qui lui a été donné en mariage, et d'en récompenser la communauté.

Il y a des cas où cela peut entièrement ruiner une femme, si elle n'y apporte pas le remède nécessaire. Il arrive tous les jours qu'un père et une mère qui ont une communauté très-ample, marient plusieurs enfans, et leur donnent des sommes considérables. Le mari dans la suite fait si mal ses affaires, que la communauté se trouve chargée de beaucoup plus de dettes que des effets. Si la femme mal conseillée renonce à la communauté, il n'y a point de doute qu'elle ne soit obligée de récompenser la communauté de la moitié des sommes qui en ont été tirées, pour donner aux enfans, puisqu'elle avait donné cette moitié, et la communauté, à laquelle elle ne peut rien prendre au moyen de sa renonciation, l'a payée en son acquit. Or, cette récompense est souvent capable d'absorber tout le bien de la femme, et même de son douaire. Il faut donc en ce cas que la femme accepte la communauté, car en l'acceptant, elle n'est plus obligée à la récompenser, elle perd seulement ses re-

_____

(1) L. 14. cod. *de jure dotium.* lib. 5, tit. 12.

prises, et ne peut jamais être chargée des dettes au-delà de la communauté.

Pour éviter cet inconvénient, les pères et mères, en mariant leurs enfans, stipulent quelquefois que tout ce qu'ils leur donnent, sera imputé sur la succession de celui qui décédera le premier.

La dot qui est constituée par le survivant des conjoints, est toujours imputée jusqu'à due concurrence, sur la part de l'enfant dans la succession du prédécédé. On présume toujours qu'il a voulu payer ce qu'il devait avant d'être libéral.

§. V I.

Du paiement de la dot. Y a-t-il prescription contre le mari, si elle n'a pas été payée dans les dix ans.

Les quittances de dot, faites sous signature-privée, sont nulles à l'égard du créancier du mari. Article CXXX de l'ordonnance de 1629, conçu en ces termes. « Tou-» tes quittances de dot seront passées par-devant no-» taire, à peine de nullité, à l'égard des créanciers seu-» lement. »

De ces dernières expressions de la loi il résulte évidemment que les quittances de dot sous seing-privé produisent le même effet que si elles étaient passées devant notaire, lorsqu'on veut la faire valoir contre les héritiers du mari : c'est d'ailleurs ce qu'a jugé un arrêt du parlement de Paris, du 17 décembre 1705.

Lorsque le mari a négligé de se faire payer de la dot qui a été promise ; quelques auteurs ont pensé qu'il n'avait plus d'action après dix ans, si le mariage a duré pendant ce tems ; mais c'est une erreur grossière qui est solidement réfutée par l'auteur des additions sur les arrêts de Bardet ; l. 9, c. 2.

Dans ce cas, il faut suivre la distinction établie par les arrêts du parlement de Toulouse, entre la femme et ceux qui ont constitué la dot. A l'égard de la femme, après dix ans elle est en droit de répéter sa dot contre son mari ou ses héritiers, quoique le mari ne l'ait pas reçue, parce qu'il est coupable d'avoir été si long-tems sans avoir poursuivi le paiement de la dot de sa femme, et que cette négligence pourrait faire perdre la dot à sa femme. Mais à l'égard de ceux qui ont constitué la dot,

ils n'ont aucune raison pour objecter au mari les mé-
nagemens qu'il a eu pour eux. Ainsi, ils ne peuvent être
à couvert que par la prescription ordinaire, qui est de 30
ans dans les pays qui ne reconnaissent point de longue
prescription, et 40 ans dans les pays où cette prescription est reçue, quand l'action personnelle est jointe à
l'hypothécaire.

Dans le doute, il faut interpréter les conventions en
faveur de la dot, c'est pourquoi, si un père avait stipulé qu'on ne pourrait pas exiger de lui le paiement de
la dot, cette convention devrait s'entendre ainsi : Que la
dot ne serait pas exigible du vivant du père, mais que
son héritier serait tenu de l'acquitter.

Suivant le droit romain, le père ne pouvait être poursuivi pour le paiement de la dot, qu'autant que ses facultés le permettaient, sans qu'il tombât dans l'indigence. On n'observe pas parmi nous cette disposition ; le
père peut être contraint pour la dot comme pour les
autres dettes

Suivant l'article XIII, titre III de la loi du 16 nivose
an 6, sur les transactions entre particuliers passées pendant le cours du papier-monnaie, les constitutions de
dot en avancement d'hoirie, de même que celles qui ont
été faites pour tenir lieu d'un droit acquis, doivent être
acquittées en numéraire métallique sans réduction.

Il en est de même des constitutions faites postérieurement à la loi du 17 nivose an 2, à moins qu'elles n'excèdent le montant d'une portion cohéréditaire sur les
biens du constituant, eu égard à l'état de sa fortune au
tems du contrat ; auquel cas seulement elles pourront
être réduites par les tribunaux, jusqu'à concurrence de
ladite portion. Cette réduction ne pourra néanmoins
avoir lieu, lorsque, pour le paiement de la somme
constituée, il aura été remis, par clause expresse, un
immeuble en nantissement, dont les fruits sont com-
pensables sur les intérêts du capital promis.

§. V I I.

Des intérêts de la dot, dans quel cas ils sont dûs.

La dot étant destinée à supporter les charges du mariage, les intérêts en sont dûs au mari de plein droit,
à compter du jour du mariage, par quelque personne

qu'elle ait été constituée, à moins qu'il n'y ait une convention contraire, ou qu'elle n'ait été stipulée payable dans un certain tems, car alors les intérêts ne commencent à courir que du jour du terme.

Denisart, cependant, rapporte un arrêt qui a jugé que les intérêts de la dot constituée ne courraient que du jour de la demande.

Par les lois romaines, ceux qui ont promis la dot au mari, et qui ne l'ont pas payée, doivent au bout de deux ans lui payer les fruits des immeubles, l'intérêt de l'argent, et même des autres meubles, pourvu que le mari en ait fait faire l'estimation.

Un jugement du tribunal de cassation du 12 germinal an 10, a décidé que lorsque le mari n'a pas perçu pendant le mariage, les intérêts de la dot promise par tout autre que la femme, ses héritiers peuvent réclamer les mêmes intérêts contre la veuve héritière du dotateur.

Les intérêts de la dot courent de droit au profit de la femme, du jour du décès du mari, excepté dans les pays où elle est entretenue pendant l'année de son deuil ; aux frais de la succession de son mari.

§. V I I I.

Si la dot peut être aliénée.

En pays de droit écrit, le mari ne peut aliéner ni hypothéquer le fonds dotal, même avec le consentement de la femme, sinon en certain cas. 1°. Pour nourrir sa famille, lorsqu'il est tombé dans l'indigence ; 2°. pour se racheter, racheter sa femme ou les parens de sa femme de captivité ou de prison, 3°. pour doter ses enfans ; 4°. le fonds dotal peut aussi être aliéné par la voie de l'échange ou pour toute autre cause avantageuse à la femme ; mais dans tous les cas, le mari et la femme doivent se faire autoriser par le juge qui ne doit permettre de vendre qu'en connaissance de cause, sur les preuves de la nécessité, ou après une enquête qui en constate l'utilité.

La prohibition d'aliéner le fonds dotal est en vigueur dans tous les pays de droit écrit, excepté dans les ci-devant provinces de Lyonnais, Maconnais, Forez et Beaujolais, où la loi JULIA a été abrogée par la déclaration du 21 avril 1664.

Suivant le droit commun de la France coutumière,
la femme autorisée de son mari, peut vendre tous ses
biens. Il faut cependant excepter les coutumes d'Auvergne et de la Manche.

§. I X.

De la restitution de la dot.

Il y a lieu à la restitution de la dot, après la dissolution du mariage, après la séparation de biens, ou quand
le mari a été condamné à une peine qui emporte la mort
civile.

Les lois ont réservé aux pères une espèce d'indemnité,
de l'obligation qu'elles leur ont imposée de doter leurs
filles, en leur accordant la répétition de la dot, dans le
cas où leurs filles décéderaient avant eux. Ce droit de retour appartient également à la mère ou autre ascendant maternel qui a doté.

Lorsque l'ayeul paternel a doté sa petite fille et qu'il
décède avant elle, la fille décédant ensuite pendant le
mariage, la dot doit être rendue au père.

Il y a quelques endroits particuliers où le mari gagne
la dot; comme à Toulouse, à Montpellier, à Cahors,
à Montauban. Quelques coutumes locales d'Auvergne
donnent au mari survivant la moitié de la dot.

Lorsque la dot consiste en immeubles ou en meubles
non estimés, qui existent en nature; elle doit être restituée immédiatement après la dissolution du mariage.

Si la dot consiste en argent, les héritiers du mari ont
un an pour la rendre.

La convention par laquelle on prorogerait au-delà
d'un an le terme du paiement de la dot, serait nulle,
même en cas de prédécès de la femme.

Pendant l'année du deuil que les héritiers du mari
jouissent de la dot, la femme doit être nourrie et entretenue aux dépens de la succession. On lui donne pour
ses alimens une somme d'argent qui est arbitrée suivant
la fortune et la qualité du mari, et qu'on nomme droit
de viduité.

Le mari ou ses héritiers doivent rendre les choses non
estimées en nature telles qu'elles sont. Si elles ont reçu
quelqu'augmentation, la femme en profite, comme elle
souffre la perte des diminutions qui sont survenues, à

moins que ces pertes ne fussent occasionnées par la faute
ou par la négligence du mari.

Suivant le droit romain, la femme ou ses héritiers ne
peuvent se mettre d'eux-mêmes en possession des biens
dotaux ; il faut qu'ils en demandent la restitution.

Dans nos mœurs, la femme en est saisie de plein droit.
Elle peut intenter la complainte, si elle est troublée dans
la possession. L'espèce de propriété qu'avait le mari
s'est éteinte à sa mort, ce n'était qu'un domaine civil et
une charge imposée sur les biens de la femme, en qui
résidait toujours la vraie propriété ; elle en jouissait même
conjointement avec son mari, puisque les fruits étaient
censés employés à sa nourriture et à son entretien. Les
héritiers de la femme en sont également saisis en vertu
de la règle, le mort saisit le vif, qui a lieu par toute la
France, et les fruits leur appartiennent du jour de la
dissolution du mariage.

Dans certaines coutumes, les femmes peuvent se
faire abandonner, sur estimation, en paiement de leur
dot, des biens provenant de la succession de leur mari.
Voyez REMPLOI.

Il est des pays de droit écrit où la femme est préférée
pour la restitution de sa dot, aux créanciers même de
son mari, antérieurs à son contrat de mariage. Il faut
excepter le fisc, à l'égard duquel on suit la règle ordinaire, PRIOR TEMPORE POTIOR JURE.

Dans quelques départemens, la femme, pour cette
restitution a un privilége sur les meubles, dans d'autres
elle n'en a aucuns.

Les restitutions des dots et autres reprises matrimoniales seront faites par les maris ou par leurs héritiers,
en numéraire métallique pour tout ce qu'ils auront reçu
ou dû recevoir de la même manière et en valeurs réduites d'après le tableau de dépréciation, pour tout ce
qu'ils auront reçu en papier-monnaie, en partant des
époques des paiemens, à moins que les maris n'en aient
fait un emploi, ou remploi, dans les pays et seulement
dans le cas où ils y étaient soumis ; et en ce dernier cas,
le bénéfice de l'emploi ou remploi appartiendra à la
femme. Article XV, titre III de la loi du 16 nivose an
6, sur les transactions entre particuliers.

La femme a hypothèque du jour de son contrat de
mariage, pour sa dot et ses conventions matrimoniales,

ainsi que pour les successions , donations ou legs qui lui sont échus postérieurement au mariage , pourvu toutefois que l'inscription prescrite par la loi du 11 brumaire an 7 , sur le régime hypothécaire, ait été formée.

§. X.

La dot est-elle sujette au rapport ?

Par l'ancien droit romain , la fille mariée n'était pas tenue au rapport , à moins que le père ne lui en eût imposé l'obligation. Justinien a ordonné , au contraire, qu'elle serait obligée de rapporter ce qu'elle aurait reçu en dot, à moins que le père ne l'en eût dispensée par son testament.

Dans la coutume de Paris , la fille héritière de son père et de sa mère , doit rapporter ce qu'ils lui ont donné en dot , et ils ne l'en peuvent dispenser , parce qu'ils ne peuvent avantager un de leurs héritiers plus que l'autre.

Cette règle a été universellement étendue à toute la république , par la loi du 17 nivose de l'an 2 , qui veut que des co-héritiers partagent également les successions de leurs parens.

La loi du 4 germinal an 8 a apporté des modifications et changemens à cette disposition.

Voir Partage et Succession.

Observez que le rapport n'a lieu qu'en faveur des co-héritiers , et que les créanciers ne sont pas fondés à le demander.

Lorsque le mari est décédé insolvable, et que la femme n'a pu recouvrer sa dot , en doit-elle faire le rapport à ses cohéritiers ? Il faut distinguer si la perte a eu lieu par la faute de la femme , comme lorsqu'elle a négligé de se faire séparer de biens , quand elle a vu que les affaires de son mari se dérangeaient , ou qu'elle a négligé de prendre inscription aux hypothèques , elle est obligée de faire état de sa dot sur sa portion héréditaire : mais , si on ne peut lui imputer aucune faute et qu'elle ait été dans l'impuissance d'agir pour prévenir la perte dont il s'agit , il suffit qu'elle rapporte l'action qu'elle a contre la succession de son mari : Nov. 96, ch. 6.

§. XI.

*Droits d'enregistrement dûs pour les constitutions ou
apports de dot et pour les autres actes qui y sont
relatifs.*

Les contrats de mariage qui ne contiennent que des
déclarations de la part des futurs de ce qu'ils apportent
eux-mêmes en mariage, ne donnent ouverture qu'au droit
fixe de 3 francs, mais le droit proportionnel est dû
pour ce qui leur est constitué en dot par leurs père et
mère, par des collatéraux ou personnes non parentes.
Voyez Contrat de mariage.

La reconnaissance de la part du futur d'avoir reçu la
dot apportée par la future, ne donne pas lieu à un droit
particulier, lorsqu'elle est énoncée dans le contrat de
mariage. Article LXVIII, §. III, n°. 1er, de la loi du 22
frimaire an 7.

Si cette reconnaissance est donnée par acte particulier, nous pensons qu'il faut distinguer, 1°. si c'est la
future qui se soit elle-même constituée la dot, la reconnaissance ne doit être considérée que comme le com-
plément et la consommation du contrat de mariage,
elle n'opère que le droit fixe d'un franc, §. 1er, n°. 6,
du même article. 2°. Et si la dot a été constituée par
les père et mère de la future ou autre personne, la reconnaissance que leur en donne le futur de l'avoir reçue
est une véritable quittance de libération sujette au droit
proportionnel de 50 centimes par cent francs.

S'il est cédé ou adjugé à une veuve des biens de la
succession de son mari, en paiement de sa dot et de ses
reprises et conventions matrimoniales, le droit d'enregistrement est dû comme cession. *Voyez.* Remploi.

Lorsque les ascendans ont promis une dot à un de
leurs enfans en les mariant, et qu'ensuite ils lui abandonnent des immeubles en paiement, quels sont les droits
dûs pour cette cession ?

Pour résoudre cette question, il faut considérer la
nature de l'action transmise aux enfans en les mariant,
et en conséquence l'on doit distinguer si la dot est
payable en argent ou autres effets, ou s'il a été dit
qu'elle serait délivrée en immeubles; au premier cas, il

n'a

n'a dû être perçu lors de l'enregistrement du contrat de mariage, que le droit proportionnel de 62 centimes et demi par cent, d'où il résulte que la mutation des biens immeubles qui s'opère par la cession, hors contrat de mariage, en paiement d'une somme promise, est sujette au droit proportionnel de 4 francs par cent. Article LXVIII, §. VII, n°. 1er.

En effet, par le contrat de mariage, il n'avait été transmis aucun droit réel à l'enfant doté ; il n'avait qu'une créance à exercer et dont le débiteur pouvait se libérer en deniers, c'est-à-dire, *in solutum*.

Au second cas, la dot ayant été stipulée payable en immeubles, la perception, lors du contrat de mariage, a dû être établie sur le pied d'un franc 25 centimes par cent francs, même article, §. VI, n°. 1er. et la cession faite ensuite des biens fonds promis, n'est que l'exécution et la consommation du contrat de mariage, elle n'opère donc qu'un franc fixe. Article LVIII, §. Ier. n°. 6.

Voir CONTRAT DE MARIAGE.

DOUAIRE

Par jugement du 25 germinal an 10, le tribunal de cassation a décidé que la dame Renouard, femme divorcée de M. de Buffon, par suite d'une séparation de corps prononcée en 1791, pouvait obtenir le paiement de son douaire.

Le cit. Merlin, commissaire du gouvernement, a démontré d'une manière aussi savante que lumineuse, que la loi du 20 septembre 1792, sur le divorce, n'avait pû dépouiller la dame Renouard d'un droit qu'elle avait acquis en 1791, quoique M. de Buffon, son premier mari, ne fût mort qu'en 1793.

Le douaire coutumier a-t-il son effet pour les mariages contractés avant le 17 nivose an 2 ?

Les veuves sont-elles tenues d'en faire la déclaration, lors même qu'elles n'ont fait aucun acte de propriété.

Pour décider cette question, il faut consulter la coutume des lieux.

L'article CCCLXVII de celle de Normandie, porte que la femme gagne son douaire *au coucher*.

L'article CCCLXVIII veut que ce douaire ne soit dû que du jour qu'il est demandé, s'il n'est autrement convenu par le traité de mariage.

Dans l'espèce présente, a-t-on dit, la veuve n'a qu'un droit facultatif, si elle n'en use point, elle ne peut être soumise au droit d'enregistrement.

Il suffit de se fixer sur les propres expressions de la coutume, pour détruire ce raisonnement.

L'article CCCLXVII accorde le *douaire coutumier* par le seul fait de l'habitation des époux après la célébration du mariage. Ce droit est acquis par la mort du mari; cela est si vrai, que pendant 40 ans il peut être réclamé, non-seulement par la veuve, mais par ses héritiers, et cette réclamation peut s'étendre contre les tiers-possesseurs; ce qui prouve d'une manière incontestable que le droit de la veuve lui est acquis dès le jour de la mort du mari.

L'article CCCLXVIII ne change rien au droit accordé par l'article précédent : il détermine seulement que pour jouir du douaire il faut l'avoir demandé. D'où il résulte que tant que cette demande n'est point formée, la veuve perd les fruits; mais le fond du domaine lui reste, et peut être réclamé pendant 40 ans, comme nous venons de le dire.

C'est d'après ces motifs, qu'après avoir consulté le ministre de la justice, celui des finances a décidé, le 18 ventose an 8, qu'il y avait dans l'espèce ouverture au droit d'enregistrement, à cause de l'événement du douaire.

DOUBLE DROIT.

Par jugement du 1er. nivose an 6, le tribunal de cassation, au rapport du citoyen Dutocq, contre le cit. Viardot, notaire à Langres, a décidé qu'un officier public, dans le cas de contestation entre le receveur et lui, sur la quotité du droit dû sur un acte qu'il a passé, ne peut en différer le paiement, sans encourir la peine du double droit, même en faisant l'offre de payer la somme qu'il croit devoir.

Voir Contraventions, déclarat. de succession.

DROITS D'ENREGISTREMENT.

Voir ENREGISTREMENT et les différents articles traités dans cet ouvrage.

DROIT RESCISOIRE.

La cession faite moyennant une somme de du droit de se pourvoir en rescision d'une vente d'immeubles, ne donne ouverture qu'au droit d'enregistrement de 2 francs comme cession mobilière. En effet, le cédant, entièrement dessaisi du fonds vendu, ne peut transmettre ce fonds, en tout ni en partie ; il ne transmet que l'action, la faculté qu'il a d'être admis à y entrer. Cette action ne fait donc point partie du fonds ; elle n'est pas plus immobilière que ne l'est un droit d'hypothèque. Elle est *jus ad rem* et non *jus in re*. Dès-lors il serait contre la disposition du tarif d'en percevoir le droit de 4 pour 100 établi pour les seules transmissions d'immeubles.

DROITS SUCCESSIFS.

Ceux qui appartiennent, à titre d'hérédité, aux parens les plus proches du défunt, ou à celui qui est appelé par la loi ou le testament.

On peut aliéner par cession, donation ou vente, des droits successifs ouverts.

L'acte de vente ou de cession de ces droits, à titre onéreux, est passible, comme vente immobilière, du droit de 4 francs par 100 francs sur la totalité du prix, compris la portion des dettes passives et autres charges dont est tenu le cessionnaire, si l'acte ne contient un prix particulier pour les objets mobiliers, et s'ils ne sont désignés article par article dans le contrat. Tit. Iᵉʳ., article IX.

Dans le cas contraire, le droit est réglé comme pour vente de meubles, à 2 francs par 100 francs sur les objets mobiliers dûement désignés, et à 4 francs par 100 francs, sur le restant du prix, y compris les dettes et tout ce qui est à la charge de l'acquéreur.

Si la cession est à titre gratuit, c'est une donation

mobilière ou immobilière , d'après les mêmes principes.

Le cédant garantit de droit, 1°. qu'il est héritier ; 2°. que sa portion n'est pas diminuée par une disposition autorisée par les lois du 17 nivose an 2 , et 4 germinal an 8 ; 3°. qu'il n'a pas antérieurement cédé les droits qu'il transporte. Il n'est tenu d'aucune autre garantie , si elle n'est expressément stipulée.

En cas de renonciation d'un des co—héritiers , sa part accroît à ses co—héritiers , et par conséquent au cédant qui est du nombre , *pourvu qu'il n'ait vendu que sa portion héréditaire* ; car s'il avait transporté tous ses droits successifs généralement quelconques et indistinctement , il est évident que , dans ce cas , le cessionnaire aurait dans les parts accroissant par la renonciation , le même droit qu'aurait eu le cédant.

Néanmoins si le cessionnaire est étranger à la succession , l'un des co—héritiers peut l'exclure , et l'obliger à rétrocéder les droits qu'il a acquis en le rendant indemne. Cette faculté a été introduite par la jurisprudence , pour ne pas exposer les héritiers légitimes à des procès et à des difficultés que la cupidité d'un étranger peut faire naître , et qui se concilient plus facilement en famille.

Voir VENTE.

DUPLICATA.

Double d'un acte , soit sous seing-privé , soit en brevet.

Le droit d'enregistrement ne se perçoit que sur l'un de ces doubles. L'autre est seulement dans le cas de recevoir la relation de l'enregistrement par *duplicata* , si elle est requise.

Les actes synallagmatiques , ceux qui contiennent des engagemens réciproques entre les parties) doivent être faits doubles , à peine de nullité , s'ils sont sous *seings-privés*. L'un des doubles ayant acquitté le droit , il est juste que l'autre soit revêtu *gratis* de la formalité.

On expédie ordinairement en duplicata les procurations envoyées outre mer et dans les pays éloignés , afin que si l'un ne parvient pas par une voie , l'autre au moins puisse arriver. L'un de ces doubles est seul passible du droit.

Il ne faut pas confondre le double avec la copie ou l'expédition. Le double est signé des parties ou de celle qu'il engage ; il produit une obligation ; la copie est la simple transcription d'un acte ; l'expédition est la transcription authentique et en forme d'un acte , délivrée par un officier public ; elle fait titre.

L'acte sous seing-privé passé en double , doit être signé de toutes les parties ; il faut au moins que chaque double soit souscrit par ceux ou par celui qui sont obligés envers le porteur du double.

ECHANGE.

SOMMAIRE.

1°. Formule d'un acte d'échange.

2°. Modèle de l'enregistrement et droits dûs pour les échanges.

3°. Définition.

§. PREMIER.

Formule d'un acte d'échange.

Par-devant , etc.
sont comparus
Citoyen Jean-Pierre-Louis B.   et dame Claudine L.   son épouse , avec laquelle il est non commun en biens , mais de lui néanmoins autorisée en tant que de besoin à l'effet des présentes , demeurant à   d'une part.

Et citoyen Gilbert C.   demeurant ordinairement à   étant de présent à   logé chez le citoyen   rue   d'autre part.

Lesquels ont fait entr'eux l'échange suivant :
Les citoyen et citoyenne B.   ont présentement délaissé à titre d'échange , sans autre garantie que celle de leurs faits et promesses seulement , au citoyen Gilbert C.   ce acceptant , une ferme à   provenant de   émigrée , consistant en une maison , bâtimens , écuries , fournil , grange , hangards , puits , jardins , enclos en dépendant , jardin vis-à-vis ladite

maison, le tout entouré de murs de terre ; plus en trente-
une pièces de terres labourables et prés et autres appar-
tenances et dépendances de ladite ferme , le tout plus
particulièrement désigné au procès-verbal d'adjudication , qui va être énoncé.

Appartenant cette ferme au citoyen et dame B.
             comme s'en étant rendus adjudicataires par
procès-verbal fait au directoire du ci-devant district
de   le   enregistré le   , moyennant la
somme de   de prix principal qui a été entièrement payée depuis cette adjudication (suit le détail contenant la date des paiemens et le nom des caisses où ils
ont été faits), ainsi que lesdits citoyen et dame B.
l'ont présentement déclaré.

Et de son côté le citoyen Gilbert C.   a délaissé
en contre-échange , mais sous les garanties de droit ,
aux citoyen et dame B.   ce acceptant pour
eux conjointement , une ferme sise à   , consistant en corps de logis , écuries , bergeries , toits à porcs ,
poulailler , colombier , grange et autres bâtimens : cour
et jardin , clos de murs , avec une pièce de terre y joi-
gnant , entourée de haies vives , le tout contenant ensemble   et six pièces de terre labourable , situées
sur les communes de

La première de   (Mettra la consistance avec
les tenans et aboutissans.)

La seconde , etc.

Appartenant lesdits biens au citoyen Gilbert C.
comme lui étant échus de la succession de   son
père , dont il est seul héritier.

Ainsi que les héritages présentement échangés se poursuivent et comportent sans exception ni réserve ; mais
aussi sans garantie de mesure de part ni d'autre.

Pour , par les co-permutans , faire et disposer respectivement des objets à eux délaissés , comme de
choses leur appartenant en toute propriété , à compter de
ce jour , et en jouir et percevoir les revenus , à compter
de la récolte de la présente année , à l'effet de quoi ils se
sont réciproquement mis et subrogés dans les droits les
uns des autres , sans autres garanties que celles ci-devant
exprimées.

Le présent échange fait aux conditions suivantes :

Les deux lots d'héritages présentement échangés ,
demeureront expressément garans l'un de l'autre.

Les parties supporteront, pour les biens qui leur sont respectivement délaissés, les impositions et autres charges dont cesdits biens pourront être tenus, à compter des époques de jouissances ci-dessus fixées.

De plus, d'entretenir et exécuter pour le tems qui en reste à courir, les baux subsistans desdits biens, si mieux elles n'aiment se défendre de l'exécution de ces baux, à leurs risques, périls et fortunes.

Au surplus, cet échange est fait but à but et sans retour de part ni d'autre.

Les citoyen et dame B.   ont remis au cit. Gilbert C. qui le reconnaît, le procès-verbal d'adjudication qui leur a été fait, et les quittances du receveur des domaines nationaux, à   le tout ci-devant daté et énoncé, ensemble la grosse du bail fait au citoyen   de ladite ferme de   dont décharge.

De son côté, le cit. Gilbert C. a remis aux citoyen et dame B.   qui le reconnaissent également, les différens titres concernant la propriété par lui cédée.

Les co-permutans auront la faculté de remplir à leurs frais respectifs, quand bon leur semblera, les formalités nécessaires pour purger les hypothèques qui pourraient exister sur les biens présentement échangés; et s'il s'y trouvait quelques empêchemens procédans de leurs faits, ils seront tenus respectivement de les faire cesser dans le délai fixé par la loi, à peine, etc.

Les parties ont estimé, chacun des deux lots d'héritages ci-dessus échangés, à la somme de

Et pour l'exécution des présentes, les domiciles des parties ont été élus, savoir, celui des cit. et dame B. en leur demeure susdéclarée, et celui du cit. Gilbert C.   en la demeure du citoyen   , rue   ; auxquels lieux nonobstant, promettant, obligeant, renonçant.

Fait à   , en l'étude   , le   (avant ou après-midi); l'an   de la république française, et ont signé ces présentes, où il a été rayé   mots comme nuls.

4

§. II.

Modèle de l'enregistrement, et droits dûs pour les échanges.

Échange par lequel le citoyen Jean-Pierre-Louis B. et Claudine L.　　son épouse, demeurant à　　　　département de　　, cèdent au cit. Gilbert C. une ferme à　　　, à eux appartenante, au moyen de l'adjudication qui leur en a été faite au ci-devant district de　　　, le　　　; et le citoyen Gilbert C. cède en contre-échange une ferme à　　　, à lui échue de la succession de　　　son pere. Ledit échange fait sans soulte ni retour, chaque portion étant estimée à la somme de

Les échanges de biens-meubles doivent 2 fr. par 100 f. Art. LXIX, §. V, n°. 1er. de la loi du 22 frimaire an 7 Cet article comprend les échanges de biens-meubles; car il embrasse toute transmission de propriété de meubles, à titre onéreux, et l'échange est de ce nombre.

Les échanges de biens-immeubles sont tarifés également à 2 fr. par 100 fr. Même art., n°. 5.

Ce droit est perçu sur la valeur d'une des parts, lorsqu'il n'y a aucun retour. S'il y a retour, le droit est fixé à raison de 2 fr. par 100 fr., sur la moindre portion, et comme pour vente (c'est-à-dire, 4 pour 100), sur le retour ou la plus valeur. (*Idem.*)

Le droit d'enregistrement des échanges se liquide sur une évaluation qui doit être faite en capital, d'après le revenu annuel multiplié par vingt, sans distraction des charges. Art. XV, n°. 4 de la même loi.

Lorsque l'échange est d'un héritage contre des meubles, il donne, de même que le contrat de vente, ouverture au droit de 4 pour cent. *Il est, à cet égard, réputé contrat équipolent à vente.* Autrement rien ne serait plus facile que de déguiser tous les contrats de vente, sous l'apparence de tels échanges. Au reste, les meubles forment le prix de l'immeuble délaissé, c'est un mode de paiement adopté par les parties, la transmission qui en est faite n'opère pas un droit particulier.

Un particulier vend un immeuble moyennant une somme, pour paiement de laquelle l'acquéreur lui vend un autre immeuble de même valeur, mais avec la faculté de pouvoir le reprendre dans l'espace de cinq ans, en remboursant ladite somme. Doit-on considérer cet acte comme un échange, ou comme une seule vente, ou comme une double aliénation ?

1°. Ce n'est point un échange. En effet, l'échange est un contrat par lequel un particulier abandonne à un autre la propriété d'un meuble ou d'un immeuble, au moyen de ce que celui-ci lui cède, immédiatement et aux mêmes conditions, d'autres biens meubles ou immeubles. Or, dans le cas dont il s'agit, les contractans n'abandonnent point leur bien aux mêmes conditions. Le vendeur aliène irrévocablement ; l'acquéreur ne vend que conditionnellement. Ce n'est donc point un échange. D'ailleurs l'acquéreur peut, dès le lendemain du contrat, exercer la faculté du rachat réservé ; alors l'abandon fait par le vendeur serait sans contredit une vente sujette au droit de 4 francs par 100 francs. Il est donc contre tous les principes de n'assujettir cet acte qu'au droit de 2 francs par 100 francs, comme un échange.

2°. On ne peut point non plus considérer cet acte comme une seule vente. En effet, le vendeur et l'acquéreur aliènent réellement leur bien ; ce sont des mutations distinctes et indépendantes l'une de l'autre ; ce sont deux ventes séparées et passibles chacune du droit de 4 francs par 100 francs.

Décidé par la régie, le 19 prairial an 7.

Cependant si la mutation eût été absolue et parfaite de part et d'autre sans aucune réserve, l'acte ayant alors le caractère d'un échange, le droit serait dû comme tel, parce que ce n'est point la dénomination que les parties donnent à l'acte qui règle la perception, ce sont ses effets. Telle est notre opinion ; telle eût été sans doute celle de la régie.

La condition imposée à l'un des échangistes, de payer seul le coût de l'acte, peut-elle être considérée comme opérant un retour, et donner ouverture, pour les immeubles, au droit d'enregistrement de 4 pour cent ?

Dans l'espèce qui nous est proposée, chacune des parties acquiert une propriété déclarée d'*égale valeur*. Il n'y a pas de plus-value; il n'y a donc pas lieu à la perception du droit tarifé pour les retours.

Mais on objecte que le paiement du coût de l'acte est représentatif d'une somme quelconque; que cette somme constitue une plus-value, d'où il suit que le droit est dû.

Nous ne le pensons pas. 1°. Les parties ont déclaré que les biens échangés sont d'*égale valeur*. Or, on ne peut prétendre le contraire sans supposer qu'il y a fraude, *et elle ne se présume pas*; 2°. la stipulation du coût de l'acte ne change pas les rapports qui existent entre les biens échangés; 3°. l'échange peut être fait avec cette clause, lors même qu'il est constant que les biens sont d'une valeur *absolument égale*. En effet, deux particuliers jouissent chacun d'un immeuble produisant un revenu de 500 francs; l'un d'eux propose à l'autre l'échange, sans autre motif que celui de la convenance et d'arrondir sa propriété. Le contre-échangiste n'y trouve aucun avantage; il consent néanmoins à cette mutation, pourvu qu'il ne supporte pas le coût de l'acte. Cette proposition est acceptée; mais *les biens ne cessent pas d'avoir une valeur égale*. Il ne peut donc y avoir plus-value, et, par conséquent, ouverture à un droit d'enregistrement pour un retour qui n'existe pas.

*Quel droit d'enregistrement percevoir sur l'acte d'é-
   change d'une rente contre une autre rente.*

Un habitant de Lyon possède à Paris une rente foncière de mille francs, et un habitant de Paris possède à Lyon une rente foncière de mille francs. Pour concentrer leur propriété dans le lieu qu'ils habitent, ils se cèdent mutuellement leur rente sans soulte ni retour.

Cet acte est un véritable échange; car, ce qui caractérise l'échange, c'est le transport réciproque de deux objets de même nature; et ce caractère d'identité se rencontre dans la cession respective de deux rentes.

Cet acte est un échange de meubles; car, la loi du 22 frimaire place les rentes de toute nature au rang des objets mobiliers; elles étaient déjà réputées telles par celle du 11 brumaire précédent sur le régime hypothécaire.

Or, le législateur a manifesté l'intention qu'en matière d'échange, le droit ne fût perçu que sur la valeur d'un des objets échangés , et qu'il ne fût taxé qu'à la moitié de celui qui serait dû comme vente. N'est-on pas fondé à prétendre que cette disposition doit s'appliquer à tous les échanges qui sont réellement tels , et que, pour celui dont il s'agit , on ne doit percevoir le droit que sur l'un des contrats et sur le pied d'un fr. par cent francs, moitié du droit fixé pour les ventes et cessions d'objets mobiliers?

Ce raisonnement est spécieux ; mais la régie a pensé le contraire , et voici les motifs de son opinion :

L'échange est un acte translatif de propriété ; il est donc soumis au droit proportionnel sur toutes les dispositions qu'il renferme : mais l'agriculture réclame la liberté des échanges d'immeubles , le législateur devait donc accorder une faveur aux échanges d'immeubles; aussi a-t-il voulu que le droit proportionnel ne fût exigible que sur la valeur de l'une des parts échangées.

Les mêmes raisons n'existent point pour les échanges de meubles ; aussi la loi ne renferme aucunes dispositions particulières , aucune exception pour les échanges d'effets mobiliers; et comme la faveur ne peut s'étendre d'un cas à un autre , on ne peut pas appliquer aux échanges des objets mobiliers les principes établis pour les échanges d'immeubles.

On ne peut les regarder que comme des transports respectifs opérés par deux dispositions distinctes et séparées.

La régie a donc décidé , le 5 prairial an 8 , que le droit , dans l'espèce , est dû sur le pied de deux cessions respectives , suivant le §. V de l'article LXIX de la loi du 22 frimaire an 8.

Question particulière.

Pierre et Vincent échangent entr'eux l'usufruit d'un domaine, contre la propriété et l'usufruit d'un autre domaine moins considérable. Paul, auquel appartient la nue propriété du domaine dont Pierre cède l'usufruit, intervient dans l'acte pour consentir que la jouissance soit transportée sur la tête de Vincent , et conséquemment de ne rentrer dans la jouissance de son domaine qu'après le décès de ce dernier. Ce consentement pur et simple donne-t-il lieu au droit proportionnel?

La régie a décidé, le ⁕ nivôse an 8, qu'il n'opérait que

le droit fixe d'un franc, parce que Vincent ne reçoit aucun prix, qu'on ne peut lui supposer l'intention de faire une donation; et que c'est ici une clause purement aléatoire.

§. III.

Définition.

ÉCHANGE, c'est un contrat par lequel deux personnes se transportent réciproquement la propriété de quelque chose. Il peut se faire de trois manières différentes; car on peut échanger un meuble contre un autre meuble, ce qu'on appelle plus ordinairement troc; on peut échanger un meuble contre un immeuble, ce qui passe souvent pour vente, lorsque le meuble donné en échange peut être facilement estimé. On peut enfin échanger un immeuble contre un autre immeuble, et c'est proprement ce qu'on entend, quand on parle d'un contrat d'échange.

Ce contrat est parfait par le seul consentement, aussi bien que la vente; de sorte que, dès le moment que le contrat est passé, les deux parties ont droit mutuellement de se mettre en possession des choses échangées; et si l'une des deux est troublée par l'autre, elle peut se pourvoir pour se faire mettre en possession, sans que celui des deux qui se repentirait d'avoir fait l'échange, puisse le révoquer en offrant des dommages et intérêts.

Chacun des permutans doit livrer la chose promise, garantir des évictions, charges réelles et vices redhibitoires, à peine de dommages-intérêts résultant de l'inexécution, à moins que celui à qui cette action est accordée ne préfère répéter la chose qu'il a donnée en contre-échange.

En matière d'échange, l'éviction résout le contrat de plein droit, et réduit les choses au même état que s'il n'y avait jamais eu d'échange : en sorte que celui qui est évincé peut rentrer dans la chose qu'il avait donnée. L'expédition du jugement qui ordonne cette rentrée en possession, n'opère que le droit d'enregistrement fixe de 3 francs. (Art. 68, §. 3, n°. 7 de la loi du 22 frimaire an 7).

L'objet promis de part et d'autre en échange est aux risques de celui à qui on a promis de le donner, et auquel la tradition de droit a été faite. Si, dans le fait, par la faute ou le retard du cédant, cet objet périt, il est libéré de son obligation, conserve la chose donnée en contre-échange; et s'il ne l'a pas encore reçue, il a action, pour en obtenir la tradition réelle.

Un des principaux effets de l'échange consiste en ce que la chose qu'on reçoit en échange de celle qu'on a donnée, se subroge de plein droit à cette dernière : ainsi, lorsque l'héritage échangé par un particulier marié lui tenait nature de propre, celui qu'il a reçu en contre-échange doit aussi être considéré comme propre dans sa succession, et non comme un acquêt de communauté.

L'hypothèque dont est grevé un immeuble échangé, continue de le grever nonobstant l'échange. Elle n'est point reportée sur l'immeuble donné en contre-échange. Cependant cet immeuble est sujet lui-même à cette hypothèque, pour le passé, parce que tous les biens présens et *à venir*, d'un débiteur, y étaient soumis par les anciennes lois: mais d'après la loi du 11 brumaire an 7, sur le régime hypothécaire, ce n'est que par des inscriptions ultérieures, sans préjudice de celles antérieures à la sienne, qu'un créancier peut faire porter son hypothèque sur les biens qui échoiraient à son débiteur, ou qu'il acquerrait par la suite.

Toutes les règles prescrites pour le contrat de vente, s'appliquent d'ailleurs à l'échange où chacune des parties est respectivement acheteur et vendeur.

Les mineurs, les insensés, les interdits et autres personnes qui ne peuvent vendre les immeubles qui leur appartiennent, ne peuvent les échanger.

Voir au surplus VENTE.

ECRITURES.

On distingue dans l'ordre judiciaire deux sortes d'écritures, les écritures publiques et les écritures privées. Les écritures de la première espèce sont celles qui émanent d'officiers publics, c'est-à-dire, de ceux qui sont préposés pour recevoir différens actes à l'authenticité desquels on doit une foi entière, lorsqu'ils sont souscrits de la signature de ces officiers.

S'ils sont produits cependant hors de la jurisdiction de l'officier public qui les a reçus, ils sont soumis à la formalité de la légalisation.

Les écritures privées sont celles que font entre eux les particuliers, dans le cas où ils peuvent se passer du mi-

nistère d'officiers publics, comme pour des promesses,
des reconnaissances, des obligations, etc.

Il y a cette différence entre les écritures publiques et
les écritures privées ; que les premières, lorsqu'elles
sont revêtues de toutes les formalités que la loi prescrit,
font une foi entière en justice, au lieu que les autres,
n'étant munies d'aucun caractère d'authenticité, exigent
une reconnaissance ou une vérification pour suppléer à
ce qui leur manque de ce côté-là.

Parmi les écritures privées qui sont non signées, on
ne peut faire quelque compte que de celles qui se trouvent au bas, au dos ou en marge d'un acte daté et signé.
Elles tendent à la libération ou à une nouvelle obligation.

Si elles tendent à la libération, ou elles sont et ont
toujours été par-devers le créancier, ou elles sont entre
les mains du débiteur. Dans le premier cas, elles font
foi, de quelque main qu'elles soient écrites, fussent-elles
barrées. Dans le second cas, elles ne produisent quittance que si elles sont écrites de la main du créancier,
et non barrées.

Si elles tendent à l'obligation, elles ne font foi qu'autant qu'elles sont écrites par le débiteur, et qu'elles
expriment une relation avec l'acte, au bas, au dos ou
en marge duquel elles sont écrites.

Toutes écritures publiques ou privées devant ou pouvant faire titre ou être produites pour obligation, demande ou défense, sont assujéties au timbre.

EFFET RÉTROACTIF.

On appelle *effet rétroactif*, celui qui remonte à un
tems antérieur à la cause par laquelle il est produit,
comme quand on ordonne qu'une loi sera observée tant
à l'égard des actes antérieurs à cette loi que pour ceux
qui seront postérieurs.

Nous croyons devoir rappeler textuellement la loi
du 30 vendémiaire an 4, qui supprime l'effet rétroactif
donné aux lois des 5 et 12 brumaire de l'an 2, et à celle
du 17 nivose suivant concernant les successions, donations, etc.

ART. Iᵉʳ. Les droits acquis de bonne foi, soit à des
tiers possesseurs, soit à des créanciers hypothécaires ou
autres ayant une date certaine, postérieure à la promulgation desdites lois du 5 brumaire et du 17 nivose

an 2, mais antérieure à la promulgation de la loi du 5 floréal dernier, sur les biens compris dans les dispositions rapportées par la loi du 9 fructidor dernier, leur sont conservés, sauf le recours des héritiers rétablis vers les personnes déchues.

Mais toutes aliénations, hypothèques et dispositions desdits biens à titre onéreux ou gratuit, postérieures à la promulgation de ladite loi du 5 floréal dernier, sont nulles.

II. Dans les nouveaux partages, liquidations, rapports et restitutions qui auront lieu en exécution de la présente loi, il ne sera point fait raison des fruits ou intérêts perçus avant la publication de ladite loi du 5 floréal, sauf les exceptions ci-après.

III. Les personnes rappelées et rétablies dans leurs droits par la présente loi, seront tenues de recevoir les biens en l'état où ils se trouvent, sauf l'action pour abatis de bois-futaie.

IV. Ceux qui sont obligés de restituer en vertu de la présente loi, et qui auront cessé de posséder avant le 5 floréal dernier, les biens ou effets sujets à restitution, tiendront compte du prix qu'ils en auront tiré, s'ils les ont aliénés à titre onéreux, ou de leur valeur au tems où ils les ont recueillis, s'ils sont autrement sortis de leurs mains, sauf aux personnes établies à exercer toutes actions nécessaires qui appartenaient à ceux qui ont aliéné à titre onéreux ou gratuit.

V. Les partages faits entre la république et les personnes déchues qui étaient ci-devant religieux ou religieuses, ou qui n'avaient que des portions légitimaires ou des dots à réclamer, sont maintenus, sauf l'exécution de l'article VII de la loi du 17 nivose.

Sont maintenus également les partages entre des héritiers des ci-devant religieux ou religieuses qui n'ont recueilli, en vertu des lois des 5 brumaire et 17 nivose, que des portions légitimaires.

VI. Les co-partageans déchus seront préalablement remboursés de toutes dépenses qui auront augmenté ou conservé la valeur des fonds, et de toutes charges par eux légitimement acquittées, autres que les charges affectées à la simple jouissance, comme aussi de tous frais et déboursés relatifs aux partages et autres actes annullés par la présente loi.

VII. Les co-partageans déchus pourront donner en

paiement des restitutions auxquelles ils sont tenus par l'effet de la présente loi , soit le prix même des objets qu'ils avaient légitimement aliénés , soit les contrats et créances qu'ils justifieront résulter du placement des deniers provenant des partages annullés, sans garantie de la solvabilité des débiteurs.

» VIII. Les personnes déchues par la présente loi , auront la faculté de retenir en biens héréditaires et proportionnellement sur chaque espèce de biens le montant des portions légitimaires et supplémentaires , et des autres droits qui leur appartiennent. Les paiemens qui pourront leur avoir été faits *à compte* en argent ou assignats , ou de telle autre manière que ce puisse être , soit avant ou après l'ouverture de la succession , ne pourront les priver de cette faculté dont elles jouiront dans tous les cas , à la charge de rapporter dans la masse ce qu'elles ont reçu dans les mêmes espèces , ou la valeur réelle et effective en assignats au cours.

» La disposition du présent article s'applique pareillement aux légitimaires dont les droits ont été ouverts , soit avant le 14 juillet 1789, soit depuis le 5 floréal dernier.

» IX. Toutes dispositions des lois rendues en interprétation des dispositions rétroactives abrogées par la loi du 9 fructidor dernier, sont rapportées quant à l'effet rétroactif.

» La loi du 5 floréal , qui suspend toute poursuite en vertu de la loi du 17 nivôse , est abrogée , sans qu'on puisse l'opposer pour moyen de nullité contre les procédures contradictoires faites depuis la publication de la loi du 9 fructidor pour l'exécution de cette loi.

» X. Toutes contestations qui pourront s'élever sur l'exécution de la présente loi , seront jugées selon les règles générales de l'ordre judiciaire.

» Les articles LIV, LV et LVI de la loi du 17 nivôse, sont abrogées.

» XI. Tous procès existans , même ceux pendans au tribunal de cassation , tous arrêts de deniers , toutes saisies ou oppositions , tous jugemens intervenus , partages ou autres actes et clauses qui ont leur fondement dans les dispositions rétroactives desdites lois du 5 brumaire et du 17 nivôse an deuxième , ou dans les dispositions des lois subséquentes rendues en interprétation, sont abolis et annullés.

Le

« Les amendes consignées, même pour les procès jugés, seront restituées.

« XII. En conséquence de la loi du 9 fructidor dernier et des articles ci-dessus,

« Ladite loi du 5 brumaire, celle du 17 nivôse, en ce qu'il n'y est point dérogé, celle du 7 mars 1793 sur les dispositions en ligne directe, et toutes les lois antérieures non abrogées, relatives aux divers modes de transmission des biens, auront leur exécution, chacune à compter du jour de sa publication.

« XIII. La loi du 12 brumaire an deuxième, concernant le droit de succéder des enfans nés hors de mariage, n'aura d'effet qu'à compter du jour de sa publication.

« Les règles d'exécution du présent article seront les mêmes que celles établies ci-dessus relativement à l'abolition de l'effet rétroactif desdites lois du 5 brumaire et du 17 nivôse ».

Les actes faits et les mutations par décès effectuées avant la publication de la loi du 22 frimaire an 7, ne devaient, d'après les dispositions de l'article LXXIII, acquitter les droits que conformément aux lois précédentes ; mais cette disposition contraire aux principes constamment adoptés en matière de contributions directes, qui veulent que la loi existante lors du paiement des droits, en règle la quotité, a été rapportée par l'article premier de la loi du 27 ventose an 9, conçu en ces termes :

A compter du jour de la publication de la présente, les droits d'enregistrement seront liquidés et perçus suivant les fixations établies par la loi du 22 frimaire an 7, et celles postérieures, quelle que soit la date ou l'époque des actes et mutations à enregistrer, sauf les modifications et changemens ci-après :

S'il s'agit d'une mutation à titre onéreux et qu'il y ait supplément d'estimation constatée par experts, le supplément des droits, dans tous les cas, doit être acquitté, mais le double droit n'est pas indistinctement dû, il faut, pour qu'il soit exigible, que les frais d'expertise tombent à la charge du redevable, et ils n'y tombent que quand l'estimation excède au moins d'un huitième le prix porté au contrat. *Par exemple*, un bien vendu

1200 francs , est estimé 1300 francs , il ne doit être perçu que le droit simple sur le supplément. Si l'estimation était portée à 1350 francs , non-seulement le droit simple , mais encore le double droit et les frais d'expertise devraient être acquittés.

Il n'est rien innové à l'égard des insuffisances d'estimation dans les déclarations des héritiers , donataires et légataires. L'article V ci-dessus rapporté laisse subsister , sans modification , l'article XXXIX de la loi du 22 frimaire an 7 , qui les soumet au double droit d'enregistrement sur le montant de la plus-value , et au paiement des frais de l'expertise , lorsqu'il en résulte la preuve d'une insuffisance quelconque dans l'estimation des biens déclarés.

ELECTION D'AMI.

L'élection d'ami est la déclaration au profit d'un tiers , qu'une acquisition a été faite pour son compte particulier.

Les élections d'ami ou de command sont sujettes au droit proportionnel , si dans les 24 heures la notification n'en est pas faite aux préposés de la régie.

Ce principe a été confirmé par le tribunal de cassation, dans l'espèce suivante.

Le citoyen Tronq aîné s'était rendu adjudicataire de plusieurs immeubles. Il s'était réservé la faculté d'élire un command. La déclaration de command fut faite par acte public dans les vingt-quatre heures , mais Tronqne fit connaître à la régie cette déclaration de command , que quinze jours après sa date.

D'après cette circonstance , que la notification ne lui avait pas été faite dans les vingt-quatre heures , la régie exigea le droit de 4 francs par 100 francs , aux termes de l'article LXIX , § VII , n°. 3 , ainsi conçu :

« Seront sujets au droit de 4 francs par 100 francs, les élections ou déclarations de command , ou d'ami sur adjudication ou contrat de vente de biens immeubles , autres que celles des domaines nationaux , si la déclaration est faite *après les vingt-quatre heures* de l'adjudication ou du contrat , ou lorsque la faculté d'élire un command n'y a pas été réservée. »

La régie invoquait cette disposition pour la fixation du droit, mais c'était sur le n°. 24 du §. Ier. de l'article LXVIII, qu'elle se fondait pour établir que le droit était dû. Cette disposition est ainsi conçue : Seront sujets à un droit fixe d'un franc, les déclarations de command ou d'ami, lorsque la faculté d'élire un command a été réservée dans l'acte d'adjudication ou le contrat de vente, et que la déclaration est faite par acte public, *et notifié dans les vingt-quatre heures de l'adjudication ou du contrat.*

C'est d'après la dernière partie de cette disposition, que la régie avait prétendu que la déclaration de command aurait dû lui être *notifiée dans les vingt-quatre heures*; et qu'à défaut de cette notification, il était dû un droit proportionnel.

Tronq avait répondu que la disposition, créatrice du droit proportionnel pour les déclarations de command, n'exigeait pas de notification dans les vingt-quatre heures.

Et le jugement intervenu avait accueilli la défense de Tronq.

La régie s'était donc pourvue pour faire annuller ce jugement, comme contrevenant aux dispositions ci-dessus.

Mais où était la disposition expresse formellement violée ? Nulle part il n'est dit que *les déclarations de command doivent être notifiées à la régie dans les vingt-quatre heures, à peine d'être sujettes au droit proportionnel.*

Le défenseur de la régie proposait au tribunal de consulter l'*esprit* du législateur, son *intention*, et de juger en conséquence.

Le défenseur de Tronq répondait que ce n'était pas la contravention à l'*intention* du législateur, mais la contravention à ses *dispositions*, au *texte* de la loi qui peuvent donner ouverture à la cassation.

Or, disait-il, dans l'espèce il n'a pas été jugé contrairement au texte de la loi : car le texte de la loi a été littéralement suivi.

Tronq s'était réservé la faculté d'élire un command, il en avait fait sa déclaration par acte public dans les vingt-quatre heures, on peut dire même qu'il y avait eu *notification* dans les vingt-quatre heures, car le com-

M 2

mand en eut connaissance par la déclaration ; et la loi ne dit pas que la notification doive être faite *à la régie.*

Au surplus, quand ce ne serait pas en rigueur une *notification*, il n'y aurait pas lieu d'exiger un droit proportionnel puisqu'il n'y a de sujettes au droit proportionnel que *les déclarations faites après les vingt-quatre heures.* Ils n'est pas question de droit proportionnel pour les déclarations *non notifiées à la régie*, ainsi point de contravention au *texte* de la loi. Point d'ouverture à cassation.

Le commissaire a pensé d'abord, qu'il fallait combiner les deux dispositions, et les expliquer l'une par l'autre. De-là il a conclu que la *notification* dans les vingt-quatre heures était exigée par la loi.

A la vérité, a-t-il dit, la loi ne porte pas littéralement que ce soit à la régie que cette notification doive être faite, mais les organes de la loi doivent toujours l'entendre dans un sens qui ne soit, ni sans objet, ni impossible, ni absurde.

Or, tel est le sens que le citoyen Tronq propose de donner à la loi, quand il veut que la loi soit suffisamment exécutée par une *notification* au command.

Il est bien évident que le command ne peut ignorer l'opération de son mandataire. La loi n'a donc pu voir aucune utilité à ordonner que la déclaration soit notifiée au command.

Voilà donc qu'entendue dans ce sens, la loi serait *sans objet.*

Elle serait aussi *impossible* à exécuter ; car le command peut être à cent lieues au moment de l'opération de son mandataire : la déclaration ne pourrait lui être notifiée, au lieu que toujours il est facile de la notifier à la régie.

Enfin elle serait *absurde* ; car la disposition dont il s'agit est faite, non pour régler les rapports des contractans entre eux, mais pour prévenir les fraudes, omissions, ou collusions des citoyens contre le fisc. Or, pour cela il faut que la déclaration de command soit notifiée à la régie dans les vingt-quatre heures ; il ne suffit pas qu'elle soit faite par *acte public*, car un notaire peut retarder la date, et faciliter aux citoyens les moyens de faire des *ventes* et *reventes*, sans payer le droit proportionnel.

Au surplus, il a rappelé que le 2 frimaire an 9, le

tribunal avait consacré le principe contre la femme Nervaux.

Le tribunal, attendu que la loi ne peut être entendue en un sens inutile, impossible et absurde ; qu'ainsi les deux dispositions invoquées renferment l'obligation de notifier à la régie, dans les vingt-quatre heures, la déclaration de command.

A cassé et annullé le 4 thermidor an 9, le jugement contre lequel la régie s'était pourvu.

Voir DÉCLARATION DE COMMAND.

ÉMANCIPATION.

Acte passé devant le juge de paix, en conséquence de délibération de parens, pour mettre un mineur hors de tutelle, et lui donner la libre disposition de ses meubles et des revenus de ses immeubles. En pays de droit écrit, l'émancipation met le fils de famille hors de la puissance paternelle.

Le mineur émancipé ne peut ni aliéner, ni hypothéquer ses immeubles sans une autorisation judiciaire, il faut même lui créer un curateur, afin de pouvoir paraître en justice pour les procès qui regardent ses droits immobiliers. L'émancipation et la nomination d'un curateur réunies, fixent donc essentiellement l'état du mineur ; l'émancipation seule n'est point suffisante, puisqu'il ne peut alors exercer tous ses droits. La nomination du curateur, indispensablement nécessaire, est par conséquent une disposition dépendante, lorsqu'elle est contenue dans l'acte même d'émancipation, et elle ne peut, par cette raison, opérer un droit particulier d'enregistrement.

Le mineur émancipé peut affermer ses immeubles, disposer de ses meubles, et s'obliger valablement jusqu'à concurrence de ses revenus.

L'émancipation s'accorde au mineur qui a atteint l'âge de la pleine puberté.

Le mariage émancipe dans la plupart des coutumes ; il n'en est pas ainsi dans une grande partie des pays de droit écrit.

L'émancipé ne peut demander ni entendre le compte de sa tutelle, sans l'assistance d'un curateur *ad hoc*.

On voit, d'après les effets de l'émancipation, qu'ils

sont différens en pays coutumier et en pays de droit écrit.

Dans les premiers, elle ôte au tuteur l'administration des biens du mineur, que le premier eût conservée jusqu'à la majorité ou le mariage du second, sans cette formalité.

Dans le pays de droit écrit, la puissance paternelle, donnant au père ou à l'ayeul le droit de jouir (*à l'exception des pécules et des immeubles régis par des coutumes ayant des dispositions contraires*) de tous les biens appartenans à ses enfans ou petits-enfans, quelque soit leur âge, tout le tems qu'ils ne sont pas émancipés, même lorsqu'ils décèdent avant lui, l'émancipation est nécessaire pour rendre le fils de famille habile à jouir de ses biens, et le rendre, s'il a l'âge requis, habile à emprunter sans le consentement de son père. La jouissance qu'avait le père des biens de son enfant non émancipé, en vertu de sa puissance paternelle, revient de plein droit à l'enfant par son émancipation. Ce retour n'opère aucune mutation, et il ne peut être perçu un droit d'enregistrement particulier, quand même l'émancipation porterait que le père fait cession à l'enfant de cette jouissance.

L'article LXVIII, §. IV, n°. II de la loi du 22 frimaire an 7 règle le droit d'enregistrement des actes d'émancipation à 5 fr. fixe par chaque émancipé.

Ce droit doit être acquitté sur la minute. Article VII de la même loi.

EMPHYTÉOSE.

Emphytéose est un bail à longues années d'un héritage, à la charge de le cultiver et améliorer, ou d'un fonds à la charge d'y bâtir, moyennant une redevance annuelle, et quelquefois une somme payable comptant.

Voyez BAIL EMPHYTÉOTIQUE.

EMPLOI.

L'emploi *de deniers* se dit de l'usage qu'on doit en faire suivant leur destination.

Il est quelquefois stipulé par un contrat de mariage que les deniers dotaux de la femme seront employés en achats d'héritage : si par l'acquisition qui est faite ensuite il est simplement donné déclaration de l'emploi des deniers de la femme, dans ce cas elle n'a qu'un privilége, et l'héritage entre pleinement en communauté, d'où il suit que, si la femme renonce à la communauté, et que ce même héritage lui soit abandonné pour ses reprises, elle doit en acquitter l'enregistrement sur le pied de 4 pour 100.

Mais si dans l'acquisition il est expressément stipulé que le prix provient des deniers de la femme qui lui tenaient nature de propres, que l'héritage acquis est pour son remploi et tenir même nature, et qu'elle accepte ce remploi, alors l'héritage acquis appartient privativement à la femme, sans pouvoir entrer dans la communauté et sous la puissance du mari. Ainsi, le délaissement de cet héritage, fait par acte particulier à la femme ou à ses héritiers, lors de la dissolution de la communauté, ne donne ouverture, comme acte simple, qu'au droit fixe d'un franc. Au surplus, *voyez* REMPLOI.

EMPRUNT.

L'emprunt, c'est ce qu'on reçoit à titre de prêt, c'est une obligation proprement dite. *Voyez* OBLIGATION.

ENCHÈRE.

L'enchère, mise à prix, est celle qui est faite pour des fonds à affermer ou à vendre.

La mise à prix et enchère ne transmet ni propriété, ni jouissance ; elle doit être suivie d'une adjudication à cet effet.

Toutes personnes capables d'agir et d'acquérir peuvent enchérir : l'enchère oblige celui qui l'a faite ; il ne peut la rétracter ; mais il est déchargé de droit par une plus forte enchère.

Ce principe ne s'applique pas néanmoins aux adjudicataires de bois nationaux. En effet, à défaut par le dernier enchérisseur de donner caution suffisante, celui qui le suit immédiatement devient adjudicataire, ainsi de suite en rétrogradant.

Ceux qui enchérissent pour un tiers devant un tribunal ne peuvent être contraints de justifier de leurs pouvoirs ; mais ils sont tenus de faire au pied du procès-verbal d'adjudication, *dans les 24 heures qui la suivent,* leur déclaration en command, faute de quoi ils sont réputés adjudicataires directs, et tenus comme tels de satisfaire à toutes les charges et clauses de l'adjudication.

Ceux qui se rendent adjudicataires pour le compte de
personnes notoirement insolvables, en demeurent garans
et responsables en leur propre et privé nom, nonobstant
la déclaration de command, articles XIX et XX de la
loi du 11 brumaire an 7, sur les expropriations forcées.

Les soumissions et enchères, sur des objets mis ou à
mettre en adjudication ou en vente, ou sur des marchés
à passer, n'opèrent aucun droit particulier lorsqu'elles
sont contenues dans l'acte d'adjudication ; mais si elles
sont faites par *actes civils* et séparés de l'adjudication,
elles sont sujettes au droit d'un franc fixe. Art. LXVIII,
§. 1er., n°. 43 de la loi du 22 frimaire an 7.

Les enchères et surenchères, faites en justice, doivent
2 fr. fixe. §. 2, n°. 6. Le droit doit être acquitté sur la
minute. Article 7.

Il est à observer qu'il ne peut être perçu qu'un seul
droit, en quelque nombre que soient les enchères reçues
le même jour, et contenues en un seul procès-verbal.

La *folle enchère* est celle qui est faite par un enchérisseur insolvable ; faute par l'adjudicataire de consigner
le prix de son adjudication dans le temps prescrit, on
fait ordonner qu'il sera procédé à une nouvelle adjudication à sa folle enchère.

Voyez ADJUDICATION *où nous avons donné des modèles de procès-verbaux d'enchères.*

Voyez aussi VENTE.

ENGAGEMENT.

SOMMAIRE.

1°. Formule d'un acte d'engagement.

2°. Modèle de l'enregistrement.

3°. Définition.

§. PREMIER.

Formule d'un acte d'engagement.

Fut présent le citoyen A.   demeurant à

Lequel a déclaré bien et légitimement devoir au cit.
D.   demeurant à   ici présent, la somme
de douze cents francs qu'il lui a présentement prêtée et
nombrée à la vue des notaires soussignés, *ou* qu'il lui a
précédemment prêtée ; de laquelle somme ledit citoyen
A.   promet et s'oblige de faire le remboursement
audit citoyen D.   ses hoirs ou ayans-cause dans
le délai de   ans

Et pour tenir lieu audit citoyen D.   des intérêts
de ladite somme de douze cents francs, le citoyen A.
lui a abandonné et délaissé une pièce de terre labourable,
contenant 1 hectare 70 ares 85 centiares, située commune de   tenant d'un côté, etc.

Au moyen duquel abandon ledit citoyen D.
jouira, en bon père de famille, et touchera les revenus
de cette pièce de terre jusqu'au remboursement de ladite
somme principale de douze cents francs ; en sorte que
cette jouissance aura lieu jusqu'audit remboursement,
quand même il ne serait effectué que postérieurement au
délai ci-dessus convenu.

Et pour l'exécution des présentes, les parties, etc.

§. II.

Modèle de l'enregistrement.

Engagement pour douze ans d'une pièce de terre, contenant 1 hectare 70 ares 85 centiares, située commune

de   par le citoyen A.   au profit du citoyen
D.   et ce pour lui tenir lieu des intérêts de la somme
de douze cents francs qu'il a prêtée audit citoyen A.

Droit, 2 pour 100. Article LXIX, §. V, n°. 5 de la
loi du 22 frimaire an 7.

Il n'y a plus lieu d'avoir égard à la durée de l'engagement ; quelqu'en soit le nombre des années, fût-il
même illimité, l'enregistrement ne doit être perçu qu'à
cette quotité.

Le droit doit être liquidé sur le montant de la créance
qui forme le prix de l'engagement. Article XV, n°. 5 de
la même loi.

§. III.

Définition.

ENGAGEMENT *d'immeubles.* C'est l'abandonnement que
fait le débiteur à son créancier, d'un bien fonds, pour
qu'il en jouisse et que les revenus lui tiennent lieu de l'intérêt de la somme due jusqu'au remboursement.

Celui qui engage son bien ne s'exproprie pas ; il n'accorde qu'une simple jouissance, en sorte que sa rentrée
peut avoir lieu, toutes fois et quantes, en faisant cesser la
cause de la possession du détenteur. Cette rentrée n'est
point une rétrocession proprement dite, puisqu'elle se
fait en vertu d'une cause résolutoire inhérente au contrat ; elle n'opère que le droit de 5o centimes pour 100,
comme quittance de libération. Article LXIX, §. II,
n°. 11 de la loi du 22 frimaire an 7.

Quoique le créancier mis en possession de l'immeuble
n'en soit pas propriétaire, néanmoins il a le droit de le
conserver jusqu'au paiement. Le débiteur ne peut l'en
déposséder auparavant, lors même que l'engagement est
fait pour un temps limité et déjà expiré. A l'expiration
du terme, le créancier peut demander son paiement en
rendant la chose à lui engagée.

Le débiteur est toujours en droit de retirer son héritage en remboursant son créancier. Celui-ci ne peut
opposer la prescription, quelque temps qu'il se soit
écoulé.

En fait d'engagement, si le gage vient à périr, sans
que ce soit par la faute ou le fait du créancier, le débiteur n'est point libéré.

Si l'engagement devient une aliénation définitive par le consentement du propriétaire, il faut distinguer : si ce consentement est donné par acte secret, alors c'est une *contre-lettre*. S'il est donné par un acte public, c'est une *vente*.

ENREGISTREMENT.

Formalité que l'on donne moyennant un droit déterminé, aux actes civils et judiciaires, *pour en assurer l'existence et la date*, et aux mutations par décès et autres titres de propriété.

Cette formalité se donne soit en insérant dans un registre par extrait, dans un seul et même contexte, les principales dispositions d'un acte, sa nature, le prix et les charges, les noms, prénoms et demeures des parties et du notaire ou autre officier public, la date de l'acte, le nombre et la cote des feuillets et renvois qui doivent être paraphés du receveur ; soit par la transcription littérale d'une déclaration ou d'un acte sous seing-privé.

Les droits d'enregistrement substitués à ceux du contrôle, de l'insinuation, du centième denier, du petit scel, des greffes, petits greffes et droits réservés, furent créés par la loi du 19 décembre 1790. Un tarif nouveau et dégagé d'une foule de dispositions bisarres, qui formaient précédemment une espèce de labyrinthe où les initiés avaient eux-mêmes beaucoup de peine à se conduire, jeta un premier jour sur cette partie. Mais cet élan vers un meilleur ordre de choses, se faisant du fonds des vieilles maximes et du cercle de la routine, il était difficile de présenter un ouvrage qui en fut entièrement dégagé. On crut cependant y être parvenu, parce que l'on avait fait un grand changement. Cette confiance était trop entière. L'expérience qui donne toujours les plus sûres et les meilleures leçons, a démontré qu'il y a des omissions essentielles dans la loi et le tarif de 1790 ; que beaucoup de ses dispositions sont obscures, que d'autres sont d'une exécution très-difficile, et qu'il s'en trouve même de contraires aux principes de l'égalité. On y trouve aussi quelques empreintes du génie fiscal, qui, par un abus de mots, et suivant une logique toute particulière, distingue entre les objets de même nature, suppose ce qui n'existe pas, et tire partie de ses propres conjectures.

L'on a cherché à faire disparaître ces défauts par des lois interprétatives ou additionnelles, mais l'on n'a pas atteint le but, parce que l'on a opéré d'après les bases existantes. Ces lois particulières n'ont pu dès-lors avoir la clarté que l'on désirait, et elles n'ont fait que surcharger la mémoire du percepteur, et, en quelque sorte, accroître les difficultés, au lieu d'applanir celles qui résultaient de l'imperfection de la loi de 1790.

L'enregistrement est donc bien loin encore du degré qui lui est assigné par sa nature; il faut donc lui donner de meilleures bases, pour le porter, sinon à la perfection, car l'homme se flatterait envain d'élever jusques-là son ouvrage, au moins vers le mieux possible. Pour parvenir plus sûrement à ce but, il convient d'abroger toutes les lois qui ont été rendues successivement sur cette partie, et de leur en substituer une qui soit fondée sur les principes de l'égalité : qui atteigne indistinctement toutes les fortunes, et qui, dégagée des difficultés, puisse apprendre au redevable ce qu'il doit, et au percepteur ce qu'il est dû. (Rapport fait par Duchatel, au nom de la commission des finances, page 3.)

L'enregistrement est divisé en droits fixes et droits proportionnels, suivant la nature des actes et mutations qui y sont assujétis. (Article II de la loi du 22 frimaire an 7.)

Le droit fixe s'applique aux actes, soit civils, soit judiciaires ou extrajudiciaires, qui ne contiennent ni obligation, ni libération, ni condamnation, collocation ou liquidation de sommes et valeurs, ni transmission de propriété, d'usufruit ou de jouissance de biens-meubles ou immeubles. Il est perçu aux taux réglés par l'article LXVIII de la loi, qui, par différens paragraphes et numéros, en gradue la quotité depuis un jusqu'à vingt-cinq francs. Article III de la même loi.

Le droit proportionnel est établi pour les obligations, libérations, condamnations, collocations ou liquidations de sommes et valeurs, et pour toute transmission de propriété, d'usufruit ou de jouissance de biens-meubles et immeubles, soit entre-vifs, soit par décès. Ses quotités sont graduées depuis 20 centimes, jusqu'à 5 francs par 100 francs, et il est assis sur les valeurs. Article IV de la loi du 22 frimaire an 7.

Et lorsque, dans un acte quelconque, soit civil, soit judiciaire ou extrajudiciaire, il y a plusieurs dispositions indépendantes, ou ne dérivant pas nécessairement les unes des autres, il est dû pour chacune d'elles et selon son espèce, un droit particulier. Article XI.

Le droit proportionnel est dû sur les valeurs qui sont déterminées ou par les actes, ou par l'estimation des biens. *Voyez* ESTIMATION.

Par rapport à la liquidation des droits qui doit être faite à raison des prix stipulés payables en grains ou autres denrées. *Voyez* BAUX, ESTIMATION, MERCURIALES.

Il n'y a point de fraction de centime dans la liquidation du droit proportionnel. Lorsqu'une fraction de somme ne produit pas un centime de droit, le centime est perçu au profit de la république. Article V de la loi.

Le moindre droit à percevoir sur un acte donnant lieu au droit proportionnel, et sur une mutation de biens par décès, est de la quotité sous laquelle chaque acte ou mutation se trouve tarifé. Article VI.

Les droits d'enregistrement perçus régulièrement ne sont pas restituables, quels que soient les évènemens postérieurs, sauf les cas prévus par la loi. *Voyez* RESTITUTION.

Quant aux droits omis d'être perçus et aux supplémens de perception, ils se trouvent prescrits après deux ans. *Voyez* PRESCRIPTION.

Ils ne peuvent être compensés avec des créances sur la république. Décision du ministre des finances, du 18 germinal an 8.

Aucune autorité publique, ni la régie, ni les préposés ne peuvent accorder de remises ou modérations de droit et des peines encourues, ni en suspendre ou faire suspendre le recouvrement, sans en devenir personnellement responsables. Article L de la loi, jugement du tribunal de cassation, du 2 nivose an 7, contre le citoyen Duprut. Lettre du ministre des finances, du 28 prairial an 8, à un préfet.

Les droits des actes et mutations par décès, doivent être payés avant l'enregistrement, aux taux et quotités réglés par la loi. Nul ne peut en atténuer ni différer le paiement, sous le prétexte de contestation sur la quotité, ni pour quelqu'autre motif, sauf à se pourvoir en restitution s'il y a lieu. Article XXVIII de la loi du 22 frimaire an 7.

Des offres réelles ne peuvent suppléer au paiement; les droits doivent être acquittés tels qu'ils sont demandés par les receveurs, sauf à se pourvoir en restitution. Ces offres réelles ne peuvent même dispenser l'officier public de la peine encourue pour défaut d'enregistrement dans les délais. Jugement du tribunal de cassation, du 1er. nivose an 6, contre le cit. Viardot, notaire.

Les officiers publics qui, aux termes de ces dispositions, ont fait, pour les parties, l'avance du droit d'enregistrement, peuvent prendre exécutoire du juge de paix de leur canton pour leur remboursement. L'opposition qui serait formée contre cet exécutoire, ainsi que toutes les contestations qui s'élèveraient à cet égard, doivent être jugées de la même manière que les instances poursuivies au nom de la nation. Art. XXX de la loi.

Les droits des actes civils et judiciaires emportant obligation, libération ou translation de propriété ou d'usufruit de meubles ou immeubles, doivent être supportés par les débiteurs et nouveaux possesseurs, et ceux de tous les autres actes par les parties auxquelles les actes profitent, lorsque, dans ces divers cas, il n'a pas été stipulé de dispositions contraires dans les actes. Article XXXI de la loi.

Les notaires ne sont point responsables du supplément de droit ou d'un droit omis sur un acte enregistré.

Les actes civils et extrajudiciaires sont enregistrés sur les minutes, brevets ou originaux. Article VII de la loi du 22 frimaire an 7.

Les actes judiciaires reçoivent cette formalité, soit sur les minutes, soit sur les expéditions, suivant les distinctions établies par l'article VII de la loi.

Et les mutations par décès sur l'extrait de la déclaration que les parties sont tenues de passer. Art. LVII de la même loi.

La mention de la formalité doit exprimer en toutes lettres la date de l'enregistrement, le folio du registre, le numéro et la somme des droits perçus, et lorsque l'acte renferme plusieurs dispositions, opérant chacune un droit particulier, le receveur doit les indiquer sommairement dans sa quittance, et y énoncer distinctement la quotité de chaque droit perçu, à peine d'une amende de 10 francs pour chaque omission. Même article.

Il ne peut être délivré d'extrait des registres de l'enregistrement que sur l'ordonnance du juge de paix, lorsqe ces extraits ne sont pas demandés par quelqu'une des parties contractantes ou leurs ayans-cause. Art. LII.

La formalité de l'enregistrement peut être donnée tous les jours de l'année.

Voyez DIMANCHE. DOUBLE DROIT. FRACTION.

Voyez au surplus les différens articles de cet ouvrage, où nous avons parlé de ce qui concerne le droit d'enregistrement.

ERE.

C'est le point fixe où l'on commence à compter les années.

L'ère des Français a commencé lors de la fondation de la république, qui a eu lieu le 22 septembre 1792 de l'ère vulgaire. *Voyez* ANNUAIRE.

ESTIMATION.

Estimation, prisée ou évaluation d'une chose.

L'estimation est nécessaire dans certains actes pour la liquidation des droits d'enregistrement; en conséquence, l'article XVI de la loi du 22 frimaire an 7, porte que, si les sommes et valeurs ne sont pas déterminées dans un acte ou jugement donnant lieu au droit proportionnel, les parties seront tenues d'y suppléer avant l'enregistrement par une déclaration estimative, certifiée et signée au pied de l'acte.

L'estimation doit être pure et simple. On ne peut déclarer qu'elle n'est faite que pour régler les droits.

Cette estimation pour les échanges, les transmissions de propriété entre-vifs, à titre gratuit, et celles qui s'effectuent par décès, doit être faite et portée à *vingt fois* le produit des biens, ou le prix des baux courans sans distraction des charges, et à dix fois seulement du produit, s'il ne s'agit que d'un usufruit. Lorsque le prix des baux est payable en nature, il doit en être fait une évaluation d'après les dernières mercuriales du canton de la situation des biens. Article XV, numéros 1, 4, 7 et 8 de la même loi. Au surplus, *voyez* BAIL.

Les rentes et pensions créées sans expression de capital doivent être estimées à raison d'un capital formé de vingt fois la rente perpétuelle , et de dix fois la rente viagère ou la pension.

Les rentes et pensions stipulées payables en nature seront évaluées *aux mêmes capitaux* , estimation préalablement faite des objets d'après les dernières mercuriales de la situation des biens , à la date de l'acte , s'il s'agit d'une rente créée pour l'aliénation d'immeuble , ou , dans tout autre cas , d'après les dernières mercuriales du canton où l'acte aura été passé. Il ne doit être fait aucune distinction entre les rentes viagères créées sur une tête et celles créées sur plusieurs têtes , quant à l'évaluation. Article XIV , n°. 10.

Voyez MERCURIALES.

Relativement au prix , valeur ou estimation des autres actes et mutations. *Voyez* PRIX.

Lorsque l'estimation des biens a été faite à raison de vingt fois le prix des baux courans , il ne peut y avoir lieu à constater aucune insuffisance ni par des actes , ni par l'expertise qui , dans cette circonstance , n'est point autorisée. On ne pourrait la prouver qu'en rapportant , soit une contre-lettre qui contiendrait une augmentation de prix , soit tout autre acte qui justifierait que ce prix n'est pas le véritable , ou qu'il a été payé quelque pot-de-vin dont il ne serait pas fait mention dans le bail ; c'est ce qui résulte de l'article XV , numéros 7 et 19 de la même loi.

Mais si l'estimation n'est point appuyée sur des baux courans , l'insuffisance peut être constatée par toutes sortes d'actes qui seraient dans le cas de faire connaître *le véritable revenu* , et à défaut d'acte , il y a lieu de requérir l'expertise de ce revenu. *Idem*. Au surplus , *voyez* EXPERTISE.

Quant au droit d'enregistrement des procès-verbaux d'estimation , *voyez* PROCÈS-VERBAUX.

A défaut d'estimation , article par article , des objets mobiliers vendus avec des immeubles , le droit est perceptible à raison de 4 pour 100 sur la totalité du prix.

Voyez VENTE.

ÉVÉNEMENT.

Effet qui arrive , et qui était subordonné à quelque circonstance.

Les

Les testamens et tous autres actes de libéralité, qui ne contiennent que des dispositions soumises à l'événement du décès, et les dispositions de même nature, qui sont faites par contrat de mariage entre les futurs ou par d'autres personnes, sont soumises au droit fixe de 5 francs. Article LXVIII, §. III, n°. 572 de la loi du 12 frimaire an 7. Sauf le droit proportionnel lors de l'événement.

Tout droit d'enregistrement perçu régulièrement en conformité de la loi, ne peut être restitué, quels que soient les évènemens ultérieurs, sauf les cas qu'elle a prévus. Article LX.

EXCEPTION.

Moyen, fin de non-recevoir, production d'actes et autres défenses qu'on oppose à une demande.

Quoique produits seulement *par exception*, tous actes sous signature – privée sont soumis à l'enregistrement. Article XXIII de la loi du 22 frimaire an 7. Et lettre du ministre des finances, du 4 du même mois. Ils sont également assujétis au timbre. Article XII, n°. 1er. de la loi du 13 brumaire an 7.

Exception se prend aussi pour exemption.

Voyez ce mot.

EXCLUSION.

Exclusion de communauté, clause par laquelle on stipule dans un contrat de mariage, qu'il n'y aura aucune communauté de biens entre les conjoints.

Voyez CONTRAT DE MARIAGE.

EXECUTEUR TESTAMENTAIRE.

Voir TESTAMENT.

EXEMPTION.

Faveur, privilège, exception que le législateur a accordé à certains actes ou à quelques individus, en les dispensant de la règle générale, et en les affranchissant de la formalité ou du paiement des droits.

Toute exemption est une exception à la règle générale,

une faveur qui déroge au droit commun. La loi ne reconnait que celles qu'elle a nommément exprimées. Art. 1er. de la loi du 13 brumaire an 7. Au surplus, *voyez* le titre III, article XVI de cette loi; tom. 1er., pag. 11. Le titre XI, article LXX, §. I, II et III de celle du 22 frimaire an 7, sur l'enregistrement, pag. 54.

L'exemption accordée par l'article LXX de la loi du 22 frimaire aux actes passés dans les pays réunis, n'est relative qu'à ceux qui auraient été soumis aux droits à l'époque de leur rédaction, si la perception eût été alors établie; elle n'est point applicable aux testamens dont le testateur est décédé depuis la réunion. En effet, un testament n'est, dans tous les pays, qu'une disposition que le testateur peut modifier et révoquer jusqu'à l'instant de sa mort. Ce n'est qu'à cette époque que cette disposition peut avoir son effet, et devient un acte irrévocable; alors seulement les préposés de la régie peuvent en prendre communication. Ce ne peut donc être aussi qu'à l'époque du décès du testateur que la perception du droit est ouverte, et il est censé n'avoir, pour son effet et ses suites, d'autre date que celle de ce décès. C'est d'après ces principes que la régie a décidé, le 11 pluviose an 7, qu'un testament passé dans un pays avant sa réunion à la France, et dont le testateur est décédé depuis, est assujéti à l'enregistrement et aux droits qui en résultent.

Les commissions des employés de la régie de l'enregistrement, comme actes d'administration publique, jouissent de l'exemption de l'enregistrement. Solution de la régie, du premier ventose an 7. Il en est de même pour celles des employés des douanes ou autres régies.

Les partages faits entre les ascendans d'émigrés et la république, sont exempts de l'enregistrement, lorsqu'il n'intervient pas d'autres personnes dans ces partages, et qu'ils ont seulement pour objet de fixer la portion dont la république bénéficie par l'effet de la confiscation prononcée par les lois des 28 mars 1793, 9 floréal an 3, et 20 floréal an 4. Décision du ministre des finances, du 6 nivose an 7.

La nomination faite dans un inventaire d'un expert pour priser les meubles et effets qui y sont rapportés, ne donne point lieu à un droit d'enregistrement particulier.

Sont exceptés du droit *de timbre* les significations qui sont faites aux répartiteurs de leur nomination, les extraits de procès-verbaux qui sont dressés par les maires et adjoints, pour constater les terres susceptibles d'exemption ou dégrèvement d'imposition. Loi du 3 frimaire an 7. Les affiches des procès — verbaux, dressés contre les répartiteurs qui ayant comparu sur la citation à eux donnée, mais qui n'ont point accepté leur nomination, sont dispensées du timbre.

L'acte et l'expédition de l'arrêté d'une administration, portant nomination d'un commissaire à l'effet de remplir une partie de ses fonctions administratives, rentrent dans la classe de ceux exceptés de la formalité. Il en est de même des mandats qui seraient délivrés au commissaire pour le paiement du salaire qui lui serait dû en cette qualité. Décision du ministre des finances, du 6 pluviose an 7.

Les cartes de sûreté, comme actes de police générale, sont exemptes du timbre. Solution de la régie, du 9 ventose an 7.

Les certificats de conscription doivent jouir de la même faveur que les engagemens, enrôlemens, congés et autres pièces concernant les gens de guerre. Solution du 14 pluviose an 7.

Les quittances des secours accordés aux parens des défenseurs de la patrie sont exemptes des droits de timbre par assimilation à celles des secours payés aux indigens et des indemnités pour les incendies, inondations, etc. Solution de la régie, du 19 pluviose an 7.

Les ouvriers et artisans, qui ne sont pas en même tems *marchands*, n'étant pas assujétis, par l'ordonnance de 1673, à tenir des registres, ne peuvent par conséquent pas être forcés de les représenter pour obtenir leur patente. Décision du ministre des finances, du 24 nivose an 7.

Au reste, *voyez* les différens articles de cet ouvrage où nous avons fait connaître les actes qui sont sujets à l'enregistrement et au timbre, et ceux qui en sont *exempts*.

EXHÉRÉDATION.

Disposition par laquelle on excluait de sa succession l'héritier légitime.

L'exhérédation ne peut plus être prononcée pour mariage contracté sans le consentement des pères et mères, ou à défaut de sommations respectueuses, ni pour aucune cause qui gênerait la liberté politique, civile et religieuse d'un citoyen. Article XII de la loi du 17 nivose an 2.

Toute exhérédation, qui tendrait nécessairement à donner à l'un, ce dont on priverait l'autre, est implicitement abolie depuis la publication de la loi précitée du 17 nivose, article XXIII du décret d'ordre du jour du 9 fructidor an 2, comme contraire à l'égalité qui doit être observée entre tous les héritiers légitimes d'une même personne.

A l'égard de l'exhérédation pour les causes exprimées en droit, on ne pense pas qu'elle puisse être prononcée, sauf la punition à infliger par les tribunaux, aux enfans qui se rendraient coupables envers leurs pères et mères, des délits qui y sont exprimés.

EXPÉDITION.

Copie d'un acte quelconque, soit civil, soit judiciaire, soit administratif.

Les expéditions ou grosses commencent par ces mots :

Au nom de la république française, une et indivisible, le premier consul fait savoir que par-devant les notaires publics, etc.

Elles se terminent ordinairement par ces mots :

Mandons en conséquence icelles être mises à exécution, par qui et ainsi qu'il appartiendra. Fait et passé, etc.

Les expéditions des actes des notaires doivent faire mention de l'enregistrement des minutes.

Voyez NOTAIRES.

Il en est de même des actes judiciaires dont les minutes sont assujéties à l'enregistrement, mais la plupart de ces actes ne doivent être enregistrés que sur les expéditions.

Les actes de l'état civil, assujétis à l'enregistrement, ne sont enregistrés que sur les expéditions. Titre 1er., article VII.

Il n'est dû aucun nouveau droit d'enregistrement pour les *expéditions* des actes qui doivent être enregistrés sur les minutes.

Les expéditions délivrées par un notaire, des actes reçus par ses prédécesseurs et de ceux dont le dépôt peut lui avoir été fait, soit par les parties, soit après décès ou démission d'un autre notaire, en exécution du titre III du décret du 22 septembre 1791, sont exemptes de l'en-

registrement. En effet, l'article VIII du titre 1er. de la
loi du 22 frimaire porte qu'il n'est dû aucun droit d'enregistrement pour les extraits, copies ou expéditions des
actes qui doivent être enregistrés sur les minutes ou originaux.

Cette disposition s'entend de tous les extraits, copies
ou expéditions délivrés par les officiers publics sur les
minutes ou originaux qu'ils ont en leur possession, soit
à titre de dépôt ou autrement. Ce serait une erreur d'appliquer à l'espèce le nombre 18 du §. 1er. de l'art. LXVIII
de la loi; il n'est relatif qu'aux copies ou expéditions
collationnées d'actes et pièces représentés et rendus.
Ainsi, pour ne pas s'écarter des principes, il faut faire
cette distinction établie par la loi. Point de droit s'il
s'agit d'une copie ou expédition délivrée par un notaire
sur la minute ou original dont il est dépositaire, et le
droit est dû si la collation est faite sur une pièce ou acte
représenté et rendu.

Il ne peut être délivré, par aucun officier public, extrait, copie ou expédition d'un acte sous signature-privée,
s'il n'a été préalablement enregistré, à peine de 50 francs
d'amende, et de repondre personnellement du droit. Article XXXIX de la loi du 22 frimaire an 7.

Les copies ou expéditions des actes civils ou judiciaires doivent être délivrées en papier timbré du timbre
au moins de 75 centimes. *Voyez* TIMBRE.

Lorsqu'une personne a besoin de l'expédition d'un acte
dans lequel elle a été partie, et que le notaire ou greffier,
dépositaire de la minute, refuse mal − à − propos de lui
donner cette expédition, il faut qu'elle présente une requête au juge pour obtenir la permission de faire som-
mer le dépositaire de lui délivrer cette expédition, sinon
de le faire assigner pour voir dire qu'il y sera contraint.

Le juge rend une ordonnance conforme aux conclu-
sions, et en vertu de laquelle on somme le dépositaire
de délivrer l'expédition requise: s'il refuse, on l'assigne
par le même exploit au premier jour pour se voir condamner, et par corps, à délivrer cette expédition. En
conséquence, on le condamne à la délivrer et aux dépens, quand il n'a point de raisons valables pour autoriser son refus.

Lorsqu'un acte n'est pas revêtu des formalités nécessaires pour le rendre valable, l'officier public qui en

est dépositaire, n'en doit point délivrer d'expédition sans y être autorisé par les parties intéressées ou par une ordonnance du juge. En pareil cas, la partie qui a besoin de cet acte, doit, au défaut du consentement des parties intéressées, présenter une requête au juge, afin qu'il lui permette d'en lever une expédition. Si le juge ne voit aucun inconvénient dans cette permission, il l'accorde, sinon il permet seulement d'assigner la partie.

Lorsqu'il est permis de délivrer l'expédition, on joint la requête et l'ordonnance à la minute de l'acte, et on les transcrit à la suite de cette expédition.

Suivant l'ordonnance de 1539, les notaires ne peuvent point expédier de seconde grosse d'un acte sans y être autorisés par le juge. Cette seconde grosse se demande particulièrement en trois cas ; 1°. lorsque la première grosse est entre les mains d'une personne qui y a droit, et qui refuse de la donner ; 2°. lorsque la première grosse se trouve par quelqu'événement en main tierce sous scellé : 3°. lorsque la première grosse se trouve adhirée, et qu'on veut poursuivre le paiement de la créance qui y est portée.

Dans tous ces cas et autres, où l'on peut avoir besoin d'une seconde grosse, on présente au juge une requête qui permet au bas d'expédier cette seconde grosse, mais il ne le fait qu'à la charge d'appeler les parties intéressées, et de faire mention de la requête et de son ordonnance au bas.

S'il arrive qu'une des parties intéressées s'oppose à la délivrance de la seconde grosse, le notaire doit, avant de passer outre, renvoyer les parties devant le juge pour statuer sur la difficulté.

Par l'article 4 de la loi du 8 pluviose an 2, il est fait défense à tous notaires, greffiers et autres dépositaires quelconques, d'insérer, à l'avenir, dans les minutes, expéditions ou extraits d'actes de toutes natures, quelle que soit leur date, des clauses, qualifications ou expressions tendantes à rappeler, d'une manière directe ou indirecte, le régime féodal ou nobiliaire ou la royauté, à peine de cinq années de fers ; sauf auxdits dépositaires à délivrer lesdits extraits ou expéditions après les avoir purgés de tout ce qui est prescrit par la présente loi et celles antérieures. . . . . Ils peuvent néanmoins délivrer, sur la demande par écrit, des communes, au-

torités constituées et admini-trations, des extraits,
expéditions ou copies de ces actes, sans les purger ; mais
les autorités constituées sont spécialement chargées
de veiller à ce qu'il ne soit point fait desdits actes d'usage
contraire à la loi. (Art. I.ʳ. et II de la loi du 11 messidor
an 2.)

*Les notaires peuvent-ils exiger pour le coût des expédi-
tions qu'ils délivrent aux préposés de l'administration des domaines et de l'enregistrement, des honoraires proportionnés à la nature des actes ?*

Un notaire avait fixé à 150 francs ses droits, pour
une expédition levée par un receveur du domaine, à
l'effet de défendre les intérêts de la république, dans
une instance introduite devant un tribunal.

Le commissaire du gouvernement près le tribunal,
soumit cette prétention au ministre de la justice, qui la
déféra au ministre des finances.

Voici la réponse de ce ministre, datée du 18 germinal
an 9.

« Je vous observe, qu'aux termes de l'article 14, pa-
» ragraphe 6 de la loi du 19 décembre 1790, les expé-
» ditions d'actes demandées par les préposés de la
» régie, (dans l'intérêt de la nation) doivent leur être
» délivrées en payant 12 centimes et demi par chaque
» extrait de rôle d'expédition, outre les frais du papier
» timbré.

» Ainsi, ce n'est ni la nature, ni l'importance de
» l'acte qui doit déterminer en ce cas, le montant des
» frais d'expédition ; les notaires de Paris se confor-
» ment à cette règle, qui *doit être généralement ob-
» servée*. Son objet est de faciliter aux agens du gou-
» vernement les moyens de soutenir et de défendre les
» droits de la nation, sans constituer le trésor public en
» des avances de frais considérables et arbitraires, qui
» souvent tombent en pure perte. »

Voir ABRÉVIATION. EXTRAIT.

EXPERTISE.

EXPERTISE, estimation faite par des experts.
Si le prix énoncé dans un acte translatif de propriété

ou d'usufruit de *biens immeubles* à titre onéreux, paraît inférieur à leur valeur vénale à l'époque de l'aliénation, par comparaison avec les fonds voisins de même nature, la régie pourra requérir une expertise, pourvu qu'elle en fasse la demande dans l'année, à compter du jour de l'enregistrement du contrat. (Art. XVII de la loi du 22 frimaire an 7.)

La demande en expertise sera faite au tribunal civil du département, dans l'étendue duquel les biens sont situés par une pétition portant nomination de l'expert de la nation.

L'expertise sera ordonnée dans la décade de la demande.

En cas de refus par la partie de nommer son expert, sur la sommation qui lui aura été faite d'y satisfaire dans les trois jours, il lui en sera nommé un d'office par le tribunal.

Les experts, en cas de partage, appelleront un tiers expert. S'ils ne peuvent en convenir, le juge de paix du canton de la situation des biens y pourvoira.

Le procès-verbal d'expertise sera rapporté au plus tard dans le mois qui suivra la remise qui aura été faite aux experts de l'ordonnance du tribunal, ou dans le mois après l'appel d'un tiers expert.

Les frais d'expertise seront à la charge de l'acquéreur, mais seulement lorsque l'estimation excédera d'un huitième au moins le prix énoncé au contrat.

L'acquéreur sera tenu, dans tous les cas d'acquitter le droit sur le supplément d'estimation, s'il y a une plus value constatée par le rapport des experts. (Article XVIII.)

La loi du 27 ventose an 9, porte : « Dans tous les » cas où les frais de l'expertise, autorisée par les ar- » ticles XVII et XIX de la loi du 22 frimaire, tom- » beront à la charge du redevable, il y aura lieu au » double droit d'enregistrement sur le supplément d'es- » timation. »

De ces dispositions, il résulte que le rapport d'experts détermine les droits que l'administration a à exercer. Mais ce rapport a besoin d'obtenir un caractère légal par la sanction du juge. Il faut, à cet effet, que les directeurs le remettent au tribunal qui a ordonné l'expertise avec un mémoire par lequel ils exposent que par le résultat du rapport, il est dû telle somme pour supplé-

ment de droit sur la plus value, pour le droit en sus, et
les frais d'expertise s'il y a lieu, et demandent condamnation au paiement. Ce jugement obtenu, le receveur
poursuivant s'en fait délivrer expédition, prend exécutoire pour les frais, et le fait signifier, avec commandement de payer. En suivant cette marche, l'administration s'assure, outre l'action sur les receveurs, celle
en hypothèque sur le bien vendu par l'inscription du
jugement et de l'exécutoire.

Il y aura également lieu à requérir l'expertise des *revenus des immeubles* transmis en propriété ou usufruit
à tout autre titre qu'à titre onéreux, lorsque l'insuffisance dans l'évaluation, ne pourra être établie par actes
qui puissent faire connaître le revenu des biens. (Article XIX de la loi du 22 frimaire an 7.)

Ainsi, il n'y a pas lieu à expertise, lorsque l'évaluation a été faite, à raison de vingt fois le prix des baux
courans.

Lorsqu'il y a supplément d'estimation constatée par
experts, le supplément des droits, dans tous les cas,
doit être acquitté, mais le double droit n'est pas indistinctement dû; il faut, pour qu'il soit exigible, que les
frais d'expertise tombent à la charge du redevable, et
ils n'y tombent que quand l'estimation excède au moins
d'un huitième le prix porté au contrat ou la valeur
énoncée dans la déclaration. *Par exemple*, un bien
vendu 1200 francs est estimé 1300 francs, il ne doit
être perçu que le droit simple sur le supplément. Si
l'estimation était portée à 1350 francs, non-seulement le
droit simple, mais encore le double droit et les frais
d'expertise devraient être acquittés.

*L'insuffisance du prix porté dans un contrat de vente,
peut-elle être suffisamment constatée par des baux
ou autres actes authentiques, et ces actes peuvent-
ils équivaloir et suppléer à l'expertise.*

Un particulier vend une ferme moyennant 10,000 fr.
l'acquéreur afferme le lendemain ce même immeuble,
au vendeur, moyennant 2,000 fr. par an.

D'après ce second acte, le revenu de l'objet vendu
évalué au dernier 20, suivant le nombre 9 de l'article
XIV de la loi du 22 frimaire an 7, représente un capital
de 40,000 francs; de la comparaison de ces deux actes,

il résulte nécessairement une différence de 30,000 francs
sur la valeur en capital du même immeuble.

Ce bail à ferme est-il suffisant pour autoriser la demande en supplément de droits résultant de l'excédent
de cette valeur ?

L'article XV de la loi du 22 frimaire an 7, détermine la valeur de la propriété, de l'usufruit et de la
jouissance des immeubles pour la liquidation et le paiement du droit proportionnel, savoir, nombre 6.

« Pour les ventes et autres actes portant translation
» de propriété ou d'usufruit à titre onéreux, par le prix
» exprimé, en y ajoutant toutes les charges en capital,
» ou par une estimation d'experts dans les cas autorisés
» par la loi. »

L'article XVII porte, « que si le prix énoncé dans un
» pareil acte paraît inférieur à la valeur vénale de l'ob-
» jet, à l'époque de l'aliénation, par comparaison avec
» les fonds voisins de même nature, la régie pourra re-
» quérir une expertise, pourvu qu'elle en fasse la de-
» mande dans l'année, à compter du jour de l'enregis-
» trement du contrat. »

Les termes de ces deux articles sont positifs, et prou-
vent évidemment que l'insuffisance présumée dans les
prix des contrats translatifs de propriété ou d'usufruit à
titre onéreux, ne peut se constater que par la voie de l'expertise, la preuve résultante du prix des baux courans
est seulement réservée aux transmissions de propriétés
entre-vifs, à titre gratuit, et à celles qui s'effectuent
par décès, suivant les dispositions du nombre 7 de l'article XV précité.

Ce principe légal a été de plus consacré par une délibération du conseil général d'administration, du 2 ventose an 10.

*On a formé une demande en expertise pour constater
une insuffisance de prix de vente d'immeubles. Peut-
on alors admettre le redevable à payer le simple
droit ?*

L'article V de la loi du 27 ventose an 9 veut que le
double droit, sur le supplément d'estimation, soit encouru dans tous les cas où les frais d'expertise tombent à
la charge du redevable ; ainsi, lorsque la contravention est
constatée, ce double droit est dû. Dans l'espèce, la si-

mulation du véritable prix de la vente est prouvée par l'offre même que font les acquéreurs de payer le supplément sur le prix déguisé. Le double droit est donc encouru, dès-lors il ne dépend plus de l'administration d'en faire la remise, puisque l'article LIX de la loi du 22 frimaire an 7 lui interdit cette faculté.

Lorsqu'une ordonnance d'un tribunal constate que la demande en expertise a été formée dans l'année, peut-on, à défaut de notification à la partie, dans ce délai, opposer une fin de non-recevoir à la demande ?

L'article XVII de la loi du 22 frimaire an 7 autorise la régie à requérir une expertise, lorsque le prix d'un acte translatif de propriété ou d'usufruit de biens-immeubles, à titre onéreux, paraît inférieur à leur valeur vénale, à l'époque de l'aliénation, par comparaison avec les fonds voisins de même nature, *pourvu*, dit la loi, *qu'elle en fasse la demande dans l'année, à compter du jour de l'enregistrement du contrat.*

« Suivant l'article XVIII de la même loi, la demande » en sera faite au tribunal civil du département, dans l'é- » tendue duquel les biens sont situés par une pétition por- » tant nomination de l'expert de la nation. L'expertise » sera ordonnée dans la décade de la demande. En cas » de refus par la partie de nommer son expert, sur la » sommation qui lui aura été faite d'y satisfaire dans les » trois jours, il lui en sera nommé un d'office par le » tribunal.

Ainsi, l'administration a droit de requérir une expertise, *pourvu que sa demande soit formée dans l'année, à compter du jour de l'enregistrement du contrat ;* la loi n'ayant pas exprimé que la signification de l'ordonnance qui autorise l'expertise, serait également faite dans l'année, on ne peut induire une fin de non-recevoir du défaut de signification dans cet intervalle. En prétendant que l'ordonnance dût être signifiée dans l'année, ce serait retrancher une partie du délai, accordée par la loi, pour former la demande ; ce qu'on ne peut raisonnablement admettre.

Les citoyens n'ont pas à craindre que la régie les inquiète sur leurs transactions au-delà du temps que la loi lui accorde pour réclamer des supplémens, puisque la demande en expertise doit être remise au tribunal dans l'année de l'enregistrement du contrat ; ce qui suffit pour établir la date de sa demande, d'une manière légale et certaine.

Par ces motifs, le conseil d'administration a délibéré, le 5 ventose an 10, que les articles XVII et XVIII de la loi du 22 frimaire an 7, n'exigeant pas que la signification de l'ordonnance à la partie fut faite dans l'année, ce défaut de signification, dans ce tems, ne pouvait opérer une fin de non-recevoir.

Mais les préposés doivent former la demande lorsqu'il y a lieu, provoquer l'ordonnance du tribunal, et la faire signifier avec le plus de célérité possible, pour éviter toute contestation. *Voir* ESTIMATION.

EXPERTS.

Personnes nommées par autorité de justice ou choisies par les parties intéressées pour examiner, pour estimer certaines choses et en faire leur rapport.

Les nominations d'experts sont sujettes à l'enregistrement sur le pied d'un franc fixe. Article LXVIII, §. 1er., n°. 32 de la loi du 22 frimaire an 7. Faites en justice, elles doivent être enregistrées sur la minute. Art. VII.

Les procès-verbaux et rapports d'experts sont aussi assujétis au droit d'un franc fixe. Même article, n°. 35.

Les experts ne comptent que pour une personne pour le droit d'enregistrement des assignations qui leur sont données.

Ils ne peuvent agir en vertu d'un acte, registre ou effet de commerce, non écrit sur papier timbré, ou non visé. Leurs rapports, les extraits, copies ou expéditions qui en sont délivrés, doivent également être faits sur papier timbré. *Voir* EXEMPTION.

EXTRAIT.

L'extrait d'un acte en est une copie partielle, où le notaire rapporte celle des clauses ou conventions dont la partie a besoin.

On appelle extrait sur minute celui tiré sur la minute même d'un acte, à la différence de celui qui est tiré seulement sur une copie collationnée. Le premier est plus authentique.

Tout extrait doit faire mention de la nature ou qualité de l'acte dont il est tiré; ainsi, il faut y exprimer si c'est un contrat de vente, un échange ou une donation, etc. Il doit de plus contenir la date de l'acte, le nom du notaire qui l'a reçu, celui des parties, avec les qualités dans lesquelles elles ont agi; enfin, si l'extrait a été fait sur une minute, il faut dire, en la possession de qui elle est restée, et si c'est sur une grosse ou expédition, énoncer qu'elle a été représentée et rendue, ou qu'elle est demeurée annexée à la minute de tel acte, dont tel officier public est dépositaire, etc.

Il est défendu aux notaires de délivrer des extraits de leurs actes à d'autres personnes qu'aux parties contractantes. Art. CLXXVII de l'ordonnance du mois d'août 1539. Il y a exception pour les extraits à délivrer aux préposés de la régie de l'enregistrement. Article LIV de la loi du 22 frimaire an 7. Cependant il est des circonstance où les juges permettent quelquefois à d'autres que les contractans ou leurs héritiers de se faire délivrer des expéditions d'actes dont ils ont besoin. Le notaire, en ce cas, les délivre en vertu de l'ordonnance de justice et par forme de compulsoire.

Il ne peut être fait de collation ou extrait d'actes sous signature-privée avant qu'ils aient été enregistrés, à peine de 50 francs d'amende, et de répondre personnellement du droit. Article XLII de la loi du 22 frimaire an 7.

Il n'est dû aucun droit d'enregistrement pour les extraits délivrés par les notaires, greffiers et autres, 1°. de leurs actes et jugemens soumis à la formalité sur les minutes ou originaux; 2°. et des actes et expéditions dont ils sont dépositaires. Article VIII de la même loi. Ils doivent faire mention dans ces extraits de l'enregistrement de l'acte par une transcription littérale de la quittance, à peine de 10 francs d'amende. Article XLIV de la loi précitée.

Mais les **extraits** des actes ou expéditions représentés et rendus opèrent un droit fixe de 50 centimes par chaque acte et pièce dont la collation est faite. Article LXVIII, §. 1er., n°. 18 de ladite loi.

Les extraits des rôles des contributions sont exempts de la formalité de l'enregistrement. Article LXX, §. III, n°. 6.

Ceux des registres de naissance, mariage et décès sont

aussi dispensés de la formalité et du droit d'enregistrement. Même article et §., n°. 8; mais ils doivent être délivrés en papier timbré du timbre au moins de 75 centimes, les registres d'où ils sont tirés, tenant lieu de minutes. *Voyez* COLLATION, EXPÉDITION.

FACULTE

DE RACHAT ET DE RÉMÉRÉ

C'est une convention qui donne au vendeur d'un héritage le droit de le retirer en remboursant à l'acheteur le prix et frais de son acquisition.

Il y a entre un engagement et une vente faite avec faculté de rachat, cette différence que celui qui engage des héritages en conserve la propriété, et qu'il ne transfère à l'engagiste que le droit de les posséder et d'en percevoir les fruits jusqu'au rachat; au lieu que celui qui vend un immeuble avec la faculté du rachat, transfère à l'acheteur la propriété de cet immeuble, et conserve seulement le droit de le racheter.

La vente avec faculté de réméré est parfaite; elle peut à la vérité se résoudre sous condition; mais l'acquéreur est propriétaire, et peut prescrire. Le droit par lui payé pour le contrat n'est pas restituable au cas de retrait exercé.

La faculté de rachat, que le vendeur se réserve, est un droit qui passe à ses héritiers. Cette décision est fondée sur le principe que les conventions que fait une personne, sont censées faites pour ses héritiers comme pour elle-même, à moins qu'il ne conste du contraire, soit par la nature de l'objet de la convention, soit par les circonstances et la qualité du fait.

De-là, la question de savoir si les héritiers de celui qui a vendu à réméré, et qui est décédé pendant que la faculté dure, sont tenus de payer l'enregistrement pour le droit qu'ils ont d'exercer ce retrait; elle doit être décidée par la négative, parce que la propriété étant transmise à l'acquéreur, les héritiers du vendeur n'ont qu'un droit, une action, dont il est incertain qu'ils usent; ils ne doivent donc être passibles d'aucun droit de mutation à cet égard.

Au contraire, si l'acquéreur décède avant l'expiration

du tems fixé pour le rachat, ses héritiers doivent comprendre le bien acquis, à faculté de réméré, dans leur déclaration, et en acquitter l'enregistrement. Ce droit ne peut demeurer en suspens sous prétexte que la possession n'est que conditionnelle, et que la rentrée peut avoir lieu, et il n'est pas plus restituable que celui du contrat de vente.

Lorsque les héritiers du vendeur exercent la faculté de réméré, ils ne doivent acquitter que le droit, tel qu'il est tarifé pour les retraits. Ils n'ont aucun droit à payer par supplément à la déclaration qu'ils ont faite; leur obligation a été complettement remplie, en déclarant l'universalité des biens existans lors de l'ouverture de la succession. Il est commun de trouver, dans les successions, des actions intentées, par suite desquelles il peut arriver des immeubles. En ce cas, le droit à payer sur le jugement ou le contrat suffit, proportionnel ou non.

Despeisses et Tirqueau sont d'avis que dans le cas où l'on aurait stipulé que le vendeur seul pourrait exercer la faculté de rachat, ce terme seul empêcherait seulement que le droit du vendeur pût être cédé, mais qu'il ne serait pas un obstacle à ce que ce même droit passât aux héritiers du vendeur. Cette opinion est juste, et elle est fondée sur ce que les héritiers du vendeur succèdent à la qualité de vendeur.

Il en serait différemment si l'on avait stipulé que la faculté de rachat ne pourrait être exercée que par la personne du vendeur. Dans ce cas, l'exercice de cette faculté serait restreint à la personne du vendeur et ne passerait point à ses héritiers.

Non seulement la faculté de rachat peut être exercée par les héritiers du vendeur, mais il peut encore la céder à un étranger, comme un droit à lui appartenant, et dont il peut disposer de la même manière que de ses autres biens. (Arrêt du parlement de Paris, du 28 juin 1760.) Ce droit, d'après la qualité de son objet, et la nature de la fin où il tend, est immeuble; la cession qui en est faite opère en conséquence le droit dû pour les ventes de biens-fonds.

Quant au retrait conventionnel qui est ensuite exercé par les cessionnaires, il opère aussi 4 pour cent sur le prix remboursé à l'acquéreur; et en cela, il est différent de celui exercé dans le tems stipulé par le vendeur qui ne donne ouverture qu'au droit de 5o centimes pour cent. Le motif de cette différence est que le vendeur ne fait qu'user de la faculté qu'il s'était réservée par le contrat, qu'au moyen de cette réserve, il avait toujours un droit à la chose ; et que, par cette raison, il n'y a pas de mutation, au lieu que le cessionnaire devient réellement acquéreur d'un bien-fonds auquel il n'avait absolument aucun droit ; dans ce cas il y a une véritable mutation, la cession et le retrait se confondent et opèrent la même chose que si le vendeur avait retiré et ensuite revendu.

Mais ces deux actes opérant l'effet d'une vente et en établissant en conséquence le droit à raison de 4 pour cent sur ce qui forme le prix, il s'ensuit que celui fixé pour les retraits, ne peut être exigé, puisque ce serait percevoir deux droits proportionnels sur un même acte et pour un même fait.

A l'égard du droit d'enregistrement dû pour les retraits de réméré exercés par le vendeur ou ses héritiers, et pour les ventes à faculté de réméré. *Voir* RETRAIT, VENTE.

Quand la convention ne détermine aucun tems pour exercer la faculté de rachat, cette faculté dure 3o années, et après ce laps de tems, elle est prescrite. Il y a même prescription après cette époque, quand même on aurait stipulé une faculté perpétuelle de rachat, ou que cette faculté ne serait pas sujette à prescription.

De ce principe de droit il résulte que tout retrait exercé après les 3o ans, est une revente sujette à 4 pour cent, si la prescription n'a pas été interrompue par une demande juridique.

L'action qui dérive de la faculté de rachat peut s'intenter, non-seulement contre l'acheteur ou contre ses héritiers, mais encore lorsqu'ils ont aliéné l'immeuble sujet au rachat, contre les tiers-détenteurs de cet immeuble, quoiqu'ils ne l'aient point acquis avec la clause de faculté de rachat.

Si l'usufruit d'un tel immeuble est séparé de la propriété, l'action doit être intentée tant contre l'usufruitier que contre le propriétaire de l'héritage.

L'acquéreur ou le détenteur d'un héritage, vendu avec clause de faculté de rachat doit, en conséquence de l'action dont on vient de parler, être condamné à rendre cet héritage en l'état où il est, excepté que s'il

se

se trouve détérioré par la faute de l'acquéreur, celui-ci doit en outre être condamné aux dommages et intérêts résultans de cette détérioration.

Il en serait différemment, si la détérioration ne provenait pas de la faute de l'acquéreur ; le vendeur qui exercerait alors la faculté de rachat, ne pourrait prétendre à cet égard aucune indemnité.

Quant aux augmentations que l'acquéreur a faites à ses dépens, et qui peuvent être séparées de l'héritage, comme des boiseries, une alcove, etc., il peut les emporter, en remettant les lieux dans l'état où il les a trouvés. Mais si ces augmentations ne peuvent point être séparées de l'héritage, il faut considérer si elles ont été nécessaires, ou utiles, ou de pur agrément. Si ces augmentations ont été nécessaires, elles doivent être sans difficulté remboursées à l'acquéreur. Si elles n'ont été qu'utiles, sans être nécessaires, quelques coutumes, telles que celles de Poitou et d'Angoumois, ont distingué entre le cas où la faculté de rachat n'est accordée que pour un an, et celui où elle est accordée pour plusieurs années ; au premier cas, elles refusent le remboursement des augmentations, et elles l'accordent dans le second cas. Cette disposition est judicieuse, et doit être étendue aux coutumes qui n'ont rien dit à cet égard. En effet, l'acquéreur qui est empêché d'agir pendant un an, ne reçoit pas un grand préjudice ; mais il en serait autrement, si l'obstacle durait plusieurs années.

Mais si les augmentations n'ont été que de pur agrément, l'acquéreur n'a nul droit d'en exiger le remboursement ; il peut seulement les enlever, si cela se peut, sans détérioration.

L'acquéreur sur qui on exerce la faculté de rachat, n'est obligé à rendre les fruits qu'à compter du jour que le vendeur lui a offert le remboursement du prix de la vente. C'est une conséquence du principe que le rachat n'opérant la résolution de la vente que pour l'avenir, tout ce qu'a produit jusqu'alors la chose vendue doit appartenir à l'acquéreur.

Quant aux fruits qui se trouvent près d'être recueillis lors de l'exercice de la faculté de rachat, ils doivent, selon la coutume de Poitou, se partager entre le vendeur et l'acquéreur, à proportion du temps qui s'est écoulé de l'année de la récolte ; c'est-à-dire, que si le vendeur a joui pendant six mois de cette année du prix de la vente, l'acquéreur doit retenir la moitié des fruits. Cette disposition est conforme à l'opinion de plusieurs jurisconsultes et nous paraît très-équitable. Cependant, les coutumes de la Marche, de Lodunois et d'Auvergne ont des dispositions contraires. Elles adjugent au vendeur qui exerce la faculté de rachat la totalité des fruits recueillis depuis ses offres suivies de consignation, à la charge par lui de rembourser les labours et semences.

Lorsque le vendeur exerce la faculté de rachat, le prix de la vente doit être remboursé tel qu'il l'a reçu.

L'exercice de la faculté de rachat opérant pour l'avenir la résolution de la vente, il en résulte que le vendeur reprend l'immeuble vendu sans la charge des hypothèques et des autres droits réels que l'acquéreur y avait imposés La raison en est qu'il ne tient pas cet immeuble de l'acheteur, et qu'il en redevient propriétaire par la résolution de la vente.

Il en serait différemment, si la faculté de rachat n'avait été accordée que par une convention postérieure au contrat de vente ; en ce cas, le rachat serait une revente que l'acquéreur ferait au vendeur en conséquence d'une convention qui n'aurait rien de commun avec le premier contrat de vente : cette revente serait sujette au droit de 4 pour cent ; et le vendeur redevenu nouveau propriétaire, serait tenu des hypothèques et autres droits réels imposés sur l'héritage depuis la première vente jusqu'au moment où la faculté de rachat aurait été accordée par un acte passé devant notaires ou reconnu en justice.

Enfin, suivant la jurisprudence des arrêts, il y a cette différence entre les prescriptions légales et les prescriptions conventionnelles, relativement à la faculté de rachat, que la première éteint de plein droit cette faculté ; et que, pour que la seconde produise cet effet, il faut que l'acquéreur ait préalablement obtenu contre le vendeur un jugement qui déclare ce dernier déchu de la faculté de rachat : tandis que l'acquéreur n'a point obtenu de pareil jugement, le vendeur peut exercer cette faculté jusqu'à ce qu'il en soit déchu par la prescription légale de trente ans.

Nous remarquerons, sur la matière dont il s'agit, que par deux arrêts, l'un du 17 mars 1758, et l'autre du 15 avril 1760, le parlement de Paris a jugé que l'appel d'un jugement qui a déclaré le vendeur déchu de la faculté de rachat, ne prolonge pas cette faculté. Cette décision, qui est contraire au sentiment d'Argou, est fondée sur ce qu'il ne serait pas juste que, par un appel, un plaideur pût faire durer à son gré une faculté du rachat et vexer ainsi un acquéreur.

Le vendeur est censé avoir renoncé à l'exercice de la faculté de rachat, lorsqu'il a consenti à la vente que l'acquéreur a faite à un tiers, sans déclarer que l'héritage était sujet au rachat. Tel est l'avis de Despeisses.

Le même auteur pense qu'il y a aussi renonciation tacite à la faculté de rachat, lorsque le vendeur, après avoir intenté son action, et consigné les deniers nécessaires pour exercer cette faculté, a retiré sa consignation.

Voir VENTE.

F A I T.

Fait du souverain, se dit d'un changement qui émane de l'autorité souveraine, comme lorsqu'il est ordonné qu'on prendra quelque maison ou héritage, soit pour servir aux fortifications d'une ville, ou pour former quelque rue, place, chemin ou édifice public; lorsque le législateur augmente ou diminue le prix des monnaies et des matières d'or, d'argent; lorsqu'il réduit le taux des rentes et intérêts, lorsqu'il ordonne le remboursement des rentes constituées sur lui, et autres événemens semblables.

Le fait du souverain est considéré à l'égard des particuliers, comme un cas fortuit et une force majeure que personne ne peut prévoir ni empêcher, c'est pourquoi personne n'en est garant de droit; la garantie n'en est due que quand elle est expressément stipulée.

C'est en conformité de cette jurisprudence que par arrêt du 4 août 1727, le parlement jugea que le greffier de l'amirauté de la Rochelle, qui, en vertu d'une ordonnance de justice, était dépositaire de deniers appartenans à divers particuliers, ne pouvait être tenu de représenter ces deniers espèces, attendu qu'en vertu d'une loi il avait, comme tous les autres dépositaires publics, été forcé de convertir premièrement les deniers de son dépôt en papier, et successivement ce papier en contrats sur les tailles.

Cet arrêt est applicable aux notaires, qui, en vertu des articles V et VI du titre Ier. de la loi du 23 septembre 1793 et autres, ont été tenus de verser dans les caisses publiques, les sommes qui leur avaient été déposées.

F A U X.

Faux est une falsification, une altération d'une vérité quelconque. Le faux matériel est celui qui a été commis par la falsification partielle ou totale d'un écrit particulier ou d'un acte public.

L'article XLVI de la loi du 22 frimaire an 7, porte que, dans le cas de fausse mention d'enregistrement, soit dans une minute, soit dans une expédition, le délinquant sera poursuivi par la partie publique, sur la dénonciation du préposé de la régie, et condamné aux peines prononcées pour le faux matériel.

Lorsque le receveur a acquis la preuve d'une fausse mention d'enregistrement, il doit en rapporter procès-verbal et le remettre au ministère public.

Il convient d'y joindre la pièce où le faux se trouve commis, et que le receveur la paraphe suivant la loi du 29 septembre 1791, titre XV, article VII, et celle du 3 brumaire an 4, titre XIV, article DXXVI.

Les dépositaires publics sont tenus de fournir les pièces de comparaison de faux qui seraient en leur possession, sur l'ordre par écrit du directeur du juré, article DXXX, du même titre de la même loi du 3 brumaire.

Tout fonctionnaire et officier public qui est convaincu de s'être rendu coupable de crime de faux dans l'exercice de ses fonctions, doit être puni de 20 années de fers. (Loi du 6 octobre 1791, titre Ier., section III, article V.)

F E M M E.

On comprend en général sous ce terme toutes les personnes du sexe féminin, soit filles, femmes mariées ou veuves, quoiqu'à certains égards, les femmes soient distinguées des filles, et les veuves des femmes mariées. Dans une seconde acception, on appelle femme, *uxor*, une personne du sexe, considérée autant qu'elle est unie à un homme par les liens du mariage.

Les femmes ne sont point admises à remplir des charges publiques.

On ne peut les nommer tutrices ou curatrices que de leurs propres enfans; il y a néanmoins des exemples qu'une femme a été nommée curatrice de son mari, prodigue, furieux et interdit.

On ne peut prendre des femmes pour témoins dans des testamens, ni dans des actes devant notaires.

Les femmes mariées portent le nom de leurs maris; elles ne perdent cependant pas absolument le leur; il sert toujours à les désigner dans les actes qu'elles passent, en y ajoutant leur qualité de femme d'un tel; et elles signent leurs prénoms et noms de famille, auxquels elles ajoutent ordinairement le nom de leur mari.

Le principal effet que le mari a sur sa femme, est qu'elle ne peut s'obliger, elle, ni ses biens sans le consentement et l'autorisation de son mari, si ce n'est pour ses biens paraphernaux dont elle est maîtresse, ce qui n'a lieu que dans les provinces de droit écrit. *Voir* Autorisation.

Le mari étant le chef de sa maison et le maître de toutes les affaires, c'est à lui à choisir le domicile. On dit néanmoins que le domicile de la femme est celui du mari; ce qui ne signifie pas que la femme soit la maîtresse de choisir son domicile, mais que le lieu où la femme demeure, du consentement de son mari, est réputé le domicile de l'un et de l'autre; ce qui a lieu principalement lorque le mari, par son état, n'a pas de résidence fixe.

On distingue suivant quelle loi la femme a été mariée.

Si c'est suivant la loi du pays de droit écrit, la femme se constitue ordinairement en dot, ses biens en tout ou en partie, et quelquefois elle se les réserve en paraphernal, aussi en tout ou partie.

En pays coutumier, tous les biens d'une femme mariée sont réputés dotaux, mais elle ne les met pas toujours en communauté; elle en stipule une partie propre a elle et aux siens de son côté et ligne. *Voir* Contrat de mariage. Dot.

Les lois et les coutumes de chaque pays étaient différentes sur les droits qu'elles donnaient aux femmes mariées, mais elles s'accordaient, en ce que la plupart
donnaient à la femme quelqu'avantage pour la faire subsister après le décès de son mari.

La loi du 17 nivose an 2 a aboli tous ces avantages,
pour l'avenir ; il faut qu'ils soient stipulés par le contrat
de mariage, par un don mutuel ou tout autre acte. *Voir*
CONTRAT DE MARIAGE. DON MUTUEL.

FERMAGES.

FERMAGES, sont le prix et la redevance que le fermier ou locataire d'un bien de campagne est tenu de
payer annuellement au propriétaire pendant la durée du
bail.

On confond quelquefois les loyers avec les fermages ;
on regarde assez souvent ces deux mots comme synonimes.

Les uns et les autres ont cependant un caractère différent.

Les loyers sont pour des maisons, soit de ville ou de
campagne ; les fermages, proprement dits, sont pour
les terres, prés, vignes, bois, et pour les bâtimens qui
servent à l'exploitation de ces sortes d'héritages. Le propriétaire d'une métairie a un privilége sur les fruits pour
les fermages, de même que le propriétaire d'une maison
a un privilége sur les meubles pour les loyers. L'article
CLXXI de la coutume de Paris donne privilége pour
les fermages, tant sur les fruits que sur les meubles, et
cette disposition est commune à toutes les coutumes qui
n'en ont pas de contraire.

Les fermiers pouvaient autrefois s'obliger par corps
au paiement du prix de leur ferme. La convention nationale avait aboli la contrainte par corps dans les matières civiles. La loi du 15 germinal an 6, qui détermine
le mode d'exercer la contrainte par corps, rétablie par
une loi du 24 ventôse an 5, porte : » que les juges
» pourront prononcer cette contrainte contre tous
» fermiers de biens ruraux, faute de représentation à la
» fin du bail du cheptel de bétail, des semences, des
» charrues et outils aratoires qui leur auront été confiés

» pour l'exploitation des biens à eux affermés ; à moins
» qu'ils ne justifient que le déficit de ces objets ne procède pas de leur fait, et qu'ils n'ont rien détourné au
» préjudice du propriétaire ».

On peut d'ailleurs stipuler la contrainte par corps
pour les fermages.

Voir BAIL A FERME. FERME.

FERME.

C'est un domaine à la campagne ; quelquefois ce
terme est pris pour la location du domaine ; ainsi l'on
dit : donner un bien à ferme, prendre un héritage ou
quelques droits à ferme. Dans ce sens, le mot de ferme
signifie une convention par laquelle le propriétaire d'un
héritage, d'une rente, d'un droit, en abandonne la
jouissance à quelqu'un pour un certain tems et pour un
certain prix.

La tacite réconduction pour les baux à ferme a été
abrogée par l'art. IV de la 2e. section du titre 1er. de la
loi du 28 septembre 1791.

Le premier bail étant fini, la caution ne demeure
point obligée pour un nouveau bail fait au fermier.

On peut faire résilier un bail à ferme quand le fermier
est deux ans sans payer. Il dépend néanmoins de la prudence du juge de donner encore quelque tems. Le fermier
peut aussi être expulsé, lorsqu'il dégrade les lieux et les
héritages. *Voir* BAIL A FERME.

FÊTE.

Fête nationale. Si le dernier jour du délai pour l'enregistrement des actes et déclarations tombe ce jour-là,
il ne compte point. La formalité doit, dans ce cas, être
donnée le lendemain, sans aucune peine et amende.
Article XXV de la loi du 22 frimaire an 7.

FIN DE NON-RECEVOIR.

Fin de non-recevoir se dit d'une exception par laquelle
on soutient que la partie adverse n'est pas recevable à
intenter une demande, une action.

Les fins de non-recevoir se tirent de la forme ou du défaut de qualité, ou du laps de tems :

Par exemple, on peut opposer à la régie la fin de non-recevoir contre la demande des droits d'enregistrement des successions, après cinq années de leur ouverture, et pour les supplémens de droit, après deux années de la passation de l'acte, etc. *Voir* PRESCRIPTION.

FOLLE-ENCHÈRE.

On nomme adjudications ou reventes à la folle enchère, celles qui sont faites aux risques, périls et fortune d'un précédent adjudicataire qui n'a pas rempli les conditions de son adjudication.

Voir ADJUDICATION, ENCHÈRE.

FORMALITE.

Se dit, *en droit*, de certaines clauses, formules et conditions, dont les actes doivent être revêtus pour être valables, et de la manière formelle, expresse et ordinaire de procéder en justice.

Les actes sous signature-privée, ou devant notaires, entre-vifs ou à cause de mort, les procédures et les jugemens sont chacun sujets à de certaines formalités.

On en distingue de quatre sortes, savoir, celles qui habilitent les personnes, comme l'autorisation de la femme par son mari, celles qui servent à rendre l'acte parfait, probant et authentique, qu'on appelle formalités extérieures, comme la signature des parties, des témoins et des notaires ; d'autres enfin, extérieures, qui servent à assurer l'exécution d'un acte, lequel quoique parfait d'ailleurs, ne serait pas exécuté sans ces formalités, comme sont l'insinuation et l'enregistrement ; enfin, il y en a d'autres qui sont intérieures ou de la substance de l'acte, comme la nécessité dans laquelle est un testateur de laisser à ses héritiers la quotité de ses biens déterminée par la loi.

Les formalités qui touchent la personne se règlent par la loi ou coutume du domicile ; celles qui touchent l'acte se règlent par la loi du lieu où il est passé, suivant la maxime : *Locus regit actum.* Celles qui touchent les biens se règlent par la loi du lieu où ils sont situés.

Il y a des formalités essentielles et de rigueur, dont l'observation est prescrite par la loi, à peine de la nullité de l'acte; comme la signature des parties, des témoins et du notaire; comme l'insinuation pour les donations entre-vifs.

Mais il y a aussi d'autres formalités ou formes qui, quoique suivies ordinairement, ne sont pas absolument nécessaires, à peine de nullité, telles que sont la plupart des clauses de style des greffiers, notaires, huissiers, qui peuvent être suppléées par d'autres termes équipollens, et même quelques-unes entièrement omises, sans que l'acte en soit moins valable. *Voyez* FORME.

La formalité de l'enregistrement sert à assurer l'exécution d'un acte; en conséquence il est défendu aux juges et arbitres de rendre aucun jugement, et aux administrations de prendre aucun arrêté en faveur de particulier, sur des actes non enregistrés, à peine d'être personnellement responsables des droits. Article XLVII de la loi du 22 frimaire an 7.

Celle de l'insinuation des donations entre-vifs, doit continuer d'être donnée dans les bureaux de recette de l'enregistrement dans les formes et sous les peines portées par les lois subsistantes, jusqu'à ce qu'il en ait été autrement ordonné. Art. LXXII.

Voyez DONATIONS ENTRE-VIFS.

FORME.

C'est la disposition que doivent avoir les actes, l'arrangement de certaines clauses, termes et conditions et formalités pour leur régularité et validité.

On regarde les mots *forme et formalité* comme synonimes, et on les confond souvent, cependant, le terme de forme est plus général, car il embrasse tout ce qui sert à constituer l'acte, au lieu que les formalités, proprement dites, ne s'entendent que de certaines conditions que l'on doit remplir pour la validité de l'acte.

La forme des actes se rapporte, ainsi que les formalités, soit à leur rédaction, soit à ce qui les rend probans et authentiques, soit à ce qui les rend valables.

Voyez FORMALITÉ.

Les notaires en recevant un acte, et avant de parler

des parties qui comparaissent devant eux , doivent d'abord faire mention de leur titre de notaire, du département où ils sont reçus, et du lieu où ils résident. Edit du mois de juin 1550.

On doit ensuite exprimer dans l'acte, les noms de naissance et de famille des parties contractantes, leurs surnoms si elles en ont, le lieu où elles habitent. Si c'est une femme qui contracte, elle doit être autorisée de son mari par l'acte même ou par un acte séparé. *Voyez* AUTORISATION.

S'il y a un procureur constitué de la part de l'une ou de l'autre des parties, il faut énoncer la procuration, et même l'annexer à l'acte , en cas qu'elle ait été délivrée en brevet ; ce qu'on doit également observer à l'égard de l'autorisation d'une femme, à moins que le notaire qui l'a reçu n'en ait gardé minute par devers lui.

Après avoir exprimé les noms, les qualités et les demeures des parties, les notaires rédigent leurs engagemens ou leurs dispositions, et l'acte se termine par l'indication du lieu et la date du *jour* dans lequel il est passé. *Voyez* DATE.

Ensuite l'un des notaires lit l'acte aux parties. Ordonnance du mois d'octobre 1535, chapitre IX, article IV. Celles-ci , et les témoins, s'il y en a, le signent ou déclarent ne pouvoir ou ne savoir signer , et les signatures des deux notaires ou d'un notaire et deux témoins achèvent de donner à l'acte sa perfection.

Quant aux signatures des parties et des témoins, voici comme s'en explique l'ordonnance d'Orléans , article LXXXIV : « Seront tenus les notaires de faire signer » aux parties et aux témoins instrumentaires, s'ils savent signer, tous actes et contrats qu'ils recevront , » dont ils feront expresse mention , à peine de nullité desdits contrats et actes , et d'amende arbitraire ; et au cas » que les parties ou témoins ne sauront signer, les notaires ou tabellions feront mention de la réquisition » par eux faite aux parties et témoins de signer , et de » leur réponse qu'ils ne savent signer. » L'ordonnance de Blois a confirmé cette disposition par l'article CLXV ; voulant de plus , par l'article CLXVI, que si aucune des parties ne sait signer, il y ait au moins un des témoins qui signe la minute avec le notaire.

La signature des notaires est tellement essentielle pour

donner aux actes qu'ils reçoivent l'authenticité qui leur est propre, que sans cette signature ils sont absolument nuls, conformément à la loi *contractus* au code de *fide instrumentorum*; c'est ce qui a été jugé par plusieurs arrêts. La raison en est qu'on ne peut pas dire, tant que l'acte n'est point signé du notaire, que ce soit un acte de notaire; il lui manque sa qualité constitutive; et souscrit seulement des parties, il demeure dans la classe des écrits sous seings-privés, qui ne produisent, pour toute chose, qu'une action simple et personnelle contre la personne qui s'engage.

On appelle *forme probante et authentique* celle qui fait pleine foi, tant en jugement que dehors. Les actes sont revêtus de cette forme, lorsqu'ils sont expédiés et signés par une personne publique, comme les jugemens qui sont signés du greffier, les expéditions des contrats signés de deux notaires, ou d'un notaire, et de deux témoins.

On appelle *forme exécutoire* celle qui donne aux actes l'exécution parée, c'est-à-dire, le droit de les mettre directement à exécution par voie de contrainte, sans être obligé d'obtenir, pour cet effet, aucun jugement ni commission.

Les jugemens, les contrats sont les seuls actes qu'on met en forme exécutoire.

Cette forme consiste à intituler l'expédition du nom de la république. Cette expédition est ce qu'on appelle la *grosse d'un acte.*

On dit, *mettre un acte en forme*, pour dire le mettre en forme exécutoire.

Quand les actes sont revêtus de cette forme, on peut directement, en vertu de ces actes, faire un commandement, et ensuite saisir et exécuter, et même procéder par un emprisonnement, si c'est un cas où la contrainte par corps ait lieu.

FORT DROIT.

Celui qui est fixé par les tarifs, faute d'estimation. La loi du 22 frimaire an 7 n'en établit aucun, et l'art. XVI porte que si les sommes et valeurs ne sont pas déterminées dans un acte ou un jugement, donnant lieu au droit proportionnel, les parties seront tenues d'y suppléer avant l'enregistrement par une déclaration estimative.

FRACTION.

La perception du droit proportionnel doit suivre les sommes et valeurs de 20 francs en 20 francs inclusivement et sans fraction. (Article II de la loi du 27 ventose an 9.).

Il ne peut être perçu moins de 25 centimes pour l'enregistrement des actes et mutations dont les sommes et valeurs ne produiraient pas 25 centimes de droit proportionnel. (Art. III de la même loi.)

D'après les dispositions de ces deux articles, il y a lieu, 1°. de percevoir 25 centimes pour tous les actes et mutations qui donnant lieu au droit proportionnel, ne produiraient pas cette somme d'après les quotités fixées par les différens paragraphes de l'article LXIX ; 2°. de liquider le droit proportionnel sur les sommes de 20 fr. en francs et sans fraction, de manière que pour les actes qui sont tarifés à 1 pour 100 par le paragraphe III de cet article, il doit être perçu 25 centimes si les sommes sont de 20 francs et au-dessous ; si elles excédent jusqu'à 40 francs, il doit être perçu 40 centimes ; au-dessus de 40 francs jusqu'à 60 francs, il est dû 60 cent. ; ainsi du reste. Il doit en être usé de même lorsque les sommes excédent 100 francs ; en supposant une obligation de 206 francs, le droit doit être établi sur 220 fr., et liquidé à 2 francs 20 centimes. *Voir* ENREGISTREMENT. INCLUSIVEMENT.

Chaque fraction de somme donnant lieu à une fraction dans la quotité du droit, on croit utile de présenter une opération simple et facile, au moyen de laquelle chaque receveur pourra sur-le-champ connaître le droit auquel donne lieu, toute espèce de fraction de somme contenue dans un acte soumis au droit proportionnel.

Cette opération consiste, *dans le cas où la quotité du droit à percevoir serait au-dessous d'un franc*, à réduire la somme exprimée dans l'acte dans la proportion de la quotité du droit, c'est-à-dire, à en prendre le quart s'il est à 25 centimes, et la moitié s'il est à 50 centimes. *Si le droit est au-dessus d'un franc*, à multiplier cette même somme par la quotité du droit à percevoir, à en retrancher ensuite à droite avec une virgule, les deux derniers chiffres des colonnes des francs, ceux-ci représenteront toujours pour le droit, autant

de centimes qu'ils expriment de quantités. S'il se trouve
des centimes dans la somme sur laquelle le droit doit
être assis, comme il ne doit pas y avoir de fraction de
centime, et que lorsqu'une fraction de somme ne produit pas un centime de droit, le centime doit être perçu
au profit de la république; il faut, dans ce cas, ajouter
toujours un centime au montant du droit trouvé par l'o-
pération indiquée de l'autre part.

On va faire l'application de ces principes par un
exemple :

                                            francs cent.

On suppose un acte portant une somme de 10247   75

        Si le droit à percevoir est à raison de

fr. c.
» 25 On prendra 1/4 de la somme   f. c.
       qui est de. 2561 95
       en retranchant les deux der-
       niers chiffres à droite, on a
       pour le droit à percevoir, ci.   25,61 c.)   f.   c.
       Mais comme dans cette somme   } 25, 62
       il se trouve 95 cent., on ajoute   }
       au droit trouvé un cent., ci.   1   )
» 50 On prendra la moitié de la
       somme qui est de.. . . . .   5123 f.87
       Et par la même opération que
       ci-dessus ; on a pour droit 51, 24
1   » On conserve la somme en-
       tière, ci. 10247 75
       dont le droit se trouve de, ci.   . . .   102, 48
1 25 On ajoute 1/4 à la somme, ci.   12809 68
       dont le droit est de, ci. 128, 10
2   » En doublant la somme de l'acte
       on a, ci 20495 50
       et le droit est de, ci.. . . .   . . .   204, 96
2 50 En multipli. la somm. de l'acte
       par cette quotité de droit, on a. 25619 37
       qui donne un droit de, ci. 256, 20
4   » Multiplier la somme par 4, et
       l'on a, ci. 40991 00
       et pour droit, ci. 409, 91
5   » Même opération pour avoir un
       total de. 51238 75
       dont le droit est de, ci. 512, 39

Cet exemple pouvant être appliqué à toutes les sommes possibles, il suffit pour mettre le percepteur à l'abri de toute erreur sur la liquidation du droit proportionnel sujet à fraction ; néanmoins pour n'omettre aucun des moyens de faciliter les opérations aux receveurs, on croit utile de présenter le tableau placé à la page suivante.

TABLEAU *de perception sur un nombre quelconque de francs, d'après les quotités réglées par l'art. LXIX de la loi du 22 frimaire an 7, sur l'enregistrement.*

SOMMES sujettes à la perception.	MONTANT DU DROIT A PERCEVOIR sur les sommes soumises au droit de				
	12 c. 1⁄2. par 100 f.	25 cent. par 100 f.	50 cent. par 100 f.	62 c. 1⁄2. par 100 f.	1 franc. par 100 f.
francs.	fr. c.	fr. c.	fr. c.	fr. c.	fr. c.
1	0, 01	0, 01	0, 01	0, 01	0, 01
2	0, 01	0, 01	0, 01	0, 01	0, 02
3	0, 01	0, 01	0, 02	0, 02	0, 03
4	0, 01	0, 01	0, 02	0, 03	0, 04
5	0, 01	0, 01	0, 03	0, 03	0, 05
6	0, 01	0, 02	0, 03	0, 04	0, 06
7	0, 01	0, 02	0, 04	0, 05	0, 07
8	0, 01	0, 02	0, 04	0, 05	0, 08
9	0, 02	0, 03	0, 05	0, 07	0, 09
10	0, 02	0, 03	0, 05	0, 07	0, 10
15	0, 02	0, 04	0, 08	0, 10	0, 15
20	0, 03	0, 05	0, 10	0, 13	0, 20
25	0, 04	0, 07	0, 13	0, 17	0, 25
30	0, 04	0, 08	0, 15	0, 19	0, 30
35	0, 05	0, 09	0, 18	0, 23	0, 35
40	0, 05	0, 10	0, 20	0, 25	0, 40
45	0, 06	0, 12	0, 23	0, 29	0, 45
50	0, 07	0, 13	0, 25	0, 32	0, 50
55	0, 07	0, 14	0, 28	0, 35	0, 55
60	0, 08	0, 15	0, 30	0, 38	0, 60
65	0, 09	0, 17	0, 33	0, 42	0, 65
70	0, 09	0, 18	0, 35	0, 44	0, 70
75	0, 10	0, 19	0, 38	0, 48	0, 75
80	0, 10	0, 20	0, 40	0, 50	0, 80
85	0, 11	0, 22	0, 43	0, 54	0, 85
90	0, 12	0, 23	0, 45	0, 57	0, 90
95	0, 12	0, 24	0, 48	0, 60	0, 95
100	0, 13	0, 25	0, 50	0, 63	1, 00
200	0, 25	0, 50	1, 00	1, 25	2, 00
300	0, 38	0, 75	1, 50	1, 88	3, 00
400	0, 50	1, 00	2, 00	2, 50	4, 00
500	0, 63	1, 25	2, 50	3, 13	5, 00
600	0, 75	1, 50	3, 00	3, 75	6, 00
700	0, 88	1, 75	3, 50	4, 38	7, 00
800	1, 00	2, 00	4, 00	5, 00	8, 00
900	1, 13	2, 25	4, 50	5, 63	9, 00
1000	1, 25	2, 50	5, 00	6, 25	10, 0 0

SOMMES sujettes à la perception.	MONTANT DU DROIT A PERCEVOIR sur les sommes soumises au droit de				
	1 fr. 25 c. par 100 f.	2 francs, par 100 f.	2 f. 50 c. par 100 f.	4 francs, par 100 f.	5 francs, par 100 f.
francs.	fr. c.	fr. c.	fr. c.	fr. c.	fr. c.
1	0, 02	0, 02	0, 03	0, 04	0, 05
2	0, 03	0, 04	0, 05	0, 08	0, 10
3	0, 04	0, 06	0, 08	0, 12	0, 15
4	0, 05	0, 08	0, 10	0, 16	0, 20
5	0, 07	0, 10	0, 13	0, 20	0, 25
6	0, 08	0, 12	0, 15	0, 24	0, 30
7	0, 09	0, 14	0, 18	0, 28	0, 35
8	0, 10	0, 16	0, 20	0, 32	0, 40
9	0, 12	0, 18	0, 23	0, 36	0, 45
10	0, 13	0, 20	0, 25	0, 40	0, 50
15	0, 19	0, 30	0, 38	0, 60	0, 75
20	0, 25	0, 40	0, 50	0, 80	1, 00
25	0, 32	0, 50	0, 63	1, 00	1, 25
30	0, 38	0, 60	0, 75	1, 20	1, 50
35	0, 44	0, 70	0, 88	1, 40	1, 75
40	0, 50	0, 80	1, 00	1, 60	2, 00
45	0, 57	0, 90	1, 13	1, 80	2, 25
50	0, 63	1, 00	1, 25	2, 00	2, 50
55	0, 69	1, 10	1, 38	2, 20	2, 75
60	0, 75	1, 20	1, 50	2, 40	3, 00
65	0, 82	1, 30	1, 63	2, 60	3, 25
70	0, 88	1, 40	1, 75	2, 80	3, 50
75	0, 94	1, 50	1, 88	3, 00	3, 75
80	1, 00	1, 60	2, 00	3, 20	4, 00
85	1, 07	1, 70	2, 13	3, 40	4, 25
90	1, 13	1, 80	2, 25	3, 60	4, 50
95	1, 19	1, 90	2, 38	3, 80	4, 75
100	1, 25	2, 00	2, 50	4, 00	5, 00
200	2, 50	4, 00	5, 00	8, 00	10, 00
300	3, 75	6, 00	7, 50	12, 00	15, 00
400	5, 00	8, 00	10, 00	16, 00	20, 00
500	6, 25	10, 00	12, 50	20, 00	25, 00
600	7, 50	12, 00	15, 00	24, 00	30, 00
700	8, 75	14, 00	17, 50	28, 00	35, 00
800	10, 00	16, 00	20, 00	32, 00	40, 00
900	11, 25	18, 00	22, 50	36, 00	45, 00
1000	12, 50	20 ,00	25, 00	40, 00	50, 00

FRUITS.

Fruits, émolumens qui naissent et renaissent du corps d'une chose, comme les fruits de la terre. Cependant on a donné le même nom à certains profits qui ne proviennent pas de la même chose, mais qui sont dûs à cause d'elle.

Delà la division des fruits en naturels ou industriaux et civils. On appelle *fruits naturels* ceux que la nature seule produit, et qui ne demandent aucune culture comme le foin, le bois, les fruits des arbres.

Les *fruits industriaux* sont ceux que la nature ne produit pas toute seule, au moins avec abondance, et qui exigent des soins et de la culture, comme le vin, les bleds et autres grains.

Les *fruits civils* sont des revenus que la loi civile assimile à certains égards aux fruits naturels. On met dans ce rang les loyers des maisons et héritages, les arrérages de rentes, et généralement tous les profits annuels qui proviennent ou de la loi ou de la convention des parties.

Les fruits civils sont toujours réputés meubles; à l'égard des fruits naturels et industriaux, tant qu'ils tiennent à la terre qui les produit, ils sont censés ne faire avec elle qu'un seul et même tout; mais dès qu'ils en sont séparés par la récolte, ils deviennent meubles, puisqu'on peut les transporter d'un lieu dans un autre.

Il faut suivre ces principes pour la perception des droits d'enregistrement des actes portant transmission de fruits, en faisant néanmoins cette distinction : si les fruits naturels et industriaux sont vendus avec la terre qui les produit, nul doute; il y a lieu d'exiger sur la totalité du prix le droit de quatre francs par cent ; mais si la récolte des fruits *seulement* est vendue, il ne doit être perçu, comme pour une vente d'objets mobiliers, que deux fr. par cent fr. *Voir* Biens. Vente.

GAINS NUPTIAUX ET DE SURVIE.

Le mot de *gains nuptiaux*, pris dans sa signification la plus étendue, comprend les divers avantages que se font les conjoints, en considération de leur mariage.

Tome II.   P

Le terme de *gains de survie*, pris aussi dans un sens étendu, peut s'appliquer à tous les avantages qui se stipulent entre toutes sortes de particuliers en faveur du survivant.

Mais les gains nuptiaux et de survie, proprement dits, s'entendent des avantages qui ont lieu entre conjoints dans les pays de droit écrit.

Parmi les avantages usités entre conjoints dans les pays coutumiers, on stipule aussi des dons en faveur du survivant, mais au lieu de les appeler *gains nuptiaux* ou de survie, on les nomme en général conventions matrimoniales ; et chacune de ces conventions a un nom particulier, qui diffère de ceux des gains nuptiaux et de survie, usités dans les pays de droit écrit.

Il faut observer que quand ces avantages ne sont pas stipulés par des actes passés entre époux, et qu'ils ne dérivent que des anciennes lois ou coutumes, ils ne peuvent point s'appliquer aux mariages qui ne sont contractés que postérieurement à la loi du 17 nivose de l'an 2. C'est ce qu'il faut induire, tant de l'art. LXI de cette loi, que de la réponse faite par la loi du 22 ventose suivant, à la quarante-neuvième question proposée au corps législatif, relativement aux dispositions de la même loi de nivose.

La loi du 17 nivose an 2 comprend dans la réduction tous les avantages établis en faveur des survivans, à quelque titre que ce soit.

G A R A N T I E.

On distingue deux sortes de garanties, dont l'une est appelée *garantie de droit*, et l'autre *garantie de fait* ou *conventionnelle*.

La *garantie de droit* est celle à laquelle on est obligé de plein droit, lors même qu'elle n'a pas été stipulée. Telle est la garantie que tout vendeur ou cédant doit à l'acquéreur ou au cessionnaire, pour lui assurer la jouissance ou propriété de la chose vendue ou cédée.

La *garantie de fait* ou *conventionnelle* est celle qui n'a lieu qu'en vertu de la convention.

On fait un usage fréquent de la garantie de fait dans les cessions ou transports, soit de rentes, soit de dettes mobiliaires ; et on la stipule de plusieurs manières, qui méritent chacune une explication particulière.

On peut céder et transporter purement et simplement,
sans parler de garantie, ou céder sans garantie, ou sans
autre garantie que de ses faits et promesses seulement ;
dans tous ces cas, le cédant n'est point obligé de garantir
la solvabilité du débiteur de la rente, ou de la dette
cédée.

Si le transport est fait avec garantie seulement, ou
avec promesse de garantie de tout trouble et empêche-
ment, sans y ajouter d'autres termes, alors la garantie
oblige le cédant à demeurer responsable de l'insolvabilité
du débiteur, lors de la cession et transport, mais non pas
de celle qui peut arriver dans la suite : c'est pourquoi,
si on cède avec garantie une rente à prendre sur un homme
qui a pour tout bien une place quelconque, et qui ne doit
rien d'ailleurs, on n'est point garant de la rente qu'on a
cédée, quoique cet homme vienne à être privé de sa
place.

La promesse de garantir, fournir et faire valoir, rend
le cédant garant de l'insolvabilité présente du débiteur,
et de celle qui peut arriver dans la suite ; mais le cessionnaire ne peut exercer son recours contre le cédant,
qu'après avoir discuté les biens du débiteur et prouvé son
insolvabilité.

Le cessionnaire est même obligé, nonobstant la promesse de garantir, fournir et faire valoir, de faire les
poursuites nécessaires pour être payé ; de sorte que s'il
laisse prescrire, s'il manque de s'opposer à la vente d'un
immeuble, sur le prix duquel il aurait été mis utilement
en ordre, et, par ce moyen, payé de sa dette, il ne peut
plus revenir contre son garant, parce qu'en effet la dette
est alors perdue par la négligence du cessionnaire, plutôt
que par l'insolvabilité du débiteur.

Mais il y a une chose plus efficace que les deux autres,
qui n'oblige les cessionnaires ni à la discussion du débiteur, ni à faire aucune poursuite pour le paiement,
c'est la promesse que fait le cédant de garantir, fournir
et faire valoir, même payer après un simple commandement, sans que le cessionnaire soit tenu de faire aucune
autre diligence : c'est alors au cédant à veiller à la conservation de la chose cédée, puisqu'il a bien voulu se
charger de ce soin.

Quoiqu'en général l'obligation de garantie soit de la
nature du contrat de vente, et qu'elle y soit toujours
sous-entendue, lors même qu'elle n'y est point exprimée,

il est néanmoins permis aux parties de déroger à ce droit par des conventions particulières, attendu qu'il n'est question que d'un intérêt particulier. Ainsi, l'obligation de garantie peut être exclue du contrat par une clause particulière.

Les clauses qui excluent la garantie peuvent être plus ou moins étendues : quelquefois la garantie n'est exclue que pour une seule espèce d'éviction, comme quand le vendeur déclare que l'héritage est sujet à un droit de réméré, à une telle hypothèque, etc., en pareil cas, le vendeur est déchargé de la garantie, relativement à l'éviction prévue par le contrat ; mais il demeure garant de toute autre éviction.

Quelquefois la clause qui exclut la garantie est plus étendue ; telle est celle par laquelle le vendeur stipule qu'il ne sera garant que de ses faits. En cas pareil, le vendeur n'est pas tenu de la garantie, relativement aux évictions qui peuvent avoir lieu, à moins qu'elles ne proviennent de son fait, comme serait une demande hypothécaire, formée par un créancier pour une hypothèque que le vendeur aurait lui-même contractée.

Observez que si l'on avait stipulé que le vendeur ne serait obligé à aucune garantie, cette clause n'aurait pas plus d'effet que la précédente, et n'empêcherait pas qu'il ne fût tenu des évictions qui procéderaient de son fait. La raison en est qu'il ne serait ni juste ni équitable que l'acheteur fût exposé à des évictions auxquelles le vendeur aurait donné lieu par son propre fait, qu'il aurait laissé ignorer à l'acheteur.

Observez aussi que la clause par laquelle on a stipulé que le vendeur ne serait obligé à aucune garantie, suffit bien pour le mettre à l'abri d'une condamnation aux dommages et intérêts de l'acheteur, dans le cas d'éviction ; mais il n'est pas moins tenu de rendre le prix de la vente. La raison en est que l'acheteur n'ayant payé ce prix que pour avoir la chose que le vendeur avait promise, et celui-ci n'ayant point accompli sa promesse, il se trouve avoir reçu sans objet le prix dont il s'agit ; et par conséquent il doit le rendre.

Il y a deux cas où, ni la garantie de droit, ni la garantie de fait n'ont lieu. Le premier, quand on ne vend pas, ou qu'on ne cède pas une certaine chose en particulier ; mais le droit entier que l'on peut avoir sur la chose, sans aucune garantie, ce qui s'entend toujours pourvu qu'il n'y ait point de dol de la part du vendeur.

Le second cas est lorsqu'on vend l'espérance incertaine de quelque chose, comme le pêcheur qui vend le jet de ses filets ; quoiqu'il ne prenne aucun poisson, il n'est pas obligé à rendre le prix. *Voir* VENTE.

HÉRÉDITÉ.

C'est proprement l'universalité des biens d'un défunt, avec ses charges ; elle comprend ses biens meubles et immeubles, les droits et actions qui lui appartenaient, les dettes qu'il a contractées, les charges dont il était tenu.

L'hérédité, prise dans cette acception, qui est la seule véritable, est une chose intellectuelle, un droit purement incorporel ; car, quoiqu'elle soit composée de tous les biens du défunt, l'existence de ces biens n'est pas de son essence. Un homme qui ne laisse rien en mourant, laisse une hérédité comme le plus riche propriétaire.

La plupart des auteurs confondent les mots d'hérédité et de succession ; et, d'après les lois 24 *ff. de v. s.* et 62, *ff. de r. j.*, ils définissent l'hérédité, la succession à tous les droits actifs et passifs qu'avait un défunt au moment de sa mort. Mais cette définition est vicieuse, et ces deux mots ne sont pas synonimes.

En effet, ce n'est pas l'hérédité, mais l'addition ou la prise de possession de l'hérédité qu'on peut appeler succession ; car succéder est un acte de l'héritier et non de l'hérédité, et c'est par cette raison que l'héritier est souvent appelé, en droit, *le successeur de tous les droits du défunt.* L'hérédité est l'objet de l'acquisition de l'héritier, la succession est le moyen qu'il emploie pour l'acquérir et s'en rendre propriétaire.

La demande d'une hérédité se forme par une action connue dans le droit romain sous le nom *petitio hæreditatis.* Cette action est mixte ; c'est-à-dire, partie réelle et partie personnelle. Elle est réelle, par rapport aux choses sur lesquelles le défunt avait un droit acquis au moment de sa mort, parce que la propriété qui est le fondement d'une action de cette nature, a passé directement du défunt à son héritier ; elle est personnelle, relativement aux choses qui ont augmenté l'hérédité depuis son ouverture, parce que le défunt n'ayant, à

cet égard, transmis aucun droit de propriété à son héritier, celui-ci n'a, pour le moment, qu'une action personnelle contre les personnes qui ont quasi contracté
avec lui en les administrant.

Pour intenter une action en demande d'hérédité, il
faut être héritier légitime ou testamentaire.

Celui qui l'intente comme héritier légitime, doit justifier de sa parenté avec le défunt ; mais il n'est point
tenu, au moins envers un étranger, de prouver qu'il
ne se trouve personne dans un degré plus proche que
lui : ce n'est que contre un autre parent qu'il peut être
obligé à cette preuve.

Celui qui demande une hérédité en vertu d'un testament, doit le produire en bonne forme ; mais il n'est
point obligé de prouver que cet acte n'a point été ré-
voqué par un autre postérieur, c'est à celui qui veut se
prévaloir d'une révocation à la vérifier. La loi XI, au
code *de probationibus* ; en contient une disposition
expresse.

L'action en demande d'hérédité s'intente contre celui
qui possède l'universalité, ou une partie des choses héréditaires, soit à titre d'héritier *pro hærede*, soit à titre de
simple possesseur, *pro possessore*. On possède *pro hærede*,
quand on se croit de bonne foi héritier, ou même quand
on a acheté l'hérédité d'une personne que l'on savait n'être
pas héritier, ce qui est fondé sur la règle de droit, *nemo
prædo est qui pretium numeravit.* On possède *pro pos-
sessione*, quand on ne peut rendre compte d'aucun titre
par lequel on soit fondé à se dire héritier, et que l'on
est borné à la maxime, *possideo quia possideo.* Voyez
sur cette distinction la loi XI, au digeste, *de petitione
hæreditatis.*

Ceux qui possèdent, à titre d'achat, de donation, d'é-
change, etc., de biens ou effets singuliers d'une succession, ne peuvent pas être poursuivis par l'action en demande d'hérédité, parce que cette action étant du nombre de celles que l'on appelle en droit *universelles*, ne
peut pas être intentée contre des possesseurs à titre particulier : on n'a contre ceux-ci qu'une action en révendi-
cation, et cette action est sujette à la prescription ordinaire.

L'action en demande d'hérédité tend à faire condamner, celui contre qui elle est dirigée, à restituer, 1°. toutes
les choses héréditaires qu'il possède ou qu'il a cessé de

posséder ; 2°. tous les fruits et intérêts qu'il a perçus ou
dû percevoir depuis l'ouverture de la succession.

Il y a, sur ces deux objets de restitution, plusieurs
différences remarquables entre le possesseur de bonne-
foi et le possesseur de mauvaise-foi.

A l'égard des choses héréditaires, le possesseur de
mauvaise-foi est tenu de restituer non-seulement celles
qu'il possede ou qu'il a cessé de posséder par dol ou négligence, mais encore celles qu'il a négligé d'acquérir
au nom de l'hérédité, comme s'il a laissé prescrire les
dettes actives. Le possesseur de bonne-foi, au contraire,
n'est tenu des choses, qu'il a cessé de posséder, que jusqu'à concurrence du profit qui lui en reste : de sorte que
si un héritier partiaire, qui aurait eu juste sujet de se
croire héritier universel, avait dissipé de bonne-foi une
grande partie de l'hérédité, ses co-héritiers ne pourraient
lui demander partage que dans ce qui lui resterait.

A l'égard des fruits, le possesseur de mauvaise-foi est
tenu de restituer tous ceux qu'il a perçus ou dû percevoir,
depuis le commencement de sa jouissance, et même d'en
payer les intérêts du jour de la demande : c'est la disposition expresse de la loi 51 *ff. de hœred. petit.* La loi 20,
§. XIV du même titre, décharge néanmoins le possesseur de mauvaise-foi, des fruits civils qu'auraient pu
produire des deniers héréditaires, s'il les avait prêtés à
intérêts.

Le possesseur de bonne-foi n'est tenu, suivant la loi 40,
au même titre, de restituer les fruits perçus avant la demande, qu'autant qu'ils sont encore en nature, ou qu'il
lui en reste encore quelque profit au tems du jugement ;
mais suivant notre jurisprudence, il n'est tenu qu'à la restitution de ceux qu'il a perçus depuis la demande formée
contre lui. Il est même tenu de ceux qu'il a négligé de
percevoir, parce que, dès ce moment, sa condition ne
diffère plus de celle de possesseur de mauvaise-foi, et
que la demande fait cesser sa bonne-foi.

Voyez HÉRITIER, SUCCESSION.

HÉRITIER.

SOMMAIRE.

1°. Définition et remarques sur la qualité d'héritier.

2°. Indications des différentes sortes d'héritiers.

3°. Principes généraux sur les droits attachés à la qualité d'héritier.

4°. Des avis à donner de la mort des personnes qui laissent pour héritiers des pupilles, des mineurs ou des absens.

5°. Des droits d'enregistrement dûs par les héritiers.

§. PREMIER.

Définition et remarques sur la qualité d'héritier.

L'héritier est celui qui recueille, à titre successif, tous les droits actifs et passifs qu'avait un défunt au moment de sa mort.

On avait toujours reconnu en France plusieurs sortes d'héritiers, formés par la volonté de l'homme, tels que les héritiers contractuels, les héritiers testamentaires, etc.

Suivant la loi du 17 nivose an 2, il ne pouvait plus y avoir d'autres héritiers que ceux qui tiennent de la loi leur qualité. Ceux-ci sont de trois sortes ; savoir : les héritiers du sang, les héritiers *unde vir et uxor*, et les héritiers irréguliers.

Cette loi portant atteinte au droit de tester, incontestablement né du droit civil, et presque aussi ancien que sa source, a été, à cet égard, rapportée par celle du 4 germinal an 8, qui rétablit la faculté de pouvoir disposer de ses biens par acte entre-vifs et de dernière volonté, et qui a ordonné, dans l'exercice de ce droit, les modifications et réserves convenables.

Voyez SUCCESSION.

§. 11.

Indication des différentes sortes d'héritiers.

L'héritier du sang ou *légitime* proprement dit, est celui qui est du même sang, de la même famille que le défunt, et qui vient à sa succession en vertu de la loi. Ces héritiers sont *purs et simples*, ou *bénéficiaires*. Les premiers sont ceux qui acceptent une succession, ou qui font acte d'héritier purement et simplement : les seconds sont ceux qui ne l'acceptent qu'après avoir fait bon et fidele inventaire, et avec déclaration qu'ils n'entendent accepter la succession qu'en qualité d'héritiers bénéficiaires.

Si l'héritier ne satisfait pas aux règles prescrites pour être admis au bénéfice d'inventaire, il est réputé héritier pur et simple. Mais s'il remplit toutes les formalités, alors il n'est tenu de répondre des dettes et des faits du défunt que jusqu'à concurrence de la valeur des biens dont la succession est composée.

Il n'y a que les héritiers légitimes ou testamentaires, dans les pays où l'institution d'héritier a lieu, qui puissent se servir du bénéfice d'inventaire. Les autres successeurs, tels que les légataires universels, n'en ont pas besoin, parce qu'ils ne représentent pas la personne du défunt ; qu'il ne peut pas y avoir de confusion entre les biens du légataire universel et de la succession, et qu'ainsi il n'est pas tenu des dettes de la succession au-delà de ses forces.

La loi *scimus* veut que l'inventaire soit commencé dans les 30 jours après le décès de celui de la succession duquel il s'agit, et parachevé 60 jours après.

Suivant l'article Ier. du titre VII de l'ordonnance de 1667, l'héritier doit avoir 3 mois depuis l'ouverture de la succession pour faire inventaire, et 40 jours pour délibérer. Et s'il justifie que l'inventaire n'a pu être fait dans les trois mois, soit parce qu'il a ignoré la mort du défunt, soit à cause des oppositions ou contestations qui sont survenues ou autrement, le juge doit lui accorder un délai convenable pour faire l'inventaire, et 40 jours pour délibérer. Ce délai doit être accordé à l'audience, et sans que la cause puisse être appointée. Telles sont les dispositions de l'art. IV du même titre.

On distingue encore les héritiers en directs ou collatéraux. La loi du 22 frimaire an 7 a aussi établi une différence dans la quotité des droits résultans des successions directes ou collatérales. On appelle *direct* celui qui succède en ligne directe, comme les enfans, les petits-enfans, les ascendans; et *collatéral*, celui qui ne descend pas du défunt, tel que les frères et sœurs, ses oncles et tantes, ses neveux et nièces, ses cousins et cousines.

Les coutumes de Paris et d'Orléans veulent que celui qui, en ligne collatérale, prend la qualité d'héritier pur et simple, donne l'exclusion à ceux qui ne se rendent héritiers que par bénéfice d'inventaire, quand même ils seraient parens plus proches que lui. Cette règle ne s'applique point à la ligne directe.

L'héritier *présomptif* est celui qui est en dégré auquel on peut succéder, et que l'on présume qui sera héritier : on lui donne cette qualité, soit avant le décès du défunt, ou depuis l'ouverture de la succession, jusqu'à ce qu'il ait pris qualité, ou fait acte d'héritier, ou renoncé.

Au défaut des héritiers du sang, l'édit *undè vir et uxor* appelle le mari à la succession de sa femme, et la femme à celle de son mari. Dans ce cas, le mari ou la femme sont véritablement héritiers l'un de l'autre, et jouissent pleinement de la règle, *le mort saisit le vif*, puisqu'ils sont appelés par la loi, dans leur ordre, comme les parens.

Lorsqu'une succession *ab intestat* n'est ou ne peut être appréhendée, ni à titre de parenté, ni en vertu de l'édit *undè vir et uxor*, c'est aux héritiers irréguliers qu'elle est déférée.

On appelle héritiers irréguliers ceux qui succèdent à l'universalité des biens d'un défunt, sans néanmoins représenter sa personne. Telle est la république, lorsqu'elle succède par droit de deshérence. Dans ce cas, la république est *héritière* dans le sens qu'elle jouit de l'effet de la maxime *le mort saisit le vif*, et elle ne l'est pas en tant qu'elle ne représente point la personne du défunt; c'est-à-dire, qu'elle n'est point obligée au paiement de ses dettes et à l'entretien de ses obligations que jusqu'à concurrence de ce qu'elle a profité de ses biens. Il y a donc dans de semblables successeurs un mélange de droits et de qualités qui seraient incompatibles dans toute autre personne ; c'est pour cela qu'on les appelle *héritiers irréguliers.*

Un héritier peut être institué de deux manières, par acte entre-vifs ou par testament ; c'est pourquoi on en distingue deux espèces : les contractuels et les testamentaires. On appelle *héritier contractuel*, celui qui succède en vertu d'un contrat, c'est-à-dire, en vertu d'une institution d'héritier faite par contrat de mariage ou autre acte entre-vifs ; et *héritier testamentaire*, celui qui est institué héritier par testament.

En pays coutumier, c'est un principe presque général que *le mort saisit le vif, son plus proche héritier habile à lui succéder* ; d'où il suit qu'on n'y reconnaît pour héritiers proprement dits, que ceux qui sont appelés par la loi à la succession des biens laissés par le défunt au moment de sa mort, parce que ce sont les seuls qui en sont saisis de plein droit. En effet, dans la plupart des coutumes, les héritiers institués sont obligés de demander à l'héritier légitime la délivrance de la portion de l'hérédité à laquelle ils sont appelés par la disposition du testateur.

L'héritier *renoncé* est celui qui a abdiqué la succession qui lui était déférée. *Voir* sur la forme et les effets de cette abdication, l'article RENONCIATION.

§. III.

Principes généraux sur les droits attachés à la qualité d'héritier.

Un héritier représente universellement la personne de celui à qui il succède ; c'est pourquoi Justinien définit l'hérédité : *successio in universum jus quod quis temporis morte habet.*

Les effets de cette représentation universelle sont, à l'égard de l'héritier, actifs ou passifs.

Les effets actifs sont d'être saisi de tous les biens, droits et actions qui appartenaient au défunt.

Il y a néanmoins certains droits qui sont tellement personnels, qu'ils ne passent point du défunt à l'héritier, tels que ceux qui sont attachés à la personne, et qui finissent avec elle, comme sont les droits d'usufruits, d'usage, d'habitation. Remarquez cependant que, si un usufruitier ou un usager cédait son droit à un autre, et que le cessionnaire vînt à mourir avant le cédant, les héritiers du cessionnaire continueraient de jouir durant la vie du cédant. C'est ce que décide le §. dernier de la loi 8 au digeste *de commodo et periculo rei venditæ.*

La faculté de renoncer à la communauté passe aux héritiers de la femme, et ils peuvent l'exercer comme elle l'exercerait si elle était encore vivante lors du décès de son mari.

Le droit d'un donateur de révoquer une donation pour cause d'ingratitude, celui d'un citoyen quelconque, de se pourvoir en réparation des injures qui lui ont été faites ou dites, ne passe point régulièrement à ses héritiers.

L'engagement que contracte un majeur, en se portant héritier, est irrévocable, de manière que, quand il se dépouillerait ensuite des biens, il demeure sujet aux charges de la succession, et celui qui, après avoir accepté, renonce en faveur d'un autre, *aliquo dato*, est regardé comme un héritier qui vend ses droits successifs.

L'engagement de l'héritier est universel. Il est aussi indivisible, c'est-à-dire, que chaque héritier ne peut accepter la succession pour partie, et y renoncer pour le surplus.

L'héritier est réputé tel du moment de la mort de celui auquel il succède.

Toute personne peut être héritière en vertu de la loi du testament qui l'appelle, pourvu qu'elle n'ait point en elle de cause d'incapacité.

Les droits attachés à la qualité d'héritier sont de délibérer s'il acceptera la succession, ou s'il y renoncera; en cas d'acceptation de la succession, d'en recueillir les biens; en cas de renonciation, il cesse de jouir des droits attachés à la qualité d'héritier.

Il est libre à l'héritier qui a accepté, de vendre ou donner l'hérédité, et d'en disposer comme bon lui semble; il la transmet aussi à son héritier, lorsqu'il n'en a pas disposé autrement.

Les héritiers ont entr'eux plusieurs droits respectifs, tels que celui de se demander partage, et l'obligation de se garantir mutuellement leurs lots; tels sont aussi le droit d'accroissement et celui d'obliger son co-héritier en ligne directe , de rapporter à la succession ce qu'il a reçu en avancement d'hoirie. *Voir* PARTAGE. RAPPORT.

On devient héritier par l'addition d'héréd té , et cette addition se fait, ou en prenant qualité d'héritier , ou en s'immisçant dans les biens.

Les effets passifs de la qualité d'héritier , sont les obligations de payer les dettes contractées par le défunt , de faire délivrance des legs ; de supporter ou d'acquitter un douaire , un don mutuel ou quelqu'autre usufruit, de remplir enfin tous les engagemens dont le défunt était tenu , ou dont il a valablement chargé son héritier.

Si le défunt a commis quelque crime ou délit, l'héritier n'est jamais tenu de supporter la peine , si ce n'est la peine pécuniaire , à moins qu'il n'y ait eu condamnation prononcée contre le défunt. A l'égard des intérêts civils et réparations , on le peut demander contre l'héritier quand même il n'y aurait eu ni condamnation ni action intentée contre le défunt.

L'article CDLXXXII du code des délits et des peines , décrété le 3 brumaire an 4 , a réglé qu'après la mort d'un contumax , prouvée légalement , ou après 5o ans , à compter du jour où il aurait été condamné , ses biens , à l'exception des fruits perçus ou échus antérieurement , seraient restitués à ses héritiers légitimes. Il a même ordonné qu'après 20 ans, ces héritiers pourraient , mais en donnant caution , être envoyés provisoirement en possession des biens.

L'héritier pur et simple est tenu des dettes indéfiniment . l'héritier bénéficiaire n'est tenu que jusqu'à concurrence de ce qu'il amende de la succession.

Lorsqu'il y a plusieurs héritiers , chacun est tenu des dettes personnellement pour sa part et portion , et hypothécairement jusqu'à concurrence de la totalité des immeubles qui lui sont échus de la succession.

§. I V.

Des avis à donner de la mort des personnes qui laissent pour héritiers des pupilles, des mineurs ou des absens.

Pour prévenir le vol et la dilapidation des effets laissés à des pupilles, à des mineurs ou à des absens, par leurs parens décédés, le directoire exécutif a pris , le 22 prairial an 5, l'arrêté suivant :

ART. Ier. Dans chaque commune où ne réside pas un juge de paix, l'agent municipal, et à son défaut, son adjoint, sont tenus de donner avis, sans aucun délai, au juge de paix résidant dans le canton, ou, à son défaut, à son assesseur le plus voisin, de la mort de toute personne de son arrondissement, qui laisse pour héritiers des pupilles, des mineurs ou des absens.

II. Les agens et adjoints municipaux qui négligeront cette partie importante de leurs devoirs, seront dénoncés à l'administration centrale de leur département, pour être procédé à leur égard, conformément à l'article CXCIII de l'acte constitutionnel.

§. V.

Des droits d'enregistrement dûs par les héritiers.

Tous les héritiers directs, collatéraux, testamentaires, etc., sont tenus de passer déclaration des biens qu'ils ont recueillis à ce titre dans les délais prescrits, et d'en acquitter l'enregistrement, à peine d'un demi-droit en sus.

Les héritiers sont tenus de payer les droits d'enregistrement ou autres dont était redevable le défunt, si la prescription n'en est pas acquise, c'est une dette de la succession; mais quant aux amendes qu'il pourrait avoir encourues, ses héritiers ne sont point obligés à les acquitter, à moins que la condamnation n'en eût été prononcée avant son décès. C'est ce qui résulte de l'art. VII du code des délits et des peines, du 3 brumaire an 4, portant : « L'action publique s'éteint par la mort des coupables, l'action civile peut être exercée contre les héritiers ».

Le demi-droit en sus d'enregistrement encouru par un défunt pour défaut de déclaration dans les délais, peut être répété contre ses héritiers, avec le simple droit, quoiqu'il n'y ait pas eu de condamnation.

Voir DÉCLARATION DE SUCCESSION. HÉRÉDITÉ. SUCCESSION. TESTAMENT.

HOIRIE.

HÉRITAGE, SUCCESSION. On dit *donner en avancement d'hoirie*, pour dire faire une donation à un enfant d'une partie des biens qu'il peut espérer des successions de

ses père et mère, à condition que, dans le partage qui
aura lieu après leur décès il tiendra compte de l'avance
à ses co-héritiers.

HYPOTHÈQUE.

Quand la bonne-foi eût cessé de dicter les conventions
des hommes, quand les contrats écrits ne furent plus des
garans assez certains de l'exécution des engagemens qu'ils
contenaient, le créancier, instruit par une malheureuse
expérience et devenu méfiant parce qu'il avait été trompé,
ne prêta plus son argent qu'en se faisant donner des sûretés qui ne pussent lui échapper. Le débiteur ne pouvait
offrir de plus grandes sûretés que ses propres biens ; de-là
naquirent le gage ou nantissement et l'hypothèque. On
voit que l'origine de ces deux droits doit remonter presqu'aussi haut que celle des engagemens dont ils deviennent la garantie. Et en effet, nous en trouvons des exemples dans les premières annales des peuples, dont l'his-
toire est parvenue jusqu'à nous ; je ne citerai que les
Grecs et les Romains, dont les lois civiles nous sont plus
familières.

Les Grecs, le peuple le plus ingénieux et le plus fin de
l'antiquité, ne prêtaient que sur la garantie des biens ter-
ritoriaux de l'emprunteur. Ils inventèrent l'antichrèse et
l'hypothèque.

L'antichrèse ne fut guères en usage qu'en Grèce. Les
Romains la connurent bien aussi. La loi 11, §. 1. ff. *de
pig.* et *hyp.* en contient une définition. Mais ils s'en ser-
vaient très-rarement ; ils préféraient une espèce de vente
simulée des immeubles qui avait à-peu-près le même
effet, et que l'on nommait *fiducia.* Cependant les abus
s'en étant bientôt fait sentir, elle fut prohibée, et l'hypothèque seule fut maintenue.

L'hypothèque était publique à Athènes. Quand un héritage en était grevé, on y mettait des brandons qui se
voyaient de loin, et qui attestaient qu'il était engagé. On
faisait plus ; on exigeait que le débiteur, en contractant,
déclarât que ses biens étaient libres de toute autre hypothèque.

Cette formalité d'attacher des brandons aux immeubles
hypothéqués était déjà ancienne du tems de Solon. Plu-
tarque dit que ce législateur se vantait d'avoir fait ôter

tous les brandons du territoire de l'Attique, c'est-à-dire, d'avoir affranchi tous les citoyens de leurs dettes.

Les Romains, qui s'enrichissaient également des usages et des dépouilles du peuple vaincu, empruntèrent des Grecs l'usage de l'hypothèque. Il en était traité dans la loi des douze tables. Il paraît aussi qu'elle fut long-tems publique chez eux, et qu'on y mettait, comme à Athènes, des marques aux héritages hypothéqués. On cessa d'en mettre pour les hypothèques conventionnelles, lorsque les empereurs défendirent à toutes personnes d'apposer de leur autorité privée de ces marques sur les héritages.

Chez ce même peuple, un débiteur ne pouvait hypothéquer ses biens à deux créanciers à-la-fois. Il devait avoir acquitté les causes de la première hypothèque avant d'en contracter une seconde. Il était tenu de déclarer, dans le contrat, que ses biens étaient francs, sans que le créancier eût besoin d'exiger cette déclaration.

Les biens présens étaient seuls sujets à l'hypothèque; ce fut Justinien qui l'étendit depuis aux biens à venir.

Il fallait que l'hypothèque eût été convenue expressémens; elle n'avait point lieu de droit.

Si l'on compare cette partie de la jurisprudence des Grecs et des Romains avec la même partie de l'ancienne jurisprudence française, on verra que tout l'avantage est en faveur de la première.

Jamais en France, si l'on en excepte un très-petit nombre de provinces, l'hypothèque ne fut publique, et encore, dans ce petit nombre de provinces, l'espèce de publicité qu'on y avait admise était-elle très-imparfaite. Nulle part on n'apposait aux héritages de ces brandons, de ces marques publiques qui frappent tous les yeux, invention simple et heureuse des anciens, et que ne vaudra jamais tout ce que le génie des modernes pourra imaginer en ce genre.

Vous vous trompez, me dira-t-on; j'ai vu quelquefois de ces brandons en France. Oui, mais c'est quand les héritages étaient saisis; c'est quand l'insolvabilité du débiteur était déjà assez connue par l'éclat des poursuites dirigées contre lui, pour qu'il lui fût désormais impossible de tromper ceux qui auraient été tentés de contracter avec lui; c'est quand la ruine de plusieurs de ses créanciers trop crédules était consommée, graces au secret impénétrable dont la loi elle-même avait eu soin de couvrir jusques-là les opérations frauduleuses du débiteur.

Les

Les créanciers n'étaient pas seuls victimes de cette législation, plus digne de l'ignorance et de la barbarie des premiers âges, que d'un siècle où la civilisation semblait être parvenue à son dernier degré. Long-tems les acquéreurs se virent dans la triste alternative ou de craindre sans cesse d'être dépossédés un jour des biens dont ils avaient payé le prix, ou de subir les longues et dispendieuses formalités des décrets.

En vain on voulait y remédier par l'édit de 1771. Au lieu d'atteindre le mal dans sa source, on l'attaqua dans son dernier période, et lorsque le remède devenait inutile. On fit quelque chose pour l'acquéreur, pour celui qui reçoit une valeur quelconque de son argent; mais rien pour le créancier qui donne sans recevoir. On donna à l'un les moyens de ne pas s'exposer à payer deux fois le prix de son acquisition; mais on n'empêcha pas l'autre de tout perdre; on n'empêcha pas le débiteur de ne présenter qu'un gage illusoire au prêteur dont il recevait l'argent, et à qui il ne donnait que des promesses en échange.

De quelle utilité avaient été au créancier ces oppositions qu'on lui avait accordé la faculté de former, comme un bienfait, lorsque venant à l'ordre il reconnaissait qu'il ne pouvait être colloqué d'une manière utile, et que ces oppositions, dites *conservatoires*, ne lui avaient en effet rien conservé.

Le débiteur, avec quatre fois plus de dettes qu'il n'avait de biens, pouvait, tant que les poursuites n'avaient pas mis sa détresse au grand jour, continuer d'emprunter, de stipuler la même hypothèque, comme au moment où il ne devait rien encore, et les oppositions immobiliaires du créancier n'étaient qu'une vaine formalité, qui, loin de lui présenter aucun avantage, avait servi d'appât pour mieux le séduire.

Si le débiteur, au contraire, avait une fortune qui excédât de beaucoup les dettes dont il était grevé, une seule hypothèque, la plus légère qu'elle fût, le gênait dans la disposition de ses biens. Il avait les mains liées comme s'il eût été insolvable. Il était obligé, avant d'avoir reçu le prix de la chose, d'attendre le long délai nécessaire pour obtenir des lettres de ratification, pour faire rayer ensuite l'opposition à la charge de laquelle elles avaient été scellées.

Il était forcé de rembourser une dette qui n'était point

échue, qui, même sans cela, n'eût jamais été exigible. Il y était forcé, malgré les conventions expresses et contraires de son contrat, et quoique ses autres biens présentassent une garantie certaine et plus que suffisante à son créancier, jusques-là, celui-ci ne pouvait être contraint de donner la main-levée, de se contenter même de la continuation de son hypothèque; et l'obscurité de son opposition non motivée couvrait la situation du vendeur. environnait ce dernier de méfiance et de soupçon, et le frappait, pour ainsi-dire, de discrédit au sein de l'opulence.

Tels étaient les effets du système absurde de l'hypothèque occulte et générale. Et ce système a régné pendant plusieurs siècles! et il a résisté aux leçons cruelles de l'expérience, à l'exemple des peuples les plus policés de l'antiquité, et dont les codes étaient sans cesse entre nos mains; à l'exemple même de plusieurs nations modernes de la Prusse et d'une grande partie de l'Allemagne où la publicité de l'hypothèque faisait éprouver tous les jours ces inappréciables avantages. Il a résisté aux efforts du génie de Colbert, qui tenta vainement de l'abolir en France. Il a trouvé encore de nos jours des défenseurs dans le sein d'une assemblée d'hommes instruits. Cependant, enfin, la raison a triomphé des préjugés, elle a triomphé de l'intérêt si puissant de quelques débiteurs de mauvaise-foi, et nous avons vu paraître la loi du 9 messidor an 3, qui, la première, a consacré le principe de la publicité de l'hypothèque; principe que réclamaient depuis long-tems et tout-à-la-fois l'agriculture, les arts, le commerce, le bien public, la morale même sans laquelle il ne peut y avoir ni bonheur pour les peuples, ni stabilité pour les gouvernemens. Cette loi, à laquelle on ne peut s'empêcher de rendre hommage sous ce rapport, contenait beaucoup de défauts qui ont toujours retardé son exécution.

Elle établissait des cédules hypothécaires, mobilisait ainsi toutes les fortunes territoriales, et introduisait dans la France un nouveau papier-monnaie qui n'eût pas manqué de renouveller les maux qu'avait fait l'assignat, et dont les plaies saignent encore aujourd'hui pour tant de familles.

Elle créait des formes minutieuses et gênantes pour les déclarations foncières.

Elle n'avait point d'ailleurs ce caractère de concision et de simplicité si nécessaire aux lois.

La loi a été refondue. On en a retranché plusieurs articles qui en étaient inutiles. On y en a ajouté de nouveaux qui lui manquaient ; et on a converti le tout en deux lois du 11 brumaire an 7 , dont l'ensemble forme actuellement un code sur les hypothèques, sur les expropriations volontaires et forcées.

Nous remettons à traiter ces deux articles importans dans le quatrième volume , afin de pouvoir les accompagner des changemens que fera naître la nouvelle législation.

IMMEUBLES.

On comprend sous cette dénomination tout ce qui tient au sol et à sa superficie , soit naturellement , soit pour y avoir été joint par l'art ; comme les champs, les bois , les vignes , les fruits inhérens , les maisons , bâtimens et tout ce qui est incrusté ou scellé à fer ou à clou , à chaux ou à ciment.

Les meubles , au contraire , sont tout ce qui ne tient pas au sol, et qui peut se transporter d'un lieu à un autre sans être détérioré.

Les rentes constituées, les rentes foncières et les prestations que la loi déclare rachetables , étant réputées meubles , ne sont plus , pour l'avenir , susceptibles de l'inscription hypothécaire. Article VII de la loi du 11 brumaire an 7 , sur le régime hypothécaire.

Voir BIENS.

INCOMPATIBILITE.

On entend, par incomptabilité , l'impossibilité légale de cumuler plusieurs fonctions. Nous allons rapporcer ici , par extrait , les différentes lois rendues à ce sujet , et qui peuvent concerner les notaires et les receveurs de l'enregistrement.

Incomptabilité des fonctions de notaires *avec celles de commissaire de police.*

Du premier juin 1792.

Les fonctions de commissaires de police seront déclarées incompatibles avec l'exercice de celles d'officier municipal, de *notaire* et d'avoué.

Incompatibilité de l'exercice des fonctions de notaire *public, avec celles d'avoué, de greffier et de receveur des contributions publiques.*

Du 17 mars 1793. (An premier.)

La convention nationale, après avoir entendu le rapport de son comité de législation sur la pétition du citoyen Ravier, juge de paix du canton de la Halle-au-Blé de la ville de Lyon, tendante à cumuler les fonctions de cette place avec celles de *notaire*, et à contraindre le conseil-général de la commune de la même ville à lui accorder, à cet effet, un certificat de civisme, qu'il prétend lui être refusé pour cause d'incompatibilité d'exercice de ces diverses fonctions; décrète qu'elle passe à l'ordre du jour, motivé sur la disposition du décret du 29 septembre 1791, sur la nouvelle organisation du notariat, qui prononce l'incompatibilité de l'exercice des fonctions de *notaire public*, avec celui des fonctions d'avoué, de greffier, et avec la recette des contributions publiques.

Incompatibilité des fonctions de notaire *avec celles d'avoué et de greffier.*

Du 25 mai 1793.

La convention nationale, après avoir entendu son comité de législation sur le référé des juges du tribunal du district d'Uzès, département du Gard, sur la cumulation des fonctions de *notaire* et des fonctions d'avoué, passe à l'ordre du jour, motivé sur le décret du 29 septembre 1791, article III, section II, portant que les fonctions de *notaire* sont incompatibles avec celles d'avoué et de greffier, et la recette des contributions publiques; et sur la demande faite par un membre, que la même disposition d'incompatibilité s'étende aux fonctions d'administrateur de département et de district, avec les fonctions de *notaire* et d'avoué, la convention renvoie cette proposition au comité de législation, pour en faire un prompt rapport.

Incompatibilité des fonctions de notaire avec celles de juge de paix.

Du premier brumaire an 2.

La convention nationale décrète que les fonctions de notaire et celles de juge de paix sont incompatibles.

Option nécessaire entre les fonctions de notaire et celles de juge de paix.

Du 8 nivose an 2.

Ceux qui, exerçant en même tems les fonctions de juge de paix et celles de *notaire*, n'ont pas encore opté entre les unes et les autres, conformément au décret du premier brumaire, seront tenus de faire parvenir leur option à l'administration de leur district, dans les cinq jours de la publication du présent décret.

Nouvelles dispositions sur les incompatibilités entre les fonctions de notaire et autres.

Du 24 vendémiaire an 8.

TITRE PREMIER.

Incompatibilité des fonctions administratives et judiciaires.

Art. Ier. Les membres du tribunal de cassation, les juges des tribunaux criminels de département, les accusateurs publics de ces tribunaux et leurs substituts, les juges des tribunaux de districts, les commissaires nationaux auprès de ces tribunaux, les juges des tribunaux de commerce, les juges de paix et leurs assesseurs, les membres des bureaux de paix et de conciliation, les greffiers de ces divers établissemens et tribunaux, ne pourront être membres des directoires de département et de district, officiers municipaux, présidens, agens nationaux ou greffiers de ces diverses administrations.

II. Ils ne pourront non plus être *notaires publics*, membres des administrations forestières, receveurs de district ou de l'enregistrement, employés dans le service des douanes, postes et messageries, ni remplir des fonctions publiques sujettes à comptabilité pécuniaire

TITRE II.

De l'incompatibilité des diverses fonctions administratives entre elles.

Art. Ier. Aucun citoyen ne pourra exercer ni concourir à l'exercice d'une autorité chargée de la surveillance médiate ou immédiate des fonctions qu'il exerce dans une autre qualité.

V. Il y a incompatibilité entre les fonctions de *notaire public* et celles de membres de directoire , de district et de département ou d'agens nationaux et de greffiers de l'une et de l'autre de ces administrations.

TITRE IV.

Dispositions générales.

Art. Ier. Les instituteurs salariés par la nation , et les membres des comités révolutionnaires ne pourront cumuler , avec ces fonctions , aucune autre fonction publique.

II. Les fonctionnaires publics qui réuniraient actuellement des fonctions incompatibles , seront tenus de faire leur option dans le délai d'une décade après la publication de la présente loi par la voie du bulletin , à peine d'être destitués des unes et des autres après ce délai expiré.

III. Ceux qui seraient appelés à l'avenir à remplir des fonctions incompatibles avec celles qu'ils exerçaient déjà , seront pareillement tenus , sous la même peine , de faire leur option dans la décade qui suivra la notification qui leur sera faite du nouveau choix qui aura eu lieu en leur faveur.

Arrêté du directoire exécutif qui ordonne la destitution des receveurs du droit d'enregistrement, exerçant les fonctions de notaire.

Du 21 germinal an 5.

Le directoire exécutif , informé que des citoyens se permettent de cumuler les fonctions de receveurs d'enregistrement avec celles de *notaire.*

Considérant que cet abus est condamné , 1°. par la

loi du 6 octobre 1791 , relative au notariat , qui déclare formellement , titre II , art. III , lesdites fonctions de *notaire* , incompatibles avec celles de receveur des contributions publiques ; 2°. par l'art. Ier. du titre II de la loi du 24 vendémiaire an 3, lequel porte « qu'aucun ci-» toyen ne pourra exercer ni concourir à l'exercice d'une » autorité chargée de la surveillance médiate ou immé-» diate des fonctions qu'il exerce dans une autre place ».

Après avoir entendu le ministre de la justice , arrête :

Art. Ier. Le ministre des finances fera destituer , sans délai , tous les receveurs du droit d'enregistrement qui exerceraient en même-tems les fonctions de *notaire*.

II. Le ministre de la justice tiendra la main à ce que les commissaires du pouvoir exécutif près les tribunaux civils poursuivent, en vertu de l'art. II du titre IV de la loi du 24 vendémiaire an 3 , la destitution de tout *notaire* qui exercerait en même teins lesdites fonctions de receveur d'enregistrement.

INDEMNITÉS.

On entend par indemnité une stipulation par laquelle on s'oblige de garantir et de dédommager quelqu'un d'une obligation ou cautionnement dans lequel il est entré pour celui qui lui fait la promesse d'indemnité.

L'enregistrement des indemnités est fixé à 50 centimes par 100 fr. Ce droit doit être perçu indépendamment de celui de la disposition que l'indemnité a pour objet , mais sans pouvoir l'excéder. (Art. LXIX , §. II , n°. 8 de la loi du 22 frimaire an 7.)

Il résulte nécessairement de cette disposition , 1°. que si la stipulation d'indemnité est renfermée dans l'acte même auquel elle a rapport, il y a lieu de percevoir deux droits , celui de la disposition et celui de la clause d'indemnité ; 2°. que le droit ci-dessus , ne peut excéder celui de la disposition que l'indemnité a pour objet , ensorte que si elle a lieu au sujet d'un cautionnement d'un comptable envers la république , il ne doit être perçu , soit pour l'acte ou la clause d'indemnité , que 25 cent. par 100 fr. , le cautionnement n'opérant lui-même que ce droit.

Les promesses d'indemnités indéterminées et non susceptibles d'estimation, ne sont sujettes qu'à 1 franc fixe. (Art. LXVIII , §. Ier. , n°. 37.

*Est-il dû un droit particulier pour une stipulation
d'indemnité faite dans un acte de société, en cas
d'inexécution des clauses ? Peut-on établir un droit
proportionnel sur le montant de l'indemnité ? Et dans
le cas où l'indemnité serait déterminée à une somme
fixe par chaque année, doit-on cumuler les différentes années pour liquider le droit sur le montant
réuni ?*

Avant la loi du 22 frimaire, on ne percevait pour ces
indemnités qu'un franc fixe, sauf la perception du droit
proportionnel, si l'indemnité était payée. La loi du 22
frimaire établit, il est vrai, la perception du droit proportionnel sur les indemnités dont l'objet est déterminé, mais a-t-elle entendu parler de la stipulation
d'indemnité faite entre des personnes qui s'associent,
en cas que l'un des sociétaires se retire ? La raison d'en
douter, c'est que ces sortes de stipulations d'indemnité
ne sont que des clauses éventuelles des conditions d'une
société sans lesquelles elle n'aurait pas lieu ; ce sont des
dispositions qui dérivent de l'acte même de la société,
et qui parconséquent ne paraissent point passibles d'un
droit particulier. Les indemnités que la loi a entendu
soumettre à un droit particulier, sont, par exemple,
celles stipulées entre le cautionnant et le cautionné, et
par lesquelles le dernier s'oblige d'indemniser celui qui
le cautionne, parce qu'alors la stipulation est étrangère
à celui auquel est fourni le cautionnement : ainsi Jacques
est cautionné par Pierre au profit de Jean. Jacques promet une indemntié à Pierre ; cette disposition est absolument étrangère à Jean. Cette interprétation paraît la
seule manière de concilier la loi du 22 frimaire avec les
lois précédentes, et les principes généraux de perception.

Cette question ne doit laisser aucun doute à celui qui
se pénétrera des dispositions de la loi du 22 frimaire.

Le n°. 57 du 1er. paragraphe de l'article LXVIII,
n'assujettit au droit fixe d'un franc que les promesses
d'indemnités indéterminées et non susceptibles d'évaluation. Le n°. 8 de l'article LXIX soumet textuellement au droit proportionnel de 50 centimes par 100 fr.
*les cautionnemens de sommes et objets mobiliers, les
garanties mobilières et les indemnités de même nature.*

Cette seconde disposition est générale; elle ne distingue point, et embrasse évidemment toutes les garanties mobilières; il demeure donc certain que les indemnités stipulées dans des traités, conventions, ou actes de société dont la quotité est déterminée par ces actes, sont passibles du droit proportionnel de 50 centimes par 100 fr.; leur éventualité ne change rien à l'essence de la stipulation dont l'effet est d'obliger dès le moment même, et de pouvoir contraindre au paiement de l'indemnité celui qui ne remplit pas ses engagemens. Il est de la nature des indemnités d'être éventuelles; et dès que la loi les a classées parmi les actes sujets au droit proportionnel, il faut en conclure qu'elle n'a pas voulu avoir égard à la considération de cette éventualité. Il n'est pas vrai de dire que ces indemnités tiennent à l'essence de l'acte de société, parce que celui-ci pourrait exister sans cette stipulation. Quant à la question de savoir si lorsqu'une indemnité est stipulée payable à une somme fixe par chaque année, on peut cumuler les années et percevoir le droit sur le montant, l'affirmative n'est pas douteuse. En effet, si l'inexécution de l'acte de société suivait de près l'époque à laquelle il a eu lieu, les sociétaires seraient fondés à réclamer l'indemnité entière, liquidée sur la durée qu'il devait avoir; par la même raison, on est fondé à liquider le droit de la même manière. D'ailleurs, le n°. 4 de l'article XIV, titre II de la loi du 22 frimaire, veut que la valeur pour les marchés et traités soit déterminée par le prix exprimé ou l'évaluation qui sera faite des objets qui en seront susceptibles. Les indemnités dont il s'agit font partie de ces actes; il est donc incontestable qu'elles sont susceptibles d'être évaluées par le nombre d'années qui en détermine la masse. Ainsi décidé par la régie, le 9 floréal an 7.

Le droit proportionnel d'enregistrement pour indemnité est-il dû indépendamment de celui pour bail, lorsque dans les baux, il est stipulé une indemnité au profit du locataire, en cas d'éviction?

On pourrait penser qu'il y a ouverture au droit proportionnel de 50 centimes pour 100, sur le montant de l'indemnité exprimée dans le bail, et cette perception se faisait à Paris, par la raison que la clause fait titre au locataire évincé.

Mais l'indemnité est une condition essentielle et même la condition principale du bail. Le locataire ne consentirait pas à la location, s'il n'était assuré de sa jouissance, ou au moins d'une indemnité proportionnée, dans le cas où il serait évincé. Enfin, il répugne à l'équité et à la raison de percevoir un droit pour l'*exécution* du bail, et un autre pour son *inexécution*.

D'après ces motifs, le conseil d'administration a décidé, le 2 germinal an 10, qu'il n'y avait pas lieu, dans l'espèce à la perception du droit proportionnel pour l'indemnité, indépendamment de celui dû pour le bail.

INSINUATION LEGALE.

C'est l'enregistrement d'une donation entre-vifs en entier, sur un registre à ce destiné. *Voir* DONATION.

INVENTAIRE.

SOMMAIRE.

1°. Modèle d'inventaire à la requête d'une veuve ayant été commune en biens avec son mari.

2°. Modèle de l'enregistrement, et liquidation du droit.

3°. Définition de l'inventaire.

4°. Des formalités particulières à l'inventaire.

5°. De la clôture de l'inventaire.

6°. Par qui doivent être faits les inventaires.

§. PREMIER.

Modèle d'inventaire à la requête d'une veuve ayant été commune en biens avec son mari.

L'an   de la République française, une et indivisible, le   (*date du mois*)   heures du matin,

A la requête de Marie-Jeanne Dumont, veuve de Pierre Dufour, demeurant à

Tant en son nom à cause de la communauté de biens qui a existé entre elle et son mari, et à laquelle elle se réserve de renoncer si elle le juge convenable par la suite,

Que comme tutrice de Pierre Dufour et Jacques Dufour, ses enfans mineurs, nés de son mariage avec ledit défunt Dufour, et habiles à se porter héritiers, chacun pour un tiers, de leur père;

Plus, à la requête de Philippe Girard, demeurant à

Au nom et comme mari et maitre des droits et actions mobilières et possessoires d'Agathe Dufour, son épouse, avec laquelle il est commun en biens;

Lad. dame Girard habile à se porter héritière, pour le dernier tiers, dudit défunt Pierre Dufour, son père;

En présence de Simon Dufour, demeurant à oncle paternel et subrogé tuteur desdits mineurs.

Lesdits veuve Dufour et Simon Dufour, nommés respectivement à ces qualités de tutrice et de subrogé tuteur; qualités qu'ils ont acceptées chacun à leur égard, par une même délibération de parens et amis desd. mineurs, reçue par   juge de paix de   le
enregistrée le

A la conservation des droits et intérêts des parties, et de tous autres qu'il appartiendra, il va être, par les notaires publics au département de   résidence de
              procédé à l'inventaire fidèle et description exacte de tous les meubles meublans, ustensiles de ménage, habits, linges et vêtemens, argenterie, deniers comptans, marchandises et autres effets mobiliers; titres, papiers et renseignemens dépendans de la communauté et de la succession dudit défunt,

Trouvés et étant dans les lieux ci-après désignés, composant l'appartement qu'occupait le citoyen Dufour, et faisant partie d'une maison située à   dont le cit.   est propriétaire, et où le cit. Dufour est décédé le

Sur la représentation qui sera faite du tout par   gardiens l'un et l'autre des scellés ci-après énoncés, lesquels ont affirmé à l'instant, ès-mains du cit.   l'un des notaires soussignés, en présence de son confrère, de n'avoir rien détourné ni fait détourner, et de n'avoir pas connaissance qu'il ait été rien pris ni détourné directement ni indirectement des objets de lad. succession; faisant cette déclaration sous les peines de droit qui leur ont été expliquées par les notaires soussignés, et qu'ils ont déclaré bien comprendre.

La prisée des choses qui y sont sujettes sera faite par le cit.   huissier-priseur, demeurant à
à ce présent, qui a promis de faire cette prisée en son ame et conscience, et eu égard au cours du tems.

(Quand il y a des scellés apposés, on ajoute ici:)

Au fur et à mesure que les scellés apposés par ledit juge de paix, suivant son procès-verbal, en date du
              auront été par lui reconnus, levés et ôtés.

Et ont toutes les parties, les gardiens et l'huissier-priseur, signé.

Dans la cave, sur la porte de laquelle étaient les

scellés du juge de paix ; premièrement :   bouteilles
de vin de

Il a été vaqué depuis ladite heure jusqu'à celle de neuf
sonnées, par double vacation, tant à rédiger l'intitulé
ci-dessus qu'à la prisée des objets ci-dessus décrits : ce
fait, lesdits objets, ensemble les scellés subsistans ont
été laissés en la garde et possession desdits, ainsi qu'ils
le reconnaissent et s'en chargent, pour les représenter
quand et à qui il appartiendra, et la vacation pour la
continuation du présent inventaire, a été remise et indiquée à demain, le

et ledit jour   huit heures du matin, en conséquence de l'assignation prise par la clôture de la précédente vacation, il va être, par les notaires publics à
        soussignés, procédé à la continuation du présent
inventaire, ès-mêmes requêtes et présence que ci-dessus,
ainsi qu'il suit :

Dans la chambre.

Une couchette à deux dossiers, peints en acajou ; une
paillasse, deux matelats de laine, le tout couvert de
toile à carreaux ; une couverture de laine blanche, un
traversin et un oreiller de coutil et plumes, etc.

Il a été vaqué à tout ce que dessus depuis ladite heure
de trois jusqu'à celle de neuf sonnées, par double vacation. Ce fait, ces objets ci-dessus inventoriés, ensemble
les scellés subsistans, ont été laissés en la garde et possession desdits citoyens, ainsi qu'ils le reconnaissent et
s'en chargent, pour les représenter quand et à qui il appartiendra ; et la vacation pour la continuation du présent inventaire, a été remise et indiquée au
prochain, trois heures de relevée.

Et ledit jour   à trois heures de relevée,
en conséquence de l'assignation prise par la clôture de la
dernière vacation, le présent inventaire a été continué
par les notaires soussignés, ès-mêmes requêtes et présence que dessus.

Il a été vaqué depuis lesdites trois heures jusqu'à celle
de neuf sonnées, à l'examen et arrangement de partie
des papiers. Ce fait, lesdits papiers, ainsi que ceux restans à examiner, ont été remis sous les scellés, lesquels
scellés ont été laissés en la garde desdits citoyens, qui

le reconnaissent et s'en chargent comme dépositaires par justice, pour les représenter à qui et ainsi qu'il appartiendra ; et la vacation, pour la continuation du présent inventaire, a été remise au   du présent mois, trois heures de relevée, et ont signé sous les réserves et protestations respectivement faites par les parties.

Et ledit jour   an   de la république, trois heures de relevée, en conséquence de l'assignation prise par la clôture de la dernière vacation, le présent inventaire a été continué par les notaires soussignés, ès-mêmes requêtes et présence que dessus, de la manière et ainsi qu'il suit :

Il a été vaqué depuis lesdites trois heures jusqu'à celle de neuf heures sonnées, par double vacation, à la continuation de l'examen et arrangemement d'une partie des papiers. Lesdits papiers, ainsi que ceux examinés et restans à examiner, ont été remis sous les scellés, qui ont été laissés en la garde desdits citoyens qui le reconnaissent et s'en chargent, pour les représenter quand et à qui il appartiendra, et la vacation pour la continuation du présent inventaire, a été remise et indiquée au   du présent mois, trois heures de relevée, et ont signé sous les réserves et protestations ci-devant faites respectivement par les parties.

Et ledit jour   an   trois heures de relevée, en conséquence de l'assignation prise par la clôture de la précédente vacation, il va être, par les notaires publics soussignés, procédé à la continuation du présent inventaire, ès-mêmes requêtes et présence que ci-dessus.

Suivent les papiers.

Premièrement l'expédition en papier du contrat de mariage de défunt Dufour avec ladite D. son épouse, à présent sa veuve, passé devant led...., l'un des notaires soussignés, qui en a minute, et son confrère, le enregistré le

Par le contrat, il a été stipulé communauté de biens entre les futurs, conformément à la coutume de Paris, qui régirait leur future communauté, et en réglerait le partage, quand même ils viendraient à faire leur domicile ou des acquisitions en pays régis par des lois, coutumes et usages contraires, sans être tenus des dettes et hypothèques l'un de l'autre, antérieures à la célébration de leur mariage, lesquelles seraient acquittées par celui

des deux qui les aurait contractées et sur ses biens, sans
que les biens de l'autre ni ceux de la future communauté
en fussent tenus ni chargés.

Le futur époux a déclaré que ses biens consistaient,
1°. en une maison située à P., et une autre située à
et en une somme de 120,000 fr., tant en mobilier et effets
actifs, marchandises et recouvremens en France et en
qu'en deniers comptans.

Les biens que la future apportait audit mariage ont été
déclarés consister en une somme de 10,000 fr., tant en
habits, linges et hardes à son usage, qu'en deniers comptans provenans de ses épargnes, ainsi que l'a reconnu ledit C. D. son père, de laquelle somme ledit futur époux
a consenti de demeurer chargé envers la future et les siens
pour le seul fait dudit mariage.

Des biens des futurs, il a été mis de chaque côté en
communauté une somme de 5,000 fr., avec stipulation que
le surplus desdits biens, ainsi que celui qui échoirait à
chacun d'eux, tant en meubles qu'immeubles, par succession, donation, legs, ou autrement, serait et demeu-
rerait propre à chacun d'eux et aux siens.

Le futur époux a constitué, à la future épouse, un
douaire préfixe de 5,000 f. de rente viagère payables, sans
aucune retenue, de six mois en six mois, à compter du
jour de l'ouverture dudit douaire, et dont le fonds, sur
le pied du denier vingt, serait propre aux enfans à naître
dudit mariage.

Il a été convenu que le survivant des futurs prendrait,
à titre de préciput, avant partage des biens-meubles de
ladite communauté, ceux qu'il voudrait choisir, suivant
la prisée de l'inventaire qui en serait alors fait, jusqu'à concurrence d'une somme de 6,000 fr., ou cette
somme en deniers comptans, à son choix, et que ledit
survivant reprendrait en outre, à titre d'augmentation
de préciput, les bijoux à son usage, pourvu qu'ils n'ex-
cédassent pas une somme de 6,000 fr., et aussi les habits,
linge et hardes à son usage personnel.

Il a été stipulé que le remploi des biens propres qui
seraient aliénés de part et d'autre, pendant ledit mariage, serait fait, suivant l'usage, sur les biens de ladite
communauté, et, en cas d'insuffisance desdits biens pour
les remplois qui seraient dûs à la future, subsidiairement sur les biens du futur, et que l'action de ce remploi serait de nature immobilière et propre à celui des

deux qui aurait droit à l'exercer, et aux siens de son côté en ligne.

Arrivant ladite dissolution de la communauté, il a été réservé aux enfans à naître dudit mariage la faculté, en y renonçant, de reprendre tout ce que la future aurait apporté audit mariage, de tout ce qui lui serait échu pendant sa durée, en meubles et immeubles, par succession, donation, legs ou autrement, et en outre, dans le cas où cette renonciation serait faite par la future, de reprendre par elle son douaire, son préciput et augmentation de préciput ; le tout franc et quitte des dettes et hypothèques de ladite communauté, encore qu'elle s'y fût obligée ou y eût été condamnée, avec stipulation que, dans ces deux cas, ladite future épouse et ses enfans en seraient acquittés, garantis et indemnisés par le futur et sur ses biens, sur lesquels il a été acquis hypothèque à la future pour raison de l'exécution dudit contrat de mariage, à compter du jour de sa date.

Le futur s'est réservé la faculté de pouvoir aliéner, nonobstant ces hypothèques, les maisons qu'il possédait alors, et d'en recevoir le prix, sans que les acquéreurs puissent exiger aucun emploi.

Le futur a fait à la future épouse, dans le cas où, au jour du décès du futur, il n'y aurait aucun enfant vivant, né ou à naître dudit mariage, une donation en usufruit qui se trouve aujourd'hui sans objet.

Les autres clauses du contrat sont inutiles à rapporter.

Ladite expédition a été scellée et paraphée par ledit C.   , et inventoriée, comme pièce unique, sous la cote C.

Item, trois pièces : la première est l'expédition en papier d'un contrat passé devant   qui en a minute, et son confrère, notaires, à   le   an   enregistré le   du même mois, contenant vente par M. C.

        audit D., d'une maison située à   ayant son entrée par la rue de   dans laquelle se fait le présent inventaire, avec cour et jardin et dépendances désignés dans ledit contrat.

Plus, de toutes les glaces, boiseries, dessus de portes, tableaux, jalousies, persiennes, et autres effets mobiliers appartenans audit M. C. dans ladite maison.

Cette vente a été faite moyennant les prix et somme de   quant aux immeubles, et   pour le mobilier,

lesquelles

lesquelles sommes ont été payées aux C.   et C.
le   en vertu d'une délégation portée audit contrat,
par quittance passée devant ledit   notaire et son confrère, le   an   duement enregistrée, suivant une
mention faite étant en marge de l'expédition dudit contrat de vente.

Ledit M. C. s'est obligé de fournir audit C. D., les
mémoires acquittés des ouvrages et réparations faites
dans les lieux compris dans ladite vente jusques et
compris le   an

La seconde est l'original des lettres de ratification ob-
tenues par ledit C. D., sur cette acquisition, le
an   scellées à charge d'oppositions.

La troisième est le certificat délivré par le C.
conservateur des hypothèques, des oppositions qui se
sont trouvées au sceau des lettres, au nombre de cinq,
lesquelles pièces ont été cotées et paraphées par ledit C.
et inventoriées.

Item, l'expédition d'un acte passé devant
l'un des notaires soussignés, qui en a minute, et son
confrère, le   an   de la république, enregistré le
de la même année, contenant quittance par le C. E.
pâtissier, à   audit C. D. d'une somme de
100,000 francs en assignats, pour le paiement du prix
de l'adjudication faite audit C. D. par jugement rendu à
l'audience des criées du département de
le   an   duement enregistré, d'une maison
située à   rue   appartenant audit C. E., et
onze cent trente-huit livres dix-sept sous huit deniers
pour intérêts échus ; laquelle pièce a été cotée, paraphée
par ledit   et inventoriée pièce unique cote

Item, une liasse de   pièces qui sont citations données par ledit C. E. audit C. D. en date du   an
devant le C.   juge de paix de la section, sur la demande que le C. E.   entendait former à fin de
rescision de ladite vente, pour cause de lésion d'outre-
moitié ; deux pièces faisant procédure, qui ont suivi
cette demande, et diverses cotes relatives à l'adjudication de ladite maison, lesquelles pièces ont été cotées et
paraphées, et inventoriées cote huit.

Item, l'expédition, en papier, d'un contrat passé devant ledit   l'un des notaires soussignés, et son
confrère, le   an   enregistré le   par

lequel ledit défunt D. a acquis de demoiselle
fille majeure, une maison située à   grande rue
dudit lieu, numérotée huit, ayant son entrée par une
porte-cochère sur ladite rue, consistant en un grand
corps de bâtiment entre cour et jardin et un petit pavil-
lon à droite dans la cour, et un jardin distribué en ter-
rasse attenant ladite maison, moyennant les prix et
somme 1°. de 20,000 liv. payables dans la quinzaine
après l'expiration du délai qui avait été accordé alors
aux créanciers hypothécaires, pour faire inscrire leurs
titres de créances, et en outre, moyennant une rente
viagère de deux mille quatre cents francs, franche de
retenue, que ledit C. D. a constituée à ladite B., sa vie
durante, en quatre paiemens égaux, de trois mois en
trois, à compter du premier   an   avec stipulation
que ladite rente viagère, après le décès de ladite B.,
serait continuée sur le prix de six cents francs seulement, au profit et sur la tête de Marie   fille de
confiance de ladite demoiselle B., sa vie durant, dans
le cas où elle lui survivrait, suivant ce contrat, les
titres de propriété de ladite maison sont à remettre audit C. D.

Ladite expédition a été cotée, paraphée et inventoriée
cote 9.

Item, un extrait d'inscription sur le grand livre de
la dette publique consolidée, expédiée au profit dudit
défunt D., numérotée   , vol.   , en date du
an   de onze cent vingt-deux francs, et tiers con-
solidé en rente perpétuelle, laquelle pièce qui a été représentée par ledit C.   qu'il a déclaré avoir re-
tirée des mains de C.   receveur des rentes, en
recevant de ce dernier les six derniers mois de l'an
de ladite inscription, a été cotée, paraphée et inventoriée cote.

Etc., etc., etc.

(Voyez l'ordre prescrit ci-après pour l'arrangement
des papiers.)

Suivent les déclarations actives.

La veuve   déclare que les arrérages des
de rentes, sont dûs depuis
que les intérêts de   sont dûs depuis

plus, qu'il est dû auxdits succession et compte, savoir,
par les

Etc., etc , etc.

Déclarations passives.

La veuve   déclare, en outre, qu'il est dû par
lesdits succession et compte, savoir, au cit.
pour loyers ; à la république, les contributions
            depuis   à   domestiques, ses gages
depuis   à raison de   par année,
            à la cuisinière, etc.
au cit.

Etc., etc., etc.

Il a été vaqué à tout ce que dessus par double vacation, depuis
jusqu'à   heures   , ce fait, et ne s'étant
plus rien trouvé à dire, comprendre ni déclarer au présent inventaire, tout le contenu en icelui, tant en objets
mobiliers qu'en papiers, est resté en la garde et possession de
qui s'en est chargé pour les représenter quand et à qui
il appartiendra, et ont signé.

Nota. Si, dans le cours de l'inventaire, il survient
quelque contestation que le juge-de-paix ne puisse ter-
miner, le juge-de-paix en fait mention sur le procès-
verbal, et renvoie les parties devant le tribunal en référé. Quant au notaire, il annonce seulement que sur
telle contestation survenue entre les parties, elles ont
été renvoyées par le juge-de-paix en référé devant tel
tribunal.

Ordre à suivre pour l'arrangement des papiers de l'in-
ventaire.

En arrangeant les papiers d'un inventaire, on doit
suivre un ordre tel qu'il puisse faciliter la liquidation et
le partage qui doivent le suivre.

Si, comme dans le modèle présenté ci-dessus, il s'agit
d'un inventaire fait après le décès d'un mari qui laisse
une veuve avec laquelle il était commun en biens, il faut,
après l'inventorié du contrat de mariage, faire faire les
déclarations et inventorier les titres qui établissent des

reprises de deniers ou indemnités, à cause des biens apportés en mariage ou dettes alors existantes.

Doivent venir ensuite les papiers constatant les reprises provenant de succession, donation ou legs échus à la femme pendant la communauté.

Puis les papiers établissant les reprises, résultant de la même manière en faveur du mari.

Après l'inventaire de chaque partage ou autre titre établissant ces reprises, on fait faire des déclarations analogues à celles dont on vient de parler.

On y constate ce que sont devenus les biens échus par ces partages, et qui n'existent plus en nature.

En second ordre viennent les papiers relatifs à la communauté; savoir :

1°. Les titres de conquêts immeubles ;

2°. Les titres des rentes ou inscriptions;

3°. Les titres de créances actives ;

4°. Les pièces constatant le passif de la communauté, et ensuite les simples pièces à décharge ou de renseignemens, qu'on ne décrit que très-sommairement;

5°. Les déclarations constatant les époques depuis lesquelles sont dûs les arrérages de rentes et intérêts de créance ;

6°. Les déclarations constatant le surplus de l'actif :

7°. Les déclarations constatant les dettes passives;

Et enfin la clôture.

§ II.

Modèle de l'enregistrement et liquidation du droit.

Inventaire des meubles et effets, dettes actives, titres et papiers dépendans de la succession de Pierre Dufour, décédé à   le   faite à la requête de Marie-Jeanne Dumont sa veuve, tant en son nom que comme tutrice de Paul et Jacques Dufour, ses enfans mineurs, héritiers, chacun pour un tiers, dudit Pierre Dufour, d'une part, et encore à la requête de Philippe Girard, mari de Agathe Dufour, fille et héritière, pour l'autre tiers, dudit Pierre Dufour.

Les meubles et effets sont estimés la somme de   »   »   »

Les dettes actives montent à la somme de   »   »

Total.   »   »

Droit : deux francs fixe d'enregistrement pour chaque vacation. Article LXVIII, §. II, n°. 1er. de la loi du 22 frimaire an 7.

Chaque vacation opérant un droit particulier, il en résulte que les notaires doivent les soumettre à l'engistrement, dans les dix ou quinze jours de leur date, quand même des vacations subséquentes auraient été faites pendant ce délai.

Mais toutes les vacations peuvent être écrites à la suite l'une de l'autre, sur les mêmes feuilles de papier timbré. Article XXIII de la loi du 13 brumaire an 7.

Les déclarations des dettes passives dans les inventaires n'étant point obligatoires, et ne pouvant servir aux créanciers y dénommés de titres nécessaires pour intenter une action en paiement, elles ne sont sujettes à aucun droit d'enregistrement.

La régie ayant référé au ministre des finances la question de savoir si, lorsque, par autorité de justice devant un officier public ou par une autorité constituée quelconque, on procède à un inventaire de titres et papiers, l'on peut y énoncer tous les actes sous signature privée appartenant à la succession, avant de les avoir fait enregistrer, le directoire exécutif a délibéré et arrêté, le 22 ventose an 7, que le droit d'enregistrement n'était pas exigible sur les actes sous seing-privé compris dans les inventaires.

Pour les clôtures d'inventaires, le droit d'enregistrement est réglé sur le pied de deux francs fixe. Article LXVIII, §. II, n°. 2 de la loi du 22 frimaire an 7.

La clôture d'inventaire, sujette à l'enregistrement, est celle qui se fait chez le juge de paix, et non pas celle qui résulte de la signature du notaire et des parties à la fin de l'acte.

Quelques receveurs avaient pensé que les déclarations faites par les héritiers, dans un inventaire, des dettes de la succession dont il n'existait pas de titre public ou précédemment enregistré, donnaient ouverture à un droit particulier et proportionnel d'enregistrement. Il avait été fait des perceptions en conséquence, qui ont fait naître des réclamations. La question soumise à l'administration, elle a estimé que le directoire exécutif, ayant décidé, par une délibération insérée dans la circulaire n°. 1554, que les actes sous signatures-privées peuvent être inventoriés sans être soumis préalablement au droit d'enregistrement, cette décision doit s'appliquer aux actes passifs comme aux actes actifs; qu'il suit de-là que les déclarations de l'espèce ne peuvent être traitées plus défavorablement que les actes actifs, mais qu'il n'en peut être fait usage en justice, ou dans un acte public, sans que ces déclarations soient enregistrées.

Il faut donc s'abstenir de percevoir le droit proportionnel d'obligation sur les déclarations dans les inventaires, des dettes de succession, par les héritiers, mais exprimer, dans la relation, la réserve du paiement de ce droit, au cas qu'il soit fait usage en justice ou dans un acte public de ces mêmes déclarations, par ceux au profit de qui elles sont faites.

Solution de l'administration, du 22 germinal an 9.

§. III.

Définition de l'inventaire.

L'inventaire est l'acte qui se fait, soit après le décès d'une personne, soit dans le cas d'une faillite, banqueroute, fuite ou absence, pour constater, d'une manière détaillée, les biens, effets, titres et papiers de sa succession, afin de maintenir les droits de tous ceux qui peuvent y avoir intérêt, soit héritiers absens ou mineurs, créanciers, légataires ou autres.

§. IV.

Des formalités particulières à l'inventaire.

Les formalités, qui sont particulières à l'inventaire, sont :

1°. Qu'il doit contenir les noms et les qualités des personnes présentes, et à la requête desquelles il se fait;

2°. L'ordonnance de Blois exige que la maison, où l'inventaire se fait, soit désignée;

3°. Il doit être fait mention, non-seulement de la date du jour, mais encore si c'est le matin ou l'après-midi qu'on a procédé à l'inventaire ;

4°. La prisée des meubles doit être faite par l'inventaire même.

5°. Il doit rester minute de l'inventaire, et elle doit être signée, tant à l'intitulé qu'à chaque vacation, et à la fin par les officiers qui y ont procédé, par les parties et par les témoins, lorsqu'il y en a, sinon il doit être fait mention du refus de signer, et des causes de ce refus;

6°. Quand on fait l'inventaire des biens d'une personne mariée, c'est ordinairement à la requête du survivant; cependant il se fait quelquefois à la requête des héritiers du prédécédé, comme dans le cas où la femme survivante, sans être divorcée, ne demeure pas avec son mari;

7°. Le survivant doit faire l'inventaire en présence des héritiers du prédécédé, ou après les avoir dûment appelés; mais il n'est obligé d'appeler que ceux qui sont sur le lieu : comme il peut ignorer la résidence des autres, il peut se passer de leur présence, en faisant assister pour eux à l'inventaire le ministère public;

8°. Quand il y a, parmi les héritiers du prédécédé, quelque enfant mineur, l'article CCXL de la coutume de Paris veut que l'inventaire soit fait avec un *légitime contradicteur*, et cette disposition a été étendue par divers arrêts aux coutumes qui ont gardé le silence à cet égard.

Le légitime contradicteur, dont parle la coutume de Paris, est le tuteur des mineurs, lorsqu'ils en ont un autre que le survivant. Si le survivant est lui-même tuteur de ses enfans mineurs, il doit leur faire nommer, par le juge, un subrogé-tuteur, qu'on appelle autrement *curateur pour ce fait d'inventaire*. Ce subrogé-tuteur doit prêter serment devant le juge, sinon l'inventaire, fait avec lui, serait nul.

9°. Lorsque le défunt a nommé un exécuteur testamentaire, l'inventaire doit être fait à sa requête;

10°. Lorsqu'il y a communauté de biens, le conjoint survivant peut nommer un notaire pour procéder à l'inventaire, et un huissier pour faire l'estimation des effets; mais lorsqu'il n'y a point de communauté, cette nomination appartient aux héritiers du prédécédé.

§. V.
De la clôture de l'inventaire.

La clôture d'un inventaire se faisait autrefois par le greffier de la justice ordinaire du lieu, qui annotait au bas de la minute la date du jour auquel cette formalité avait été remplie.

Mais le corps législatif ayant considéré qu'en obligeant les citoyens à se transporter devant les tribunaux civils pour affirmer la fidélité des inventaires dans lesquels des

mineurs ont des droits , et pour arrêter les communautés dans lesquelles ils étaient portionnaires , les frais de
ces transports , devenus pénibles et dispendieux depuis
qu'il n'y avait plus qu'un tribunal par département , ab-
sorbaient quelquefois le produit des inventaires , ou même
en excédaient le montant ; que ces dépenses étaient inutiles pour la confection d'un acte de jurisdiction volontaire qui pouvait être rédigé par le juge de paix , et qu'il
était instant de les faire cesser ; a , en conséquence , rendu ,
le 23 floréal de l'an 4, une loi qui est ainsi conçue :

« Dans les pays régis par des coutumes qui prescri-
» vent , pour affirmer la fidélité des inventaires , et pour
» arrêter les communautés dans lesquelles des mineurs
» sont intéressés , des actes connus sous le nom de *clô-*
» *ture d'inventaire, dépôt d'inventaire au greffe* , ou sous
» quelque autre dénomination que ce soit , qui étaient
» rapportés par les juges des tribunaux civils : ces actes le
» seront à l'avenir par les juges de paix , dans le ressort
» desquels auront été faits les inventaires. »

Cette loi n'empêche pas que les formalités , auxquelles
la clôture d'inventaire était assujétie antérieurement , ne
doivent être remplies devant le juge de paix comme elles
l'étaient devant les tribunaux ordinaires.

§. VI.

Par qui doivent être faits les inventaires ?

Le droit de faire des inventaires appartient exclusive-
ment aux notaires. Lettre du ministre de la justice , du 6
thermidor an 5, portant que ce droit n'appartient *qu'aux
notaires* , aux termes de l'article X de la loi du 27 mars
1791 , relative au nouvel ordre judiciaire , conçu en ces
termes : « La confection des inventaires , procès − ver-
» baux de description et de carence à l'ouverture des suc-
» cessions , n'appartiendra point au juge de paix , mais
» aux notaires , même dans les lieux où elle était attri-
» buée aux juges ou aux greffiers. »

INSTITUTIONS CONTRACTUELLES.

Voyez SUCCESSION.

JOURS COMPLEMENTAIRES.

Dans le délai fixé pour l'enregistrement des actes et des déclarations, les jours complémentaires ne comptent pas. Article XXV de la loi du 21 frimaire an 7.

JUGES.

Fonctionnaires publics établis pour rendre la justice aux citoyens.

Les juges des tribunaux actuels sont soumis aux mêmes obligations qui étaient imposées à ceux des tribunaux existant lors de la publication de la loi du 22 frimaire an 7. Article VI de celle du 27 ventose an 9.

Ni les juges, ni les arbitres ne peuvent rendre aucun jugement, en faveur des particuliers, sur des actes non enregistrés, à peine d'être personnellement responsables des droits. Titre VII, article XLVII de la loi du 22 frimaire 7.

Les juges des tribunaux civils de département connaissent des instances relatives à l'enregistrement.

Il résulte d'une lettre du ministre des finances, du 19 septembre 1791, au ministre de la justice, que des juges ne peuvent mander à leur tribunal des préposés de la régie, *pour s'expliquer sur une perception.* Ces préposés ne sont comptables de *leur gestion* qu'envers la régie qui les a commis. C'est aux tribunaux civils à statuer sur les instances concernant l'enregistrement, comme la loi leur en donne le droit; mais ils n'ont aucune action contre les employés. Ceux-ci ne deviennent, *relativement à leurs fonctions,* justiciables des tribunaux criminels, que dans les cas de malversation prévue par le code pénal, et après que l'acte d'accusation présenté par le directeur du jury, soit d'office, soit d'après la remise des pièces par le directeur de la régie, a été admise par les jurés.

LEGALISATION.

On entend, par légalisation, l'attestation par le juge du lien que l'officier, qui a reçu et signé l'acte, est effectivement officier public, notaire. La formalité de la légalisation est nécessaire, toutes les fois qu'un acte est produit hors de la juridiction de l'officier public qui l'a reçu.

Les légalisations de signatures d'officiers publics sont exemptes de la formalité de l'enregistrement. Titre XI, §. III, article XI. En effet, la légalisation est censée faire partie de l'acte même, et ne peut donner lieu à un enregistrement particulier.

LÉGATAIRES.

On entend, par légataire, celui à qui un legs a été fait.

Les légataires doivent acquitter les droits d'enregistrement des testamens et contrats de libéralité à cause de mort, et des mutations par décès opérées en leur faveur.

Voyez DÉCLARATION DE SUCCESSION. TESTAMENT.

LEGS.

Le legs est une libéralité ou donation faite par testament ou par codicile, et dont la délivrance doit être demandée à l'héritier.

Voir au mot *Testament*, la quotité de biens dont il est permis de disposer par legs.

Les legs et autres transmissions qui s'effectuent par décès, de *biens meubles* en ligne directe, doivent 5o centimes par cent; entre collatéraux et autres personnes non parentes, 1 franc 25 centimes par cent., et il ne doit être perçu que moitié du droit pour ceux qui ont lieu entre époux, c'est-à-dire 62 centimes et demi pour cent.

Les legs de biens immeubles opèrent un pour cent en ligne directe, 2 fr. 5o cent. pour cent entre époux; et cinq pour cent entre collatéraux et autres personnes non parentes.

Pour les legs dont l'objet n'est point désigné ni estimé, le droit est perceptible sur la déclaration des légataires.

Les legs deviennent caducs par le décès des légataires avant le testateur, ou par la renonciation des légataires, faites pendant que les choses étaient entières; à ce moyen, c'est comme s'il n'y avait point eu de legs, et et il n'est pas dû de droit d'enregistrement.

Il y a des legs conditionnels qui ne sont dûs qu'après l'accomplissement de la condition sous laquelle ils ont été laissés, et dont le droit d'enregistrement est suspendu jusqu'à l'événement, à moins que ce ne fût une condition impossible ; car alors la condition est nulle et comme si elle n'avait pas été apposée ; de sorte que le legs n'en est pas moins valable et le droit exigible.

Les renonciations à legs, ainsi que les acceptations, opèrent un franc fixe d'enregistrement par chaque renonçant ou acceptant, et pour chaque succession à laquelle on renonce ou qu'on accepte. Les délivrances de legs sont assujéties au même droit.

Voir DÉCLARATION DE SUCCESSION. — TESTAMENT.

LETTRES MISSIVES.

On appelle *lettres missives* celles écrites à des amis ou à des correspondans, pour les prier ou les charger de faire quelque chose, pour leur rendre compte d'un fait, d'une affaire, etc.

Les lettres missives sont sujettes à l'enregistrement, comme tout autre acte sous signature-privée, avant que de pouvoir former des demandes en conséquence, ou de les signifier, ou d'en faire usage en justice, ou par *acte public*.

En général, elles ne sont point obligatoires ; si quelqu'un écrit à un autre de lui faire un prêt, la lettre n'oblige point celui qui l'a écrite, parce qu'elle ne prouve point que ce prêt ait été fait ; elle prouve seulement que l'on a demandé à emprunter, et ce n'est point assez.

Mais si, par la lettre, on demande un délai pour payer une somme que l'on croit devoir, ou si l'on annonce à quelqu'un que ses marchandises ont été vendues tel prix, le droit proportionnel est dû comme obligation, parce que, dans l'un comme dans l'autre cas, la lettre forme le titre pour répéter, soit la somme dont on s'est reconnu débiteur, soit le prix des marchandises.

Les lettres de recommandation, quoique contenant que celui qu'on recommande est homme de probité, et qu'il est *en état de payer*, ne produisent ni obligation, ni cautionnement de la part de celui qui les a écrites, elles doivent être enregistrées comme acte simple, de même que celles qui porteraient procuration.

En effet, l'article LXVIII, §. Ier., n°. 31, règle à un franc fixe le droit d'enregistrement des lettres missives qui ne contiennent ni obligation ni quittance, ni aucune autre convention donnant lieu au droit proportionnel.

Les lettres missives soumises à l'enregistrement comme devant en être fait usage, doivent préalablement être timbrées ou visées pour timbre. (Art. XXX de la loi du 13 brumaire an 7.)

LICITATION.

SOMMAIRE.

1°. Formule d'un acte de licitation d'une maison.

2°. Formule d'un acte de licitation d'un domaine et dépendances.

3°. Modèle de l'enregistrement, et perception des droits.

4°. Définition. Développemens.

§. PREMIER.

Modèle d'un acte de licitation d'une maison.

Pardevant les notaires soussignés à la résidence de etc. Sont comparus le C. Antoine J.... demeurant à le C. Benoît J.... demeurant à tous deux propriétaires, chacun pour moitié, comme héritiers de Christophe J.... leur père, décédé le d'une maison située à rue n°. consistant, lesquels reconnaissant que ladite maison n'est pas susceptible de partage, désirent en faire la licitation; ils nous ont, en conséquence, requis de recevoir leurs enchères, et celles de tous autres citoyens qui se présenteront pour acquérir.

Et à l'instant ledit Antoine J…. a porté ladite maison à la somme de vingt mille francs.

Ledit Benoît J…. en a porté le prix à la somme de trente mille francs.

Est comparu le C. Jérôme C…. demeurant à rue   lequel a enchéri ladite maison, et en a porté le prix à la somme de cinquante mille francs.

Par ledit Antoine J…. elle a été enchérie à la somme de cinquante-cinq mille francs.

Par ledit Jérôme C…. à soixante mille francs.

Personne n'ayant voulu surenchérir au-delà de ladite somme de soixante mille francs, lesdits Antoine et Benoît J…. ont vendu et adjugé audit Jérôme C…., acquéreur, tant pour lui que pour ses hoirs et ayans cause, ladite maison, dont la consistance est ci-dessus déclarée, et sans aucune réserve, moyennant la somme de soixante mille francs, dont dix mille francs ont été à l'instant payés par ledit adjudicataire auxdits Antoine et Benoît J…. dont quittance ; les cinquante mille francs restans seront payés aussitôt après l'obtention du certificat du conservateur des hypothèques du bureau où est située ladite maison.

Lesdits C. Antoine et Benoît J…. ont remis audit C…. le contrat d'acquisition de ladite maison, faite par ledit Christophe J…. leur père, par acte passé devant   ce   enregistré le   dont décharge.

Fait et passé en l'étude des notaires soussignés, le   an   de la république française, etc.

§. I I.

Formule d'un acte de licitation d'un domaine et dépendances.

Par-devant les notaires publics au département de résidant à   , soussignés, étude du cit. l'un d'eux ;

Sont comparus, le cit. A., demeurant à   rue n°.   d'une part :

Et demoiselle A. sa sœur, demeurant à   rue n°.   d'autre part ;

Lesdits citoyen et demoiselle A.., frère et sœur germains , seuls et uniques héritiers , chacun pour moitié , du citoyen A. , leur père , décédé à   le

Lesquels comparans ont dit qu'il dépend de la succession dudit A. , leur père commun , le domaine de   situé dans l'étendue de la commune de   canton de   département de   indivis et à partager entr'eux.

Motifs de la licitation.

Que desirant s'éviter le partage de cet immeuble , et sortir promptement de l'indivision et communauté où ils se trouvent , ils se sont déterminés à en poursuivre la vente et adjudication publique , à l'amiable , au plus offrant et dernier enchérisseur , sur affiches et deux publications , en l'étude dudit   , l'un des notaires soussignés , où toutes enchères étrangères seront reçues.

Réquisitoire des parties.

En conséquence , et afin d'y parvenir , lesdits comparans ont requis ledit citoyen   , notaire , de présentement dresser le procès-verbal d'affiche , contenant l'établissement :

1°. De la désignation dudit domaine et dépendances ;

2°. De la propriété dudit domaine en la personne des héritiers dudit A. père ;

3°. Et enfin des charges , clauses et conditions sous lesquelles se fera la vente , par adjudication dudit domaine.

Et pour satisfaire au *réquisitoire* des parties , il a été , par lesdits notaires soussignés , procédé , à l'instant , à l'établissement des désignation , propriété et charges des biens dont il s'agit , dans l'ordre ci-devant indiqué , et de la manière qui suit :

Désignation des biens , circonstances et dépendances , composant le domaine de..........

(Désigner ici le domaine dont il s'agit , et les terres en dépendant , avec les tenans et aboutissans , et les baux s'il y en a.

Propriété.

(Désigner également ici les différens titres de propriété.)

Charges, clauses et conditions auxquelles se fera ladite adjudication.

1°. L'adjudicataire prendra le domaine et autres objets susdésignés dans l'état et situation où ils se trouvent, se poursuivent et comportent, sans répétition, contre les vendeurs, pour raison d'aucunes grosses, ou menues réparations.

2°. Il sera tenu de souffrir les servitudes, si aucunes subsistent, apparentes, ou occultes, de quelque nature qu'elles soient, sans néanmoins aucune approbation préjudiciable, ni entendre qu'il soit obligé d'en souffrir d'autres que celles qui se trouveront fondées en titres, et non prescrites, et sauf à lui de s'en défendre à ses risques, périls et fortune, et sans recours quelconque contre les vendeurs ; l'adjudicataire jouira également des servitudes actives qui peuvent exister, et dont il se fera servir ainsi qu'il pourra et comme bon lui semblera.

3°. Les vendeurs ne seront aucunement garants de la quantité de mesure, ni de la désignation des biens, terres et héritages. Dans aucun cas, ils ne pourront être actionnés pour le défaut de contenance ou de quantité ; de même, ils ne pourront répéter l'excédant, s'il s'en trouve, le plus ou le moins étant au bénéfice ou perte de l'adjudicataire, lequel sera tenu des impositions foncières, à compter du   an   sans aucune répétition, ni diminution sur son prix.

4°. Tous les jouissances, produits, revenus et fruits, lui appartiendront, à compter dudit jour
an

5°. L'adjudicataire sera chargé de l'acquittement des droits d'enregistrement, de ceux de rédaction des procès-verbaux nécessaires pour parvenir à l'adjudication des biens, du coût de la grosse et expéditions d'iceux, et généralement de tous les frais et droits auxquels la présente vente pourra donner ouverture.

6°. Il sera tenu dans le mois, à compter du jour de l'adjudication définitive, de faire transcrire, à ses frais, aux bureaux de la conservation des hypothèques, dans l'arrondissement desquels lesdits biens sont situés , et de se conformer aux dispositions de la loi du 11 brumaire an 7.

7°. S'il existe des inscriptions procédant des faits des vendeurs , ou de leurs auteurs , l'adjudicataire sera tenu de leur en dénoncer les extraits , au domicile par eux ci-après élu , et ce , dans la décade , à compter du jour de l'inscription du procès-verbal d'adjudication.

8°. Audit cas , les vendeurs jouiront d'un délai de   jours , à compter de la dénonciation , pour en rapporter main-levée et certificat de radiation , sans que , pendant ledit tems , il ne puisse être fait aucune procédure , ni notification , à peine de nullité.

1°. Il sera tenu de remettre aux vendeurs , dans le délai de quinzaine, une grosse du présent procès-verbal , et de ceux d'enchères et d'adjudication à ses frais

10°. L'adjudicataire sera chargé , en outre , de payer , dans les trois jours de son adjudication , sans diminution du prix , et avant la transcription , au citoyen P. , avoué au tribunal de première instance du département de   séant à   y demeurant , rue   n°.   et sur sa simple quittance , *cinq centimes* par franc , du prix principal de son adjudication , à laquelle somme se trouvent fixés les frais à lui alloués d'impression des affiches , placards , publications , et autres qui seront nécessaires pour parvenir à la présente vente , ses honoraires , assistances , peines et soins extraordinaires , ensemble les honoraires du citoyen   notaire et ceux des conseils desdits vendeurs , sans que l'adjudicataire puisse en requérir la taxe , icelle étant réservée aux vendeurs.

11°. L'adjudicataire paiera les *intérêts* de son prix principal , à compter dudit jour   an   à raison de cinq pour cent , sans retenue ni diminution d'impositions , subventions et autres contributions présentes et futures , généralement quelconques.

12°. Il sera tenu de l'entretien et exécution des baux existant desdits biens , tant de ceux authentiques , que sous signatures-privées , pour tout le tems qui en restera à courir , si mieux il n'aime , en expulsant et dépossédant les fermiers et locataires , les indemniser en telle sorte et manière que les vendeurs ne soient aucunement inquiétés , poursuivis , ni recherchés , à peine de toutes pertes , dépens , dommages et intérêts.

13°.

13°. L'adjudicataire fera raison, sans diminution de son prix, de la somme de   pour une année de fermages payée d'avance par les fermiers, et à imputer sur la dernière année de leur jouissance.

14°. Les baux courans seront remis à l'adjudicataire ; à l'égard des titres de propriété, il ne pourra les exiger qu'après le paiement final du prix et des intérêts de son adjudication.

15°. Toutes les clauses ci-dessus et celles qui pourront être suppléées, seront exécutées à la rigueur : aucune ne pourra être regardée comminatoire ; et à défaut d'exécution, il y aura lieu à la revente sur poursuite de folle-enchère qui se fera en l'étude dudit citoyen notaire, après une simple sommation et commandemens faits à l'adjudicataire de payer le prix principal et les intérêts de son adjudication, sans qu'il soit besoin d'aucune procédure ni jugement qui autorise ladite revente, et ce, en vertu de la présente clause, et en faisant publier de nouveau l'enchère mise ci-après, le tout aux frais, risques, périls et fortune de l'adjudicataire en retard de payer, lequel sera tenu de la perte ou diminution qu'il pourrait y avoir, sans profiter du bénéfice de l'excédant, s'il s'en trouve.

16°. L'adjudicataire sera tenu de faire élection de domicile chez un avoué à   La connaissance des contestations qui pourraient naître sur l'exécution de la présente vente, après l'adjudication, ne pourra être portée qu'au tribunal de première instance du département de   séant à   où ledit adjudicataire sera valablement cité et poursuivi, s'il y a lieu, au domicile de son avoué, et les significations y faites seront valables, comme si elles étaient faites au domicile de l'adjudicataire.

17°. S'il est déclaré un ami ou command, il sera débiteur solidaire.

18°. Il n'y aura transmission de propriété et dessaisissement au profit de l'adjudicataire, qu'en exécutant par lui les clauses et conditions ci-dessus expliquées.

19°. Les vendeurs n'entendent point comprendre dans la présente vente, aucun autre objet ni biens, que ceux ci-dessus désignés.

20°. Enfin toutes personnes valables seront admises à enchérir, par le ministère d'avoué audit tribunal de première instance, en satisfaisant aux charges, clauses

et conditions ci-dessus, et autres qui pourront être ajoutées, le tout sur la mise à prix de　　　　　de pre-
mière enchère, pour le *fonds*, *tréfonds*, *superficie*, *pos-*
session et jouissance des domaine et biens ci-dessus
désignés, sans rien excepter, réserver ni retenir, par
les vendeurs desdits biens compris au présent procès-
verbal d'affiche.

Et afin de recevoir les enchères qui surviendront, il
a été, à la réquisition des citoyen et demoiselle A.,
pris assignation au vingt du présent mois, pendant lequel temps la vente et adjudication dudit domaine et
dépendances seront annoncées par les papiers publics,
par des placards et affiches imprimés, qui seront mis et
apposés dans l'étendue du département de la situation
desdits biens, aux places, lieux, endroits accoutumés,
et aux environs, et par des avis imprimés qui seront
distribués chez les notaires, avoués, hommes de loi
et particuliers.

Dont acte, etc.

Fait et arrêté le présent procès-verbal, à　　　　, en
l'étude, les jour et an que dessus, et ont, ledit citoyen
et demoiselle A., signé avec les notaires soussignés.

Premier procès-verbal de réception des encheres.

Aujourd'hui vingt　　　　an　　　cinq heures de relevée, conformément à l'assignation prise par le procès-
verbal d'affiche qui précède, dûment enregistré ;

Sont comparus, pardevant les notaires publics résidant à　　　　soussignés, étude du citoyen　　　　l'un
d'eux ;

Le citoyen A. d'une part ;

Et demoiselle A. d'autre part ;

Tous deux ci-dessus nommés, qualifiés, et domiciliés
au procès-verbal écrit en tête des présentes.

Lesquels ont dit que, pour parvenir à la vente et adjudication qu'ils desirent faire du domaine de
et dépendances, énoncés au susdit procès-verbal d'affiche, il a été annoncé et publié, par les journaux et papiers publics, par des placards et affiches imprimés,
mis et apposés dans l'étendue du département de
où lesdits biens sont situés, ainsi que par des avis im-

primés, distribués chez les notaires, avoués, hommes de loi et particuliers, portant qu'il serait procédé cejourd'hui, heure présente, en l'étude dudit cit.
l'un des notaires soussignés, au plus offrant et dernier enchérisseur, à la vente et adjudication dudit domaine et dépendances ; et en cas d'offres insuffisantes, qu'il serait sursis et continué à un autre jour qui serait indiqué : en conséquence, les comparans ont requis qu'il fût, à l'instant même, procédé à la réception des enchères qui seront mises sur le prix dudit domaine et dépendances, aux charges, clauses et conditions dont il sera fait lecture, à haute et intelligible voix, et donné communication aux enchérisseurs.

Après avoir attendu jusqu'à neuf heures sonnées du soir, sans qu'il se soit présenté personne pour enchérir, les comparans ont requis que la vente et adjudication dudit domaine fussent continuées au dix   prochain, cinq heures de relevée, en cette étude. à l'effet de quoi, il sera de nouveau annoncé, publié, affiché et mis placards indicatifs, par-tout où il sera nécessaire, suivant l'usage et la manière accoutumés.

Dont acte, fait et arrêté le présent procès-verbal, à   en l'étude, les jour et an susdits, et ont les comparans signé avec nous, notaires soussignés.

Deuxième procès-verbal de réception d'enchères et d'adjudication définitive dudit domaine et dépendances.

Aujourd'hui, dix   an   cinq heures de relevée, en conformité de l'assignation prise par le premier procès-verbal de réception des enchères du vingt   dernier, dûment enregistré ;

Sont comparus pardevant les notaires publics, résidant à   soussignés, étude du citoyen   l'un d'eux ;

Le citoyen A. d'une part ;

Et mademoiselle A. d'autre part ;

Tous deux ci-dessus nommés, qualifiés et domiciliés au procès-verbal d'affiche écrit en tête des présentes.

Lesquels ont dit que, pour parvenir à la vente et adjudication qu'ils sont toujours dans l'intention de faire du domaine et dépendances énoncés aux procès-verbaux d'affiche et de réception d'enchères qui précèdent, il a été de nouveau annoncé et publié par les journaux et papiers publics, par les placards et affiches imprimés, mis et apposés en grand nombre, tant dans l'étendue du département de   où lesdits biens sont situés, ainsi que par des avis imprimés qui ont été distribués chez les notaires, avoués, hommes de loi et particuliers, portant qu'il serait procédé, cejourd'hui, heure présente, en l'étude du citoyen   l'un des notaires soussignés, au plus offrant et dernier enchérisseur, à la vente et adjudication définitive dudit domaine et dépendances. En conséquence, lesdits comparans ont requis qu'il fût à l'instant même procédé à la réception des enchères qui vont être mises sur le prix desdits biens, porté à la somme de   pour première enchère, aux charges, clauses et conditions énoncées au procès-verbal d'affiche, duquel il a été présentement fait lecture à haute et intelligible voix, et donné communication à toutes les personnes qui se sont présentées à l'effet de sur-enchérir.

Ce fait, est comparu le citoyen G. . avoué au tribunal de première instance du département de   demeurant   rue   n°.

Lequel a déclaré qu'il porte le prix dudit domaine et dépendances à la somme de   outre les charges, et a signé G.

Est aussi comparu le citoyen H. , avoué audit tribunal, demeurant à   rue   n°.

Lequel a sur-enchéri le prix des biens dont il s'agit, à la somme de   outre les charges, et a signé H.

Est aussi comparu le citoyen J. , avoué audit tribunal, demeurant à   rue   n°.

Lequel a porté et élevé le prix desdits biens à la somme de   non compris les charges, et a signé, en cet endroit, J.

Est encore comparu ledit citoyen H.

Lequel a déclaré qu'il porte le prix desdits biens à la somme de   non compris les charges, et a signé H.

Est encore comparu ledit citoyen J.

Lequel a déclaré qu'il sur-enchérit le prix des biens sus-énoncés à la somme de   outre les charges, et a signé J.

Et personne n'ayant voulu couvrir l'enchère mise en dernier lieu par ledit citoyen J., après avoir attendu jusqu'à neuf heures sonnées du soir, le domaine de   et biens en dépendant, ont été, du consentement et à la réquisition dudit citoyen et demoiselle A., définitivement adjugés audit citoyen J., ci-dessus qualifié et domicilié, qui accepte ladite adjudication pour lui, ou ses amis, commands et commettans, qu'il réserve de nommer et et de déclarer dans le délai de la loi, moyennant le prix et la somme de   qui sera payé, avec les intérêts, par ledit citoyen J., ainsi qu'il s'y oblige, ou par les personnes au profit desquelles il pourrait faire sa déclaration en espèces d'or ou d'argent monnoyées, aux titre et cours de ce jour, de la manière et dans les termes fixés et déterminés par le procès-verbal d'affiche qui précède, et ce, indépendamment des charges, clauses et conditions y portées, et que ledit citoyen J., adjudicataire, promet et s'oblige également d'accomplir, exécuter et payer.

Et en exécutant par lui, le paiement dudit prix et de ses intérêts, et satisfaisant à toutes les charges, clauses et conditions expliquées audit procès-verbal d'affiche, les vendeurs s'obligent de se dessaisir, au profit dudit citoyen J. ou de ses commettans et déclarataires, de tous les droits de propriété qu'ils ont ou peuvent avoir sur ledit domaine de   biens et terres en dépendant, même de tous droits rescindans et rescisoires, mais sans aucune garantie, quant à ces derniers droits, et de consentir que ledit citoyen J. en soit saisi et mis en possession par qui et ainsi qu'il appartiendra ; de constituer à cet effet procureur, et de lui donner tous pouvoirs nécessaires.

Dont acte, pour l'exécution duquel les parties élisent domicile à   savoir : les citoyen et demoiselle A. en la demeure du citoyen   avoué audit tribunal de première instance, séant à   y demeurant rue   nº.   et ledit citoyen J., en sa demeure ci-devant désignée, auxquels lieux ils consentent la validité de tous actes et exploits de justice qui pourraient y être faits et signifiés, nonobstant changement de demeure ; promettant d'exécuter tout le contenu en ces présentes, et au procès-verbal d'affiche qui précède.

Car ainsi, etc.

Le présent procès-verbal a été clos et arrêté à
en l'étude, les jour et an que dessus, et ont, les comparans, signé avec les notaires soussignés.

§. I I I.

Modèle de l'enregistrement.

Vente par licitation d'une maison située à
rue　　　　　moyennant la somme de soixante mille
francs par les cit. Antoine et Benoît J.... demeurans à
　　　propriétaires pour moitié de ladite maison, comme
héritiers de Christophe J.... leur père commun, au
C. Jérôme C... demeurant à　　　　　moyennant
la somme de soixante mille francs.

Droit 4 par 100 francs sur 60,000 fr........ 2400 fr.
(Art. LXIX, §. VII, n°. 4 de la loi du 22 frimaire
an 7.)

Mais si c'est l'un des co-propriétaires qui se rend adjudicataire, il ne doit le droit qu'à raison des parts et
portions qu'il acquiert.

S'il s'agit d'objets mobiliers, le droit n'est dû que sur
le pied de 2 francs par cent. (Art. LXIX, §. V, n°. 6
de la loi du 22 frimaire an 7.)

Il n'y a plus de distinction à faire aujourd'hui entre
les différens co-intéressés ou co-propriétaires au même
titre ou non.

Les expéditions de jugement portant injonction de
procéder à licitation, sont sujettes au droit de 3 francs
fixe. (Art. LXVIII, §. III, n°. 7.)

§. I V.

Définition. Développemens.

Licitation est l'acte par lequel des terres, maisons ou
autres biens-immeubles, qui sont communs entre plusieurs, et qui ne peuvent facilement se partager, sont
vendus par licitation.

Comme personne ne peut, malgré soi, rester dans
l'indivision et continuer de jouir en commun, chacun

des co-propriétaires qui a la libre disposition de ses biens, peut, quand il lui plaît, provoquer la vente, par licitation d'un immeuble possédé par *indivis*, entre ses co-propriétaires et lui, s'il n'est pas possible de le partager; et c'est ce que décident les experts.

Lorsque la *licitation* se fait volontairement entre majeurs, il n'est pas nécessaire qu'elle soit judiciaire : elle peut, en ce cas, se faire à l'amiable entre les parties, mais pour cela, il faut que les propriétaires soient parfaitement d'accord et maîtres de leurs droits. Un seul d'entre eux n'y consentant pas, il faudrait que la vente fût faite *en justice*.

La vente d'un immeuble commun se fait ordinairement aux enchères, et le prix en est partagé entre les co-propriétaires, à proportion de la part et portion que chacun d'eux a dans la propriété.

Elle peut se faire entre les collicitans seulement.

Chacun des co-propriétaires est maître de demander que les étrangers soient appelés à la *licitation*, afin d'augmenter le concours des enchères, et d'obtenir un prix plus convenable et le plus avantageux de l'immeuble qui lui appartient, et auquel il a droit, comme ses co-propriétaires.

———

L I Q U I D A T I O N.

S O M M A I R E.

1°. Formules de liquidations.

2°. Modèle de l'enregistrement et liquidation des droits.

3°. Développemens.

§. P R E M I E R.

Formules de liquidations.

Par-devant les notaires à　　　soussignés, sont comparus :

Le citoyen Jean-Baptiste B., demeurant à département de　　　étant ce jour à　　　veuf de Marie-Anne C., qui était veuve en premières noces de Jean P., d'une part.

Et le citoyen François-Prosper C., demeurant à au nom et comme mandataire du citoyen Jean-François P., majeur, actuellement à　　　fondé de sa procuration spéciale, entre autres choses, à l'effet des présentes, reçue par　　　enregistrée le　　　laquelle a été déposée à l'un des notaires soussignés, par acte du　　　duement enregistré.

Et le citoyen Auguste-René P., actuellement majeur, demeurant à

Les citoyens P., frères germains, restés seuls héritiers de la citoyenne Marie-Anne C. leur mère, au moyen de la renonciation faite à sa succession par Marie-Anne-Catherine P., leur sœur germaine, épouse autorisée d'Antoine-René-François L., suivant un acte reçu par A., qui en a la minute, et son confrère, notaire à le　　　duement enregistré et inscrit au greffe des insinuations de　　　le　　　laquelle avait droit pour un tiers à la même succession ; tous deux d'autre part.

Lesquels désirant procéder à la liquidation, tant de la communauté entre les citoyen et citoyenne B., que de la succession de cette dernière, ont préliminairement exposé ce qui suit.

Le contrat de mariage de la citoyenne C. avec le citoyen P. son premier mari, a été passé devant A. et son
confrère, notaire à   le   Il contient stipulation de communauté et exclusion des dettes antérieures
au mariage.

Il n'y a aucune énonciation d'apport de la part du citoyen P.

A l'égard des biens de son épouse, ils consistaient en
5,600 liv., tant de deniers que meubles et effets.

La mise en communauté respective a été fixée à 1000
livres.

Le donaire à pareille somme une fois payée.

Le préciput à 500 liv. en meubles, ou 600 liv. en deniers, et le deuil à 200 liv.

La clause de reprises a été stipulée dans les termes ordinaires.

Le citoyen P. est décédé à   le

Le   il a été procédé par A., l'un des notaires
soussignés et son confrère, à l'inventaire de la communauté et continuation de communauté d'entre le citoyen P.
et sa veuve, à la requête de celle-ci, tant en son nom
que comme tutrice de la cit. P., aujourd'hui femme L. et
de ses deux sœurs, habiles à se porter héritiers, chacun
pour un tiers, de leur père, en présence de Pierre P.,
leur subrogé-tuteur.

La veuve P. a renoncé à la communauté par acte passé
devant A., le   insinué le   du même mois.

Le contrat de mariage de la veuve P., avec le cit. B.,
a été reçu par A., le

La stipulation de communauté et l'exclusion des dettes
y ont également été insérées.

Le citoyen B. a apporté la somme de   en effets
mobiliers; son épouse a déclaré que ses biens consistaient,

1°. Dans ses reprises et créances contre la succession
de son premier mari;

2°. Dans l'établissement de   qu'elle exerçait,
et dans les pratiques y attachées, dont la valeur a été
arbitrée à   livres, et dont le citoyen B. a consenti d'être chargé par la seule célébration du mariage.

Il a été reconnu qu'elle apportait en mariage la majeure
partie des objets mobiliers compris en l'inventaire susdaté,
et l'équivalent du surplus, le tout inférieur aux créances
qu'elle avait droit d'exercer sur la succession de son mari,

lesquels objets elle a promis remettre à celui-ci la veille
du mariage.

En effet, par quittance reçue par les mêmes notaires,
le   du mois de   à la suite du contrat,
le citoyen B. a reconnu avoir reçu de son épouse, 1°. la
majeure partie des meubles, effets, argenterie et deniers
comptans compris en l'inventaire susdaté, avec l'équivalent du surplus, à la déduction toutefois des dettes passives constatées par cet inventaire et du coût de l'inventaire même, 2°. le montant des bonnes dettes actives qui y
étaient déclarées.

La mise en communauté de chacun des époux a été
fixée à 5oo fr.

Le préciput, à pareille somme, en meubles ou deniers
comptans, au choix du survivant

La cause de remploi des propres et celle des reprises
ont été stipulées suivant l'usage.

Enfin, il a été convenu que les trois enfans de la citoyenne veuve P. seraient élevés, nourris et entretenus
aux dépens de la communauté qui serait chargée de leur
éducation, le tout pour le revenu qu'ils pourraient avoir,
et jusqu'à ce qu'ils aient atteint l'âge de seize ans accomplis.

Pendant le cours du mariage, les enfans de la citoyenne
veuve P. ont recueilli, pour moitié, la succession de Catherine C., décédée veuve de Jean P. leurs ayeux.

On voit, par l'acquisition qui va être énoncée, que
tout son mobilier évalué   francs, a été laissé à un
parent, en récompense des soins qu'il lui avait donnés.
Quant aux immeubles, ils étaient composés de deux masures situées à   qui ont été licitées par acte passé
devant A., le   et adjugées aux citoyen et citoyenne
B., pour les enfans de cette dernière, moyennant 6oo fr.

Sur la moitié revenante au citoyen P., oncle des mineurs et co-licitant, on a déduit 18o fr. qu'il devait à la
succession, et les 12o fr. de surplus lui ont été payés par
le citoyen et citoyenne B.

Par acte passé devant A., le   les citoyen et
citoyenne B. ont vendu l'une des masures, moyennant
55o fr.; quant à l'autre masure, il paraît qu'elle existe
encore.

Le contrat de mariage de la citoyenne P., avec le citoyen L., a été reçu par A., le

Le citoyen B. et son épouse lui ont constitué en dot,

d'abord pour la remplir de ce qui pouvait lui revenir en capital, soit de la succession de son père, soit de celle de la veuve P. son ayeule, et solidairement en avancement de la succession de sa mère, 5,000 fr.; savoir : 4,000 fr. que leur devait le citoyen L., et 1500 fr. qu'ils se sont obligés de lui fournir en un trousseau le jour du mariage, et ce trousseau a été réellement livré.

La citoyenne B. est décédée à   département de   le

Le même jour, les scellés ont été apposés dans sa demeure en ce lieu;

Et, le   suivant, le citoyen H..... notaire audit lieu, a fait l'inventaire à la requête du citoyen B.... à celle de madame L....., fondée de la procuration de son mari, et encore à celle du citoyen C...., comme tuteur des deux frères de celle-ci.

La vente mobiliaire a été faite par le même notaire, le   et jours suivans.

Le produit de cette vente s'est élevé à . . . .   7867 l.   s.   d.

Sur quoi il a été déduit :

1°. Pour le montant des adjudications faites à crédit au citoyen B.,
ci . . . .   »   »
2°. Pour le montant de celles faites au citoyen L., ci.   .   .   »   »   } 3867 l.   15 s.   d.

                              ————————————
                              3999 l.   5 s.   d.

Le reliquat a été versé entre les mains du cit. C.

Il dépendait de la communauté une maison sise à

Une partie de cette maison était louée au cit. L. et son épouse, suivant un bail passé devant A le   moyennant 1100 fr.; ils étaient de plus locataires de deux pièces sur le devant, moyennant 250 fr.; ils ont joui de tous ces lieux jusqu'au   an

Indépendamment de ce bail, le citoyen L   et son épouse étaient chargés de la recette des autres loyers de la maison, et ils l'ont faite jusqu'au an   époque à compter de laquelle le cit. B l'a fait faire par le ministère du citoyen Q

le citoyen L   a cessé d'être locataire des lieux qu'il occupait le   an

Le citoyen B   a poursuivi la vente par licitation de la maison, et suivant un jugement rendu à l'audience des criées du département de la Seine, le   elle a été adjugée au citoyen M   moyennant 27,000 fr., produisant intérêt à raison de 5 pour 100 sans retenue, à compter du   an   époque à compter de laquelle la jouissance de la maison lui a été accordée.

Ces faits exposés, il ne reste plus qu'à procéder aux liquidations dont il s'agit; mais pour arriver à ce but, il est indispensable de fixer préliminairement les comptes des gestions faites par les citoyens L.   et B. et de déterminer précisément le montant des créances du citoyen C.   sur la communauté.

Ces présentes seront divisées en deux sections.

La première contiendra la liquidation de l'apport dotal de madame B.   les comptes des citoyens L. et B.   et la fixation des créances du citoyen C.

Et la seconde aura pour objet la liquidation de la communauté.

PREMIERE SECTION.

PREMIÈRE OPÉRATION.

Liquidation de l'apport dotal de madame C.   lors de son mariage avec le citoyen B.

On a vu, dans le préambule, que la dame, en se mariant avec le citoyen B.   a déclaré qu'elle apportait en dot la majeure partie des objets compris en l'inventaire fait après le décès du citoyen P.   et l'équivalent du surplus, et que, dans la quittance donnée par le citoyen B.   à la suite de leur contrat, il a reconnu la réalité, tant de cet apport que du montant des bonnes dettes actives, à la déduction de celles passives.

Pour connaître en quoi consistait cet apport, les parties en ont fait la liquidation d'après l'inventaire, ainsi qu'il suit

	l.	s.	d.
Mobilier sujet à crue	»	»	»
Crue	»	»	»
Et	»	»	»
Et	»	»	»

Dettes actives.

Il était dû, par les ci-après nommés,

S A V O I R :

B.	»	»	»
A.	»	»	»
D.	»	»	»
T O T A L	4477	11	7

Passif.

dû aux ci-après nommés ;

S A V O I R :

P.	»	»	»
L.	»	»	»
Frais d'inventaire.	»	»	»
T O T A L	486	6	8
Ainsi à l'actif se réduisait à.	5991	4	11

D E U X I E M E   O P É R A T I O N.

Compte du citoyen L.

Les loyers reçus par le cit. L.　　　　　en assignats jusqu'au premier　　　　　　　　, montaient, déduction faite, à　　　livres, dont il a plusieurs fois offert la remise ; mais cette somme n'offrait alors qu'une trop modique valeur pour mériter attention, et ces assignats se sont anéantis dans ses mains.

Recette des loyers en numéraire.

		liv.	s.	d.
Premier trimestre.	⎫	liv.	s.	d.
Deuxieme.	⎬	5558	»	2
Troisieme.	⎭			

Dépense.

Pour contributions foncières de l'an 5 , et partie des années 6 et 7 , suivant huit quittances, ci.	»	»	»
Payé à B.	»	»	»
Et.	»	»	»
Payé au citoyen C. suivant quittance, ci.	»	»	»
Ensemble.	4710	»	»

Balance.

Recette. . . . , ...	5538	»	»
Dépense.	4710	»	»
Reliquat.	828	»	»

TROISIEME OPÉRATION.

Compte du citoyen B.

RECETTE.

1°. Pour 21 mois échus le 1ᵉʳ. vendémiaire an 8 , des lieux occupés par le cit. L. ci. . .	»	»	»
2°. Pour un semestre échu le du surplus des loyers de cette maison, ci	»	»	»

Loyers dûs.

Par le cit. C. pour six mois échus le an de. . . .	»	»	»
Par le cit. D. pour deux trimestres échus le d'une chambre au.	»	»	»
Etc			
Etc.			
Total de la recette	6719	»	»

DÉPENSE.

ARTICLE PREMIER.

La somme de   payée pour
contributions, suivant quittances, ci.

	liv.	s.	d.
	»	»	»

ART. II.

Celle de   payée pour réparations, suivant quittances ; savoir,
au citoyen G   . . . . » » »
Au citoyen B.   . . . » » »

ART. III.

Celle de   payée au citoyen C.
suivant diverses quittances ; savoir :
Le   messidor an . . . » » »
Le   pluviose an . . . » » »

Total de la dépense . . . 4680 » »

Balance.

Recette . . . . 6719 » »
Dépense . . . . 4680 » »

Reliquat . . . . 2038 7 »

QUATRIEME OPÉRATION.

Liquidation des créances du cit. C.

CAPITAUX.

Capital exigible formant le restant
du prix de l'acquisition que les citoyens et citoyenne B.   ont faite
de la maison rue   suivant un contrat passé devant A.   le   .... » » »

Capital d'une rente de   constituée par les citoyen et citoyenne
C.   au profit du citoyen C.

devant A.   le   . . . .   »   »   »
  Billet de   du   août 1791,
ci. . . . .   »   »   »

                      Ensemble   22793   »   »

Intérêts.

Le citoyen C.   ayant consenti
de ne point réclamer les intérêts qui
ont couru pendant la durée du papier-monnaie, du montant des billets, et de souffrir la retenue sur les
intérêts des 20,000 liv. depuis le premier vendémiaire, quoique les citoyen et citoyenne B.   lui aient
promis de n'en faire aucune, il a été
convenu que les paiemens qui lui ont
été faits, s'imputeraient seulement
sur le surplus des intérêts.

Intérêts des 20,000 liv. du   novembre jusqu'au   thermidor an
d'après la dépréciation graduelle des
signes monétaires, et sans retenue.   »   »   »
Intérêts de cette somme, du
        jusqu'au. . . . . . .   »   »   »

                      Ensemble.   5479   7   10

              Total des créances. . . .   28272   7   10

Paiemens faits au citoyen C.

La somme de   formant le reliquat du prix de la vente des meubles, versée en ses mains dans les
premiers jours de   . . . .   »   »   »
  Celle de   payée par le cit. L.   »   »   »
  Celle de   payée par le cit. B.   »   »   »

                      Ensemble.   4559   15   »

Ainsi les créances se réduisent à...   23712   14   10

Deuxième

DEUXIEME SECTION.

Liquidation de la communauté.

PREMIÈRE OPÉRATION.

Masse active.

ARTICLE PREMIER.

La somme de 27,537 liv. 10 s. formant le prix principal et intérêts de la maison rue, ci . . » » »

ART. II.

La somme de 5060 liv. due par le
cit. B.   savoir: . . . . » » »
Et . . . . » » »
Et . . . . » » »

En commun.

Les parties laissent en commun la somme de 1203 liv. due par le cit.
L.   savoir, ci . . . 1203 l. 15 s.

Total de la masse active. . . 35924 16 »

DEUXIEME OPÉRATION.

Masse passive.

ARTICLE PREMIER.

La somme de 25419 fr. 98 cent. due au cit. C   suivant l'état qui précède, ci . . . . » »
Etc. . . . . » »
Etc. . . . . » »

Total de la masse passive. . . 51026 97

T R O I S I E M E　O P É R A T I O N.

Prélèvement de la masse passive sur celle active.

La masse active monte à	35924	80
Celle passive monte à	31026	97
Ainsi l'excédent est de	4897	85

Q U A T R I E M E　O P É R A T I O N.

Distraction d'une partie de l'actif pour acquitter d'autant le passif.

De l'actif montant à	35924	80
Les parties ont distrait la somme de	23969	98
Ainsi l'actif se réduit à	11954	82

C I N Q U I E M E　O P É R A T I O N.

Partage effectif.

Le cit. B.

Il lui revient la somme de.	3362	49
Pour le remplir de cette somme, il recevra.	3362	49
Somme égale.	3362	49

Les enfans de M^{de}. B.

Il leur revient la somme de. . . .	8592	32

S I X I E M E　O P É R A T I O N.

Subdivision entre les citoyens P.

La moitié revenante à chacun d'eux dans ce dernier lot, est de.	4296	16

Celle revenante au cit. P   aîné, se compose de la moitié de la dot fournie à M^{de}. L   de 2716 fr.

Etc. . . . .

Somme égale à ses droits,
　　ci . . . . 4296 fr. 16 c.

Après avoir examiné les diverses opérations ci-dessus, et toutes les pièces qui y ont servi de base, les parties ont approuvé et arrêté ces opérations comme justes et exactes, et elles ont consenti qu'elles sortent leur plein et entier effet.

En conséquence, chacune d'elles aura les sommes qui lui sont attribuées par ces présentes, pour en faire et disposer comme elle avisera, le tout sous la garantie ordinaire entre co-partageans.

Le cit. C.... a reconnu avoir en sa possession l'expédition du contrat de mariage de M^{de}. C.... et celle de l'inventaire fait après le décès du cit. P....

Quant au cit. B.... il conservera entre ses mains, 1°. les expéditions, tant de son contrat de mariage que de l'inventaire et du procès-verbal de vente faits après le décès de son épouse; 2°. les pièces justificatives de la dépense du cit. L.... et de celle faite par lui-même.

Le cit. C.... a observé qu'il résulte des opérations ci-dessus, qu'en sa qualité de tuteur du cit. P.... jeune, il n'est comptable d'aucune somme envers lui, puisque toutes celles qu'il a reçues des communauté et succession de la dame B.... ont servi à acquitter d'autant les intérêts qui lui étaient dus.

Mais il n'a pas cru devoir refuser quelques avances à son pupille dans ses besoins urgens; et, suivant l'état qu'il a présenté, ces avances montent à la somme de   qui lui ont été remboursés par le cit. P.
au moyen de quoi les parties se sont réciproquement acquittées et déchargées de toutes choses, tant au sujet de la tutelle confiée au cit. C.   que des avances par lui faites pour son pupille; reconnaissant respectivement n'avoir aucune répétition à faire l'un contre l'autre.

Et pour l'exécution des présentes, les parties ont élu domicile en leur demeure, auxquels lieux, nonobstant, promettant, obligeant, renonçant.

Fait à   ès-étude, le   et ont signé ces présentes, où il a été rayé   mots, comme nuls.

MODELE DE LIQUIDATION.

DE COMMUNAUTÉ.

Par-devant les notaires à Paris, soussignés , sont comparus ;

La citoyenne Claire Dorbe, veuve de Pierre Crétu, ancien peintre, demeurant à   rue   procédant en ces présentes, tant à cause de la communauté de biens, qui a subsisté entre elle et le feu citoyen Crétu, que comme sa donataire universelle en usufruit, d'une part ;

Le citoyen Louis Édouard, et la citoyenne Rose Crétu, son épouse, autorisée à l'effet des présentes, demeurant ordinairement à Chartres, rue des Changes, n°. 10, département d'Eure et Loire, étant ce jour à Paris ;

La citoyenne Jeanne Théodore, demeurant à Versailles, rue du Paon, n°. 3, étant ce jour à Paris, épouse séparée, quant aux biens du citoyen Gaspard Dubois, et de lui néanmoins autorisée par la procuration qu'il lui a donnée, suffisante pour ce qui suit, passée en minute devant   notaire à   le

Le citoyen Joseph Wolmar, demeurant à Compiègne, de présent logé maison de la citoyenne Crétu, et étant ce jour à Paris ;

Le citoyen Jacques Delos, homme de loi, demeurant à Paris, rue Saint-Avoye, n°. 158, division de la Réunion, au nom et comme mandataire spécial, à l'effet des présentes,

Du citoyen Alexandre Jacob, et de la citoyenne Adélaïde Théodore, son épouse, demeurant à Montargis, département du Loiret, suivant la procuration qu'ils lui ont donnée, et dans laquelle la citoyenne Jacob a été autorisée de son mari, passée devant   notaire à   en présence de témoins, le   , enregistrée le même jour, dont une expédition dûment légalisée est demeurée jointe à la minute des présentes, après que le citoyen Delos l'a en certifiée véritable, et signée en présence de notaires soussignés ;

Et encore le citoyen Delos, au nom et comme mandataire du citoyen Jean Théodore, cultivateur, et de la citoyenne Catherine Théodore, fille majeure, demeurant tous deux à Ernée, département de la Mayenne, fondé de leur procuration spéciale, à l'effet des présentes, passée devant Grandpré, notaire à Ernée, en présence de témoins, le   dont l'original dûment légalisé, représenté par le citoyen Delos, est également, à sa réquisition, demeuré joint à la minute des présentes, après qu'il l'a eu certifié véritable, et signé en présence des notaires soussignés.

Tous d'autre part.

La dame Rose Crétu, épouse du citoyen Edouard, seule héritière dans la ligne paternelle du citoyen Pierre Crétu, son frère germain, et en outre son héritière, pour un quart, dans la ligne maternelle.

La dame Théodore, épouse du citoyen Dubois, aussi héritière, pour un second quart, dans la ligne maternelle du cit. Crétu, son frère utérin.

Le cit. Wolmar, héritier, pour le troisième quart, dans la ligne maternelle du cit. Crétu, son oncle, par représentation de feue dame Marie Théodore, sa mère, décédée épouse du cit. René Wolmar, laquelle était sœur utérine du cit. Crétu.

La dame Théodore, épouse du citoyen Jacob, le cit. Jean Théodore, et la dame Catherine Théodore, tous trois frère et sœurs germains, héritiers, conjointement pour le dernier quart, dans la même ligne du citoyen Crétu, leur oncle, par représentation de Claude-Baptiste Théodore, leur père, qui était frère utérin dudit cit. Crétu;

Lesquels, desirant procéder à la liquidation et au partage de la communauté d'entre les citoyen et dame Crétu, ont préliminairement exposé ce qui suit :

PRÉAMBULE.

Le contrat de mariage des citoyen et dame Crétu a été passé devant   notaire à Paris, le   et insinué le

Il contient stipulation de communauté, et exclusion des dettes antérieures au mariage.

Les biens du cit. Crétu consistaient dans la somme de 20,000 francs, composée de 6,000 francs en meubles, habits, linges, hardes, argenterie, deniers comptants et bijoux; et 14,000 francs qui lui étaient dûs par différentes personnes; mais dans cette somme, il y avait

5oo francs dont il ne devait entrer en jouissance, qu'après le décès de son père.

A l'égard de la dame Crétu, elle a reçu du citoyen son père, pour la remplir jusqu'à concurrence de ses droits dans la succession de sa mère, la somme de 2,5oo francs en un trousseau, dont le citoyen Crétu a consenti de demeurer chargé par la simple prononciation du mariage.

De plus, le cit. G. Beaupré, et la dame Françoise Bontemps son épouse, ses ayenx, lui ont constitué en dot en avancement d'hoirie, et chacun par moitié, la somme de 20,000 francs ; savoir :

Dix mille francs en contrats produisant 5oo francs de rente, ou en argent, à leur choix, qui devaient être remis le lendemain du mariage ; et les autres dix mille francs en quatorze années, par quart, sans intérêt.

La mise en communauté a été fixée à 25oo francs de part et d'autre ;

Le douaire à 4ooo francs une fois payés, ou la rente de cette somme sur le pied de l'ordonnance et sans retenue ;

Et le préciput à 2ooo francs en mobilier, sans crue, ou en argent, au choix du survivant.

Ce contrat est terminé par une donation que le citoyen Crétu a faite à la dame son épouse de l'usufruit de tous les biens, meubles, acquêts, conquêts, immeubles et propres, qui lui appartiendraient au jour de son décès, en quelques lieux et endroits qu'ils fussent situés, et à telle somme qu'ils puissent monter, pour en jouir à sa simple caution juratoire.

Les premiers 1oooo francs donnés à la dame Crétu par ses ayeux, ont été acquittés, ainsi qu'il résulte d'une quittance donnée par elle et son mari devant le même notaire, le   et inscrite ensuite du contrat ; quant aux autres 1oooo francs, ils l'ont été depuis, à diverses époques.

Pendant le cours du mariage, le citoyen Crétu a recueilli la succession du citoyen Nicolas Crétu, son père, décédé le   , celle de la dame son épouse, décédée le   , dont il est héritier pour un tiers, et la liquidation en a été faite devant   notaires à Paris, le

La dame Crétu, de son côté, a recueilli deux successions ; savoir : celle du citoyen Beaupré, son ayeul,

décédé le   , celle de la dame son épouse , décédée le   desquels elle était héritière pour un
huitième.

Ces deux successions ont été partagées en même-tems
par acte passé devant   , le

Parmi les objets abandonnés à la dame Crétu par le
partage de la succession de ses ayeux , se trouvait le
huitième d'un terrein , rue de la Liberté , et le quart
d'une maison située à Belleville.

Le terrein a été adjugé par licitation au citoyen Cré-
pin , suivant une sentence du ci-devant châtelet de
Paris , du   moyennant 45ooo francs , dont le huitième revenant à la dame Crétu , était de 5625 francs.

Et par contrat passé devant   , qui en a gardé
minute , et son confrère , notaires à Paris , le   ,
les citoyen et dame Crétu ont vendu au cit. St.-Preux
un autre terrein , même rue , qu'ils avaient acquis pendant leur communauté , moyennant 4375 francs , au
moyen de quoi le cit. St.-Preux se trouvait débiteur de
10000 francs.

Pour s'acquitter de cette somme , le cit. St.-Preux a ,
par le même acte , constitué aux cit. et dame Crétu ,
sur leurs deux têtes , une rente viagère de 700 francs ,
sans retenue.

Quant au quart de la maison de Belleville , les cit. et
dame Crétu y ont réuni les trois autres quarts , au moyen
de deux acquisitions postérieures au partage.

D'abord , ils ont acquis un premier quart de la dame
Marie-Françoise Bontemps , épouse du cit. Chanssée ,
moyennant 1500 francs , par contrat passé devant
le   , et ils se sont rendus acquéreurs des deux autres quarts , au moyen de l'adjudication qui leur a été
faite de la totalité de la maison , par sentence sur lici-
cation , rendue au ci-devant châtelet de Paris , le

Devenus ainsi propriétaires de la totalité , ils l'ont
vendue aux cit. et dame Longchamps , par acte passé
devant   notaire à   le   moyennant 11,000
francs , dont 5000 ont été payés comptant , 5000 le
et 5000 le

A l'égard du père de la dame veuve Crétu , il est décédé le   ; mais sa succession n'étant pas avantageuse , la demoiselle sa fille y a renoncé par acte
passé devant   , notaire à Melun , le
insinué le lendemain.

4

Au moyen de cette renonciation, elle n'a recueilli qu'une somme de 2000 francs, formant la moitié du douaire constitué par son père à la dame sa mère, et le citoyen Crétu l'a reçue du C. à   par acte du

Tels sont les événemens qui ont eu lieu pendant le mariage.

Le cit. Crétu est décédé à Belleville, le

L'inventaire de la communauté d'entre lui et madame sa veuve a été faite par...., l'un des notaires soussignés, et son confrère, le...., et jours suivans ;   à la requête de madame sa veuve, tant à cause de leur communauté de biens, que comme donataire, en usufruit, du citoyen son mari ;

A celle du citoyen Edouard, comme exerçant les droits de son épouse ;

De madame Dubois, représentée par le citoyen Bordeaux, comme son mandataire ;

Et du citoyen Wolmar :

Madame Edouard, comme habile à se porter seule héritière dans la ligne paternelle du feu citoyen Crétu son frère germain, et en outre son héritière pour un tiers dans la ligne maternelle ;

Madame Dubois, comme habile à se porter aussi héritière pour le deuxième tiers dans la ligne maternelle du citoyen Crétu son frère utérin ;

Et le citoyen Wolmar, habile à se porter aussi héritier pour le dernier tiers dans la ligne maternelle du citoyen Crétu son oncle, par représentation de Marie Théodore sa mère, décédée veuve de René Wolmar, laquelle était sœur utérine du citoyen Crétu.

Par la clôture de cet inventaire, la totalité des objets y compris a été laissée en la possession de madame veuve Crétu.

Madame Adélaïde Théodore, épouse du citoyen Jacob, le citoyen Jean Théodore et madame Catherine Théodore se sont présentés, depuis l'inventaire, pour recueillir leur part dans la succession du citoyen Crétu, et les parties ayant reconnu leurs qualités, le partage sera fait avec eux suivant les lois héréditaires.

Ces préliminaires exposés, il ne reste plus qu'à établir les valeurs que chacun des époux a recueillies des successions qui lui sont échues.

PREMIÈRE OBSERVATION.

Succession du père du citoyen Crétu.

Par le partage de cette succession, passé devant notaire à Paris, et son confrère, le   on a calculé les capitaux et revenus échus jusqu'au décès du citoyen Crétu, quant aux revenus postérieurs, ils n'ont point été portés en masse : ainsi, il n'y a point de distinction à faire à cet égard.

Le tiers qui revenait au citoyen Crétu, dans cette succession, montait à 1689 6 5

De plus, il a été chargé d'acquitter la somme de . . . . 1062 6 »

Ensemble deux mille sept cent cinquante-une livres douze sous cinq den. 2751 12 5

Pour lui fournir cette somme, il lui a été abandonné :

1°. Quarante-six livres treize sols, montant des objets qui lui avaient été adjugés à crédit, lors de la vente des meubles, ci . . . . 46 13 »

2°. Un billet du citoyen Grégoire, montant à deux mille cent livres. . 2100 » »

3°. Trois cent cinquante-sept L. cinq sols un denier, pour les arrérages dûs, au décès, d'une rente de 5000 livres. 357 5 1

4°. Et deux cent quarante-sept liv. quatre sols quatre deniers, dûs pour soulte par le cit. David, co-partageant. 247 4 4

2751 2 5

Les objets restés en commun sont :

1°. Moitié d'une rente de cinquante livres, due par le citoyen Nef, qui subsiste encore, ci . . . . *reprise.*

2°. Une rente de cent vingt-cinq liv., due par le citoyen Mouche, dont le cit. Crétu a reçu le remboursement. . . 2500 » »

3°. Deux actions de la compagnie

D'autre part. . . .   2500   »   »

des Indes, de deux mille cinq cent liv.
chacune, toutes deux vendues le
moyennant deux mille quatre cent cin-
quante-sept livres.   2457   »   »

    Ensemble, quatre mille neuf cent cin-
quante-sept livres.   4957

    Dont le tiers, appartenant au citoyen
Crétu, était de seize cent cinquante-
deux livres six sols huit deniers.   .   1652   6   8
    En ajoutant à cette somme sa portion
héréditaire, montant à seize cent quatre-
vingt-neuf livres six sols cinq deniers.   1689   6   5

    Il en résulte qu'il a recueilli effecti-
vement trois mille trois cent quarante-
une livres treize sols un denier.   .   .   3341   13   1

S E C O N D E   O B S E R V A T I O N.

Succession des citoyen et dame Beaupré, ayeux de
madame Crétu.

    La liquidation de ces deux successions, faite devant
        et son confrère, notaire à Paris, le   a
été distribuée en trois masses;
    La première contient la masse générale des deux suc-
cessions, et les deux autres celles particulières de chacun des citoyen et dame Beaupré.
    On a fait rapport à la masse de la succession du cit.
Beaupré, des dotes fournies par lui et son épouse, tant à
ses enfans qu'à ses petits-enfans, et l'autre moitié de ces
dotes a été rapportée à la succession de madame Beaupré.
    Le huitième revenant à madame Crétu, dans l'une et
l'autre succession, montait à quarante-sept mille qua-
rante-quatre livres onze sols trois de-
niers.   47,044   11   3

    Le cit. Crétu a été chargé d'acquitter:

Ci-contre.   47,044   11   5

1°. Treize cent quatre-vingt-dix-
sept livres dues au cit. 1397   »   »

2°. Seize cents francs
pour les frais de partage 1600   »   »

3°. Et il était dû aux
cit. et madame Crétu
vingt mille quatre cent
quarante —cinq livres ,
pour le principal et ar-   23,442   »   »
rérages d'une rente de
mille livres , dont ils
étaient créanciers de
madame Beaupré ; sa-
voir : 20000 livres pour
le capital, et 445 livres
pour arrérages.   . 20445   »   »
                   ——————————
                     23442   »   »

Ensemble , soixante-dix mille quatre
cent quatre-vingt-six livres onze sols
trois deniers.   70,486   11   3

Pour lui fournir cette somme , on lui a abandonné les
objets suivans :

	Objets reçus par la commenauté.			Objets non reçus ou fictifs.		
1°. Portion du reliquat de la vente mobilière.	715	12	7			
2°. Portion du mobilier de Belleville.	287	10	»			
3°. *Idem.* De l'argenterie.	661	4	1			
4°. *Idem.* Des deniers comptans.	1,238	»	»			
5°. *Idem.* Des fonds restés entre les mains du cit. Crétu.	706	8	11			
6°. Moitié d'une maison rue de Montmorency. . . .	»	»	»	18,500	»	»
7°. Portion du prix d'une maison à.	1,641	11	10			
	5,250	7	5	18,500	»	»

	Objets reçus par la communauté.			Objets non reçus ou fictifs.		
D'autre part. . . .	5,250	7	5	18,500	»	»
8°. Le quart de la dot reçue par la mère de M°. Crétu, montant à.	»	»	»	2,500	»	»
9°. Les intérêts de cette somme montant à.	»	»	»	822	»	»
10°. La moitié de la dot constituée à elle-même, montant à.	»	»	»	10,000	»	»
11°. Les intérêts de cette somme montant à.	»	»	»	3,288	»	»
Ces quatre derniers objets rapportés à la succession du citoyen Beaupré.						
12°. La somme de 12,832 l. 5 s. 6 d. pour pareille portion de dot et intérêts rapportés à la succession de la dame Beaupré.	»	»	»	12,832	5	6
13°. Le quart de la maison de Belleville.	»	»	»	1,500	»	»
14°. Le huitième du prix d'un terrain rue du Coq. . .	»	»	»	5,500	»	»
15°. Indemnité due par le gouvernement pour un terrain même rue.	»	»	»	4,400	»	»
16°. Le quart d'une rente de 112 liv. 10 s. 3 d. sur Colas, encore due.	»	»	»	562	10	»
17°. Une rente de 500 l. due par Petibois et remboursée.	10,000	»	»			
18°. Arrérages de cette rente montant à.	222	10	»			
19°. Le quart d'une obligation du cit. Bridanne, acquittée.	400	»	»			
20°. Le quart d'un billet du cit. Gillecœur, non reçu.	»	»	»	150	»	»
Total des objets non reçus, fictifs ou en reprises, 60054 l. 14 sous 2 deniers.	»	»	»	60,054	14	2

	Objets reçus par la communauté.	Objets non reçus ou fictifs.
Ci-contre. . . .	15,873 4 »	60,054 14 2
Total des objets reçus par la communauté.	15,873 4 »	15,873 4 1
Ensemble, 75927 l. 18 s. 3 deniers.		75,927 18 3
Les droits de la dame Crétu ne montaient qu'à soixante-dix mille quatre cent quatre-vingt-six livres onze sols trois deniers.		70486 11 3
Ainsi elle a fait soulte de cinq mille quatre cent quarante—une livres sept sols deux deniers.		5441 7 2

Objets à réclamer par la communauté,
sur ces abandons.

1°. 2997 livres montant des dettes que la dame Crétu a été obligée d'acquitter.	2997 » »
2°. 20445 livres pour capital et intérêts de la rente de 1000 livres qui était à la communauté.	20445 » »
3°. La soulte payée par la dame Crétu, montant à	5441 7 2
4°. 2277 liv. formant le huitième qui revenait à la dame Crétu dans les revenus postérieurs au décès, suivant les calculs qui ont été faits par dépouillement des différentes masses, lesquels revenus appartenaient à la communauté.	2277 » »
Ensemble, trente-un mille cent soixante livres sept sols deux deniers. .	31160 7 2
La communauté n'a effectivement reçu, suivant l'état qui précède, que.	15873 4 1
Ainsi la dame veuve Crétu lui doit récompense de	15287 5 1

TROISIEME OBSERVATION.

Rente viagère due par le cit. St.-Preux.

Le capital de cette rente viagère est composé de 5675 liv. appartenant à la dame veuve Crétu, et de 4325 liv. appartenant à la communauté : ainsi, par l'effet d'un calcul proportionnel, la dame Crétu est propriétaire particulièrement de 597 livres 5 sols, à prendre dans cette rente, et la communauté des 502 liv. 15 sols de surplus.

L'intérêt naturel des 5675 livres appartenant à la dame veuve Crétu, est de 283 liv. 15 sols ; mais au moyen de l'aliénation viagère de ce capital, la communauté a reçu annuellement au-delà de cet intérêt, une somme de 103 liv. 10 sols, dont elle doit faire raison à la dame Crétu, comme faisant partie du capital même.

Cet intérêt, pendant dix-sept années, six mois quinze jours, échu le　　　　　　monte à 1815 livres 11 sols 5 deniers.

QUATRIEME OBSERVATION.

Vente de la maison de Belleville.

La dame Crétu était propriétaire d'un quart indivis dans cette maison, et à ce titre c'est pour son compte particulier que la communauté à acquis les trois autres quarts, et qu'elle a ensuite vendu la totalité.

Le 1er. septembre 1783, jour de la vente, les cit. et et dame Crétu ont reçu à-compte des 11000 liv. moyennant lesquels ils l'ont aliénée, cinq mille livres. . . . . 5000　"　"

Trois mille livres ont été payés le 27 juin 1784. . . . . 3000　"　"

et les trois mille livres de surplus l'ont été le 21 juillet 1795, en assignats, qui se réduisent à. . . . . 990　"　"

Ensemble huit mille neuf cent quatre-vingt-dix francs. . . . . 8990　"　"

Mais, sur cette somme, la dame veuve Crétu doit tenir compte des diverses sommes payées par la communauté à cause de cette maison, savoir :

1°. quinze cents livres
payées pour l'acquisition
du premier quart. . . . 1500   »   »
   2°. 186 liv. 10 sols pour
différens frais et droits
de cette acquisition. . . .   186   10   »
   3°. 3100 l. payées pour
l'acquisition des deux   5067 13   »
autres quarts. 3100   »   »
   4°. 281 liv. 5 sols pour
frais et droits.   281   5   »
   Ensemble cinq mille
soixante-sept l. treize s. 5067 13   »

   Ainsi , la dame veuve Crétu a à répéter, à cet égard, trois mille neuf cent
vingt-deux livres sept sols. . . . .   3922 7   »

   Il ne reste plus qu'à procéder à la liquidation de la
communauté.
   Cette liquidation sera précédée de celle des reprises ,
tant des héritiers du cit. Crétu, que de la dame sa
veuve.

P R E M I E R E   O P É R A T I O N.

Liquidation des reprises des héritiers du cit. Crétu.

   Son apport dotal effectif montait à
dix-neuf mille cinq cents livres.   19500   »   »
   Les objets qui lui sont revenus de la
succession de son père, montent, ainsi
qu'il est établi en la première observa-
tion, à. 3341 19   9
   Ensemble vingt-deux mille huit cent
quarante-une livre dix-neuf sols deux
deniers. 22841 19   9

   Sur quoi il faut déduire
   1°. Sa mise en com-
munauté montant à. . . 2500   »   »
   2°. La somme de 525
livres qu'il a payée, tant
pour l'acquisition du tiers

D'autre part. . . . 25oo « «   22,841   19   9

d'une rente due par le cit.
Grand-Jean, dont il pos-   5o25   »   »
sédait déjà un tiers , que
pour frais. Savoir : 5oo l.
pour le prix de cette ac-
quisition passé devant. . ,
. . . notaire à Paris. . . 5oo   »   »
   Et 25 liv. pour frais. ,   25   »   »   19816   19   9

   Ainsi , les reprises se réduisent à 19816 livres 19 sols 9 deniers , qui représentent en francs dix-neuf mille cinq cent soixante-onze francs trente cent.   19571 f.   3o   c.

SECONDE OPÉRATION.

Liquidation des reprises de madame veuve Crétu.

   1°. La somme de 20000 livres lui a été constituée en dot par ses ayeux.   .   20000   »   »

   2°. Celle de 25oo livres valeur du trousseau qui lui a été fourni par ses père et mère.   .   .   .   .   25oo   »   »

   3°. Celle de 2000 livres touchée par le cit. Crétu pour la moitié du douaire de 4ooo livres constitué à la mère de madame Crétu   2000   »   »

   4°. Celle de 1815 livres 11 sols 3 deniers montant de la portion des arrérages de la rente viagère due par le citoyen Saint-Preux , dont.   .   .   .   .

   5°. Celle de 3922 livres 7 sols qui est restée à la communauté sur le prix de la vente de la maison de Belleville , toutes déductions faites, et suivant le calcul fait en la quatrième observation.   3922   9   »

   6°. Celle de 25oo livres à laquelle monte le préciput, y compris la crue...   25oo   »   »

   Ensemble, trente-deux mille sept cent trente-sept livres dix-huit sols trois deniers.   32737   18   3

Sur cette somme doivent être faites
les déductions suivantes :

1°. La somme de 2500 l.
mise par la dame veuve
Crétu en communauté......   2500 » »

2°. La somme de 15287 l.
3 sols un denier dont elle
doit récompense à cause
de la succession de ses   17787   3   1
aïeux suivant l'état qui en
a été fait à la seconde observation 15287 3 1
                             ―――――――――――
                             17787 3 1

Ainsi, ses reprises se réduisent à quatorze mille neuf cent cinquante livres
quinze sols deux deniers.   14950   15   2

Qui représentent en francs quatorze
mille sept cent soixante-six francs dix-
neuf centimes . . . .   14766 f.   19 c.

T R O I S I E M E   O P É R A T I O N.

Masse active.

A R T I C L E   P R E M I E R.

1°. Une maison à etc.

2°. Sept ares douze centiares de terre
au terroir, de etc.

3°. Trois hectares de terre au même
lieu, etc.

Les parties ont fait évaluer ces diverses propriétés par des experts qu'elles
ont choisi amiablement, et elles ont été
évaluées à la somme de dix-huit mille
cinq cents francs.   18500   »   »

A R T.   I I.

La somme de 378 francs 96 centimes
à laquelle se réduit en francs celle de
383 liv. 14 sols, montant des arrérages

Tome II.   V

D'autre part. . . . 18500   »

calculés depuis le 12 germinal an 7,
jusqu'au premier brumaire suivant, de
la rente viagère de 700 liv. due par le
citoyen Saint-Preux, qui restera en
commun.   378 f.   96 c.

Art. III.

La somme de 15500 fr. due par
le tout, ainsi qu'il résulte des pièces
inventoriées sous la cote 4 de l'inven-
taire.   15500

Art. IV.

Le mobilier a été évalué 5190 f. « c. ⎫
Dont la crue est de... 1297   50 ⎭   6487   5o

Art. V.

La somme de 65o fr. à laquelle a été
évalué sans crue l'argenterie. . . . .   65o   »

Art. VI.

Celle de 5200 francs montant des de-
niers comptants   5200   »

Art. VII.

Et.   1200   »
                                        5oo   »
                                        218   24

Total de la masse active, quarante-
huit mille sept cent trente-quatre fr.
soixante-dix centimes.   48734   70

QUATRIEME OPÉRATION.

Masse passive.

Art. premier.

La somme de 19571 fr. 55 c., à quoi

montent les reprises des héritiers du
citoyen Crétu. 19571   35

A r t.   I I.

Celle de 14766 fr. 19 centimes , montant des reprises de la dame veuve Crétu , suivant la liquidation qui en a été
faite en la seconde opération. 14766   19

A r t.   I I I.

Celle de 378 fr. 25 cent. , payés au
citoyen   , notaire , pour hono-
raires et déboursés de l'inventaire......... 378   25

A r t.   I V.

Celle de 1050 fr. , payés pour différentes dépenses ; savoir :

1°. A.   75
2°. A.   50   50
3°. A.   700   } 1050   15
5°. A.   224   65

A r t.   V.

Celle de 500 fr. , à laquelle le citoyen   s'est restreint pour les
vacations par lui employées , tant aux
conférences qui ont précédé la présente liquidation , qu'à celles employées
à leur rédaction , minute et deux expéditions , non compris le droit d'enregistrement.   500   »

Total de la masse passive , trente-
six mille deux cent soixante-cinq fr.
quatre-vingt-quatorze centimes. . . . 36265   94

C i n q u i e m e   o p é r a t i o n.

Prélèvement de la masse active sur celle passive.

La masse active est de quarante-huit

mille sept cent trente-quatre francs
soixante-dix centimes 48734   70

Celle passive est de trente-six mille
deux cent soixante-cinq f. quatre-vingt-
quatorze centimes 36265   94

Ainsi, l'excédent est de........... 12468   76

Dont moitié est de six mille deux
cent trente-quatre francs trente-huit
centimes 6234   38

S I X I E M E   O P É R A T I O N.

Récapitulation des droits des parties.

Les droits des héritiers du cit. Crétu
se composent de la somme de 19571 f. 35
centimes pour leurs reprises. 19571   35
2°. De celle de six mille deux cent
trente-quatre francs trente-huit centimes pour la moitié des bénéfices de
la communauté.................... 6234   38

T O T A L.......... 25805   73

Ceux de la dame veuve Crétu sont ,
1°. de la somme de 14766 francs dix-
neuf centimes.................... 14766   19
De celle de 6234 francs 58 centimes
pour la moitié des bénéfices de la communauté 6234   38
3°. et de celle de 1928 francs 40 centimes , à laquelle montent les dettes de
la communauté énoncées aux articles
3 , 4 et 5, qui doivent être ajoutées à
ses créances , comme en ayant acquitté
une partie , et se chargeant de payer le
surplus. 1928   4o

T O T A L. 22928   97

SEPTIÈME OPÉRATION.

Balance de la masse active avec les droits des parties.

Les droits des héritiers du citoyen Crétu sont
de. 25805 75
Ceux de madame veuve Crétu , de.   .   . 22928 97

Total pareil à la masse active.   .   . 48734 70

HUITIÈME OPÉRATION.

Partage effectif.

Il revient aux héritiers du citoyen Crétu la
somme de. 25805 75
Pour les remplir de cette somme , il leur a
été assigné , 1°. la somme de 15500 fr. , formant l'article III de la masse active. 15500
2°.   .   .   .   .
3°.   .   .   .   .

Somme pareille 25805 fr. 75 c.   .   . 25805 75

Détailler ensuite les objets assignés à la veuve , et procéder par une opération particulière à la subdivision entre
les héritiers du citoyen Crétu , comme au modèle précédent , et d'après le droit de chacun.

CLOTURE.

Après avoir examiné les opérations ci-dessus , etc. ,
comme au modèle précédent.

TROISIÈME MODELE

DE LIQUIDATION.

Par-devant les notaires à Paris , soussignés , sont comparus ,

La dame Marguerite Tonneau , veuve du citoyen Jérôme Nivelle , demeurant à Paris , rue de la Pointe-St.-
Eustache , procédant en son nom , à cause de la commu-

nauté de biens, qui a subsisté contractuellement entre elle et ledit feu citoyen Nivelle son mari, avant veuf de la dame Louise Grandmaison.

Le citoyen Pierre Nivelle, demeurant à   et le citoyen Jean Sertorius, demeurant à Paris, rue au nom et comme tuteur spécial de Marie Nivelle, fille mineure dudit citoyen Jérôme Nivelle, et de ladite dame sa veuve, nommé à cette tutelle par les parens et amis de ladite mineure, suivant le procès-verbal, etc.

Ledit Pierre Nivelle, héritier, pour moitié, de ladite dame Grandmaison, première femme dudit citoyen Nivelle sa mère, et seul héritier quant aux propres maternels de François Nivelle son frère, qui était héritier pour l'autre moitié de leur mère commune ; en outre, ledit citoyen Nivelle, et la mineure Nivelle, frère et sœur consanguins, héritiers, chacun pour moitié, dudit feu Jérôme Nivelle leur père, qui était seul héritier quant aux meubles et acquêts de François Nivelle, son fils du premier lit.

Lesquels ont procédé ainsi qu'il suit : 1°. A la liquidation et au partage des biens de la communauté d'entre le citoyen Nivelle et la dame Grandmaison sa première femme, ensemble de la succession de celle - ci ; 2°. au compte de tutelle, qui était dû par le citoyen Nivelle père, à son fils existant ; 3°. à la liquidation et au partage de la communauté d'entre le feu citoyen Nivelle et la dame Tonneau sa veuve ; 4°. à la subdivision entre le citoyen et mademoiselle Nivelle, frère et sœur, de la succession de leur père ; 5°. et au compte des fermages et fruits reçus par ladite veuve Nivelle, depuis le décès de son mari, tant pour la communauté que pour la succession.

PRÉAMBULE.

Le contrat qui renferme les conditions civiles du mariage d'entre le citoyen Nivelle et la dame Grandmaison sa première femme, a été reçu par   qui en a gardé minute et son confrère, notaires à Paris, le 28 août 1767.

Il contient stipulation de communauté, et exclusion des dettes antérieures au mariage.

Les biens de la dame Grandmaison consistaient, suivant le contrat :

1°. En 3,168 livres 13 sols 8 deniers qui lui revenaient de la succession de sa mère.

2°. Etc. (*Faire l'énumération de tous les biens.*)

Ledit citoyen Nivelle s'est marié avec ses droits dans la succession de son père , consistans ,

1°. Dans le tiers d'une maison à

2°. Etc. *Faire également ici l'énumération des biens énoncés au contrat de mariage.*

La mise en communauté a été fixée à 2000 livres respectivement , le surplus a été stipulé propre à chacun des époux et aux siens de son côté et ligne.

Le préciput à 1000 francs en meubles sans crue ou deniers comptans.

Le remploi des propres et la faculté de reprise ont été stipulés à l'ordinaire.

Le surplus des clauses de ce contrat est inutile à énoncer.

Ladite dame Grandmaison est décédée à Paris le 16 février 1777 , laissant pour ses seuls héritiers , chacun pour moitié ,

Ledit citoyen Pierre Nivelle existant ;

Et François Nivelle , décédé depuis ;

Tous deux enfans desdits citoyen et dame Nivelle.

Ledit citoyen Nivelle père a été nommé leur tuteur , et le cit. Tonneau leur subrogé-tuteur par sentence , etc.

Le 14 mars 1777 et jours suivans , il a été procédé par le citoyen   l'un des notaires soussignés et son confrère , à l'inventaire des meubles , effets , marchandises , titres et papiers dépendans de la communauté desdits citoyen et dame Nivelle , et de la succession de cette dernière.

A la requête desdits citoyen Nivelle père , tant en son nom à cause de ladite communauté , que comme tuteur de ses deux enfans mineurs en présence du citoyen Grandmaison leur subrogé-tuteur.

La totalité des objets compris audit inventaire a été laissée en la possession dudit citoyen Nivelle père.

Cet inventaire a été clos le 21 avril suivant.

Le citoyen Nivelle a épousé ensuite ladite dame Tonneau , aujourd'hui sa veuve.

Le contrat de mariage du citoyen Nivelle père , avec ladite dame Tonneau , a été reçu par ledit citoyen qui en a la minute et son confrère , le 17 août 1776.

4

Il renferme stipulation de communauté et exclusion des dettes antérieures au mariage.

Le citoyen Nivelle a observé que pour faire dissoudre la communauté d'entre lui et la dame Grandmaison, il avait fait faire l'inventaire qui vient d'être énoncé; qu'au surplus il apportait en mariage,

1°. Une grande maison, etc.

(Nota. *Faire l'énumération de tous les biens constitués.*)

Il a déclaré que ses biens étaient chargés des droits, reprises et créances revenant à ses deux enfans, dont la communauté était tenue.

Ladite Tonneau a apporté audit mariage,

1°. Ses meubles, effets, habits, etc.

(Nota. *Faire l'énumération de tous les biens constitués.*

Tous les biens de chacun des époux leur ont été stipulés propres et aux leurs de chaque côté et ligne, ainsi que tout ce qui leur viendrait et écherait pendant le mariage, de quelque nature qu'il fût.

Le douaire a été fixé à 3000 francs une fois payés, dont le fonds a été stipulé propre aux enfans dudit mariage.

Le remploi des propres et la faculté de reprises ont été stipulés à l'ordinaire.

Il a été convenu que les deux enfans du citoyen Nivelle seraient élevés, nourris et entretenus aux dépens de la communauté pour le revenu de leurs biens jusqu'à l'âge de dix-huit ans accomplis.

Le surplus des clauses de ce contrat est inutile à énoncer.

Pendant le cours de ce mariage, le citoyen Nivelle a recueilli la succession de Marie-Thérèse Margot, veuve de Benjamin Nivelle sa mère, décédée le 12 mars 1783.

La liquidation des communauté et succession de ladite dame veuve Nivelle a été faite devant   qui en a gardé minute et son confrère, notaires à Paris, le 17 juin 1785, entre, etc.

La portion, revenant audit feu Nivelle dans les objets

dépendans de la succession de sa mère, s'est élevée à la
somme de. 3968 15   9

Mais de cette somme il faut déduire celle
de 1095 livres 5 sols pour le quart revenant
audit citoyen Nivelle dans celle de 4581
livres montant des propres de ladite veuve
Nivelle qui existaient encore, et qui n'ont
été portés que par simple évaluation dans
la liquidation.   1095   5   »
____

Les reprises des enfans du citoyen Ni-
velle se réduisent donc à cet égard à.   .   2873 10   9
____

Ledit mineur François Nivelle est décédé le   1783,
laissant pour ses seuls héritiers, savoir : ledit citoyen
Nivelle son père, quant aux meubles et acquêts, et le
citoyen Nivelle son frère, quant aux propres maternels.

Il n'a point été fait de liquidation de sa succession.

Ledit citoyen Jérôme Nivelle père est décédé à Paris le
2 septembre 1792.

Le 22 décembre de la même année et jours suivans, il
a été procédé à l'inventaire des meubles, effets, titres,
papiers et renseignemens dépendans des communauté et
continuation de communauté, d'entre lui et la dame sa
veuve, à la requête de cette dernière, tant en son nom à
cause de ladite communauté que comme tutrice de Marie-
Marguerite Nivelle leur fille mineure.

Et encore à la requête du citoyen Pierre Nivelle, tant
en son nom que comme subrogé-tuteur de la mineure
Nivelle sa sœur.

Ladite veuve et citoyen Nivelle, nommés à ces qualités par les parens et amis de la mineure, suivant le procès verbal dressé par le juge de paix de   du 6 du
même mois de décembre.

Ledit citoyen Nivelle et sa sœur, habiles à se porter
seuls héritiers, chacun pour moitié du citoyen Nivelle
leur père, et encore ledit citoyen Nivelle, comme créancier de la succession de son père.

Par la clôture de cet inventaire, la totalité des meubles, effets, marchandises, titres et papiers, ont été laissés en la possession de ladite veuve Nivelle.

Cet inventaire a été clos le 22 février 1795.

Les opérations de visite, prisée et estimation des immeubles, dépendans tant de la communauté du citoyen Nivelle que de sa succession, ont été faites par le citoyen expert nommé par les parties, suivant procès-verbal du

Depuis le décès du citoyen Nivelle, sa veuve a reçu les fermages, loyers et arrérages des biens dépendans, tant de la communauté d'entr'elle et son mari que de la succession de ce dernier, et elle a fait différens paiemens en l'acquit de l'une et de l'autre.

Le compte de ces recettes et dépenses sera l'objet de la dernière partie du présent acte.

Mais avant de passer aux opérations à faire, il est indispensable d'exposer les conventions préliminaires faites entre les parties.

CONVENTION PRÉLIMINAIRE.

Le citoyen Nivelle ayant reconnu que les intérêts des capitaux qui lui appartiennent dans la succession de sa mère, tant de son chef que comme héritier, quant aux propres de son frère, et les revenus des biens qui sont restés en commun entre lui et son père, ont été inférieurs aux dépenses qu'ont entraînés les nourriture et entretien d'abord de tous deux, et ensuite de lui seul, pendant tout le tems qu'il est resté chez son père ; les parties sont convenus que ces intérêts et revenus ne seraient calculés que depuis le premier février 1787, époque à laquelle le citoyen Nivelle a commencé de recevoir des appointemens dans la maison de commerce où il est entré, et conséquemment de ne recevoir aucune chose de son père.

Les parties conviennent encore que les capitaux, qui reviennent au citoyen Nivelle, comme héritier de son frère pour sa moitié dans les reprises de sa mère, seront portés intégralement dans la recette du compte de tutelle, attendu que les dettes de la communauté, qui étaient à la charge dudit mineur, étaient acquittées entièrement à l'époque de son décès, et qu'elles ont dû l'être avec sa portion dans l'actif de la communauté, et qu'ainsi le citoyen Nivelle a recueilli, dans la succession de son frère, ses propres fictifs entiers, et sans aucune charge de dettes.

Elles conviennent aussi que le coût de l'acte de tutelle desdits mineurs, les réparations qui ont pu être faites à la maison sise à　　　　　qui appartenait en commun audit seu Nivelle et à ses enfans, ainsi que les frais funéraires desdits mineurs, sur lesquelles dépenses les parties n'ont point de notions, soient compensés avec les intérêts des intérêts qui pourraient être dûs au citoyen Nivelle, suivant le compte de tutelle ci-après ; en conséquence, ce compte ne contiendra point de distinction de recette et de dépense, année par année.

Ces préliminaires établis, il va être procédé aux opérations qui forment l'objet des présentes.

PREMIERE PARTIE.

Liquidation de la communauté du cit. Nivelle, avec Louise Grandmaison, sa première femme.

PREMIERE OPÉRATION.

Masse.

ART. PREMIER.

Le mobilier décrit en l'inventaire et sujet à crue, a été estimé....... 1756 » »
A cette somme il faut ajouter la crue......... 434 » » } 2170 » »

Total.... 2170 » »

ART. II.

L'argenterie a été prisée sans crue la somme de. . . . . 484 « »

ART. III.

Les deniers comptant s'élevaient à... 180 » »

ART. IV.

Les marchandises ont été estimées par l'huissier-priseur, de l'avis de deux experts, sans crue, la somme de. . . . 11362 1 »

14196 » »

D'autre part. . . 14196   »   »

A R T. V.

Cotte première de l'inventaire.

Le contrat de mariage énoncé sous cette cotte a été analysé dans le préambule ; ainsi il n'en sera question que pour . . . *ordre*

A R T. VI.

Cotte 2.

Cette cotte renferme les titres d'une rente de quinze livres due par
et qui forme l'article IV de l'apport dotal du citoyen Nivelle , ainsi celui-ci l'a reprise à cette époque en nature.

A R T. VII.

Les arrérages de cette rente depuis le 2 janvier 1777 jusqu'au 26 février suivant , montant à deux livres deux sols.   2   2   »

A R T. VIII.

Cotte 5.

Sous la cotte 5 a été inventorié l'extrait d'un compte fait entre le citoyen Chambertin et la dame Grandmaison , alors mineure , mais assistée de son curateur , devant
et son confrère , notaires à Paris , le 14 août 1767 , duquel il résulte que ladite dame Grandmaison restait débitrice envers ledit Chambertin de 46 l. 1 sol 6 deniers. Ensuite de cet extrait est la quittance de cette somme donnée par ledit citoyen Chambertin au citoyen Nivelle , père , le 10 août 1768 : ainsi les enfans de ladite dame Grandmaison doivent récompense à la communauté de ladite somme de   46   1   6

14244   5   6

Ci-contre. 14244   3   6

Art. IX.

Cotte 6.

Sous cette cotte a été inventoriée l'expédition d'un acte passé devant notaire à Paris, en présence de témoins, le 28 juillet 1771, contenant vente par Jeanne-Thérèse Nivelle auxdits citoyens et dame Nivelle des deux tiers d'une maison à   moyennant 844 liv. 8 s. 8 d.

Le citoyen Nivelle étant déjà propriétaire d'un tiers de ladite maison, les deux autres tiers sont considérés comme une réunion de propres : ainsi il doit indemnité à la communauté de...... 844   8   8

Art. X.

Les loyers de ladite maison depuis le   jusqu'au 26 février 1777, à raison de   par année, montent à..... 207   17   »

Art. XI.

Cotte 7.

La cotte 7 renferme l'expédition d'une vente faite au citoyen Nivelle de dix-neuf perches de terre et de cinquante-cinq livres de rente, dont quarante livres dues par   et quinze livres par

Suivant une note dudit feu citoyen Nivelle, écrite en marge dudit contrat, il paraît qu'il a vendu ces dix-neuf perches de terre en 1780, et que la rente de quarante livres a été remboursée en 1779, ci........ *Mémoire.*

Art. XII.

Les arrérages de ladite rente depuis le   jusqu'au 26 février suivant, montent à.   7   14   10

15304   3   »

D'autre part. . . . 15304   5   "

Art. XIII.

Cotte 8

Sons ces cottes ont été inventoriés les titres de la pièce de terre et de la rente énoncée en l'art. XI : ainsi il n'en est ici mention que pour.   . *Ordre.*

Art. XIV.

Cotte 9.

Cette cotte contient l'expédition d'un bail de trois arpens et demi de terre, apportés en mariage par le citoyen Nivelle, et qui étoient loués à raison de cent vingt livres par année ; ces loyers depuis le 11 novembre 1796 jusqu'au 26 février suivant, montent à   57   10   "

Art. XV.

Cotte 10.

Sous cette cotte a été inventoriée une obligation de onze cents livres, faite par   au profit du cit. Nivelle.....   1100   "   "

Art. XVI.

Cotte 11.

Cette cotte contient des billets faits au profit du cit. Nivelle, savoir :

1°. Par. . . . de . . . 725   "   "
2°. Par. . . . de . . . 1645   "   "
5°. Par. . . . de . . . 178   "   "   } 4544   "   "
4°. Par. . . . de . . . 2000   "   "

Art. XVII.

Cottes 12, 15, 14, 15.

Ces cottes ne contiennent que des quittances et décharges : ainsi, il n'en sera question que pour . . . . . *Ordre.*

20985   15   "

Ci-contre. 20985   13   »

Art. XVIII.

Ledit citoyen Nivelle a fait les déclarations actives ci-après, savoir : qu'il
était dû à ladite communauté,

1°. Par   415   »   »
2°. Par   489   »   »
5°. Par
4°. Par

Le citoyen Nivelle a déclaré que ces
deux dernières créances étaient d'un
recouvrement très-incertain. En conséquence , attendu que les parties
n'ont point de certitude sur le paiement,
elles seront tirées pour . . . *Mémoire.*

Art. XIX.

Il était dû à la communauté pour arrérages de rentes qui étaient propres au
cit. Nivelle , suivant sa déclaration,

(Nota. *En présenter le détail.*) . .   93   9   »

Art. XX.

Il était dû à ladite communauté pour
sous-location de différens lieux dépendans de la maison où demeurait le citoyen Nivelle , savoir :

1°. Par. . . . . 85 11 »
2°. Par 24 17 8   131   4   2
3°. Par 21 15 6

Total de la masse de la communauté,
vingt-deux mille cent quatorze livres
six sols deux deniers.   .   .   .   22114   6   2

SECONDE OPÉRATION.

Prélèvement.

PREMIERE CLASSE.

Reprises du cit. Nivelle et de ses enfans.

Reprises du cit. Nivelle.

1°. Le cit. Nivelle avait apporté en mariage, suivant l'article VI de son apport dotal, un arpent et demi de terres, sis à Colombes et Anières.

Il a abandonné au cit. . . . . les terres sises à Colombes, moyennant une rente de six livres qui existait encore à l'époque de l'inventaire.

À l'égard des terres sises à Anières, il les a vendues au cit. . . . . ., suivant sa déclaration portée en l'inventaire, la somme de. . . . . . . 200 » »

2°. Il a apporté en mariage la somme de cinq mille livres en marchandises et meubles. . . . . 5000 » »

Total. . . . . 5200 » »

De cette somme il faut déduire sa mise en communauté, fixée à. . . 2000 » »

Restait. . . . . . 3200 » »

Mais il faut y ajouter son préciput fixé à mille liv., et montant avec la crue à. . . . . . . 1250 » »

Total des reprises et créances du cit. Nivelle, père. . . . . . . 4450 » »

Reprises des enfans Nivelle.

La dame Grandmaison avait apporté en dot :

1°. Une créance sur. . . . montant à trois mille cent-huit livres quinze sols huit deniers, et qui a été remboursée, 4450 » »

Ci-contre. . . . 4450 » »

suivant la déclaration faite par le cit.
Nivelle en l'inventaire ci. 3108 15 8

2°. Une rente de.... au
principal de.... due par....
qui a été remboursée au
cit. Nivelle pendant le
cours de leur mariage,
suivant sa déclaration
portée en l'inventaire.... 2500 » »

3°. Une créance sur le
cit..... qui a également
été acquittée. . . 2118 18 3

4°. Un mobilier de sept
cents l. remis au cit. Nivelle, ainsi qu'il l'a reconnu par l'inventaire. . 700 » »

Total de l'apport de la d°.
Nivelle. . . . 8427 14 11

De cette somme il faut
déduire sa mise en com-
munauté de. . . 2000 » »

6427 14 11

Ainsi les reprises des
enfans Nivelle se rédui-
sent à la somme de. . 6427 14 11

Total de la 1re. classe. 10877 14 11

SECONDE CLASSE.

Dettes de la communauté.

Le cit. Nivelle a déclaré que la communauté devait,

1°. à. . . . 84 » »

2°.

3°. etc. (*En présenter le
détail.*)

10594 12 »

Total de la seconde
classe. . . 10594 12 »

Ainsi la totalité des prélèvemens est de 21372 6 11

Tome II. X

T R O I S I È M E　O P É R A T I O N.

Résultat de la Communauté.

L'actif monte à. . . . . . . 22,115 8 »
Les prélèvemens à. 21,372 6 11

Ainsi, le bénéfice de la communauté
est de. 643 1 1

Dont la moitié est de. 321 10 6

SECONDE PARTIE.

Liquidation de la succession de la dame Grandmaison.

Cette succession consistait,

1º. Dans ses reprises établies dans la première classe des prélèvemens, et qui montent à. 6427 14 11

2º. Dans la moitié des bénéfices de la communauté. 321 10 6

3º. Dans la moitié d'une maison à Saint-Denis, laissée en commun

4º. Dans la moitié de la rente de cinquante-cinq liv. énoncée sous l'art. 11 de la masse.

5º. Dans la moitié de dix-neuf perches de terre à Saint-Denis.... énoncées au même article.

Ainsi, la totalité des capitaux appartenant à la succession de la dame Grandmaison, montait à. . . . 6749 5 5

Mais de cette somme il faut déduire celle de quarante-six livres un sou six d., dont ladite succession fait récompense à la communauté, suivant l'article 3 de ladite masse. . . . 46 1 6

Ainsi, les capitaux se réduisaient à. 6703 3 11

Dont la moitié pour chacun de ses enfans était de. 3351 11 10

TROISIEME PARTIE.

Compte de tutelle du cit. Nivelle.

RECETTE.

ARTICLE PREMIER.

La somme de trois mille trois cent
cinquante-une livre onze sous dix den.
revenant au citoyen Nivelle dans les
reprises de sa mère, et son émolument
dans la communauté, suivant la liquidation qui précède, ci 3351 11 10

ART. II.

La somme de trois mille deux cent
treize livres dix-sept sous cinq deniers,
qui revenait audit feu mineur Nivelle
dans les reprises de sa mère, suivant ladite liquidation, et que le cit. Nivelle,
son frère, a recueillie dans sa succession, comme son héritier quant aux
propres, lesquelles reprises ont été frappées de la stipulation de propres, suivant le contrat de mariage du citoyen
Nivelle avec la dame Grandmaison, ci-
devant analysé. 3213 17

ART. III.

La somme de quatre cents livres,
faisant la moitié de celle de huit cents
livres reçue par ledit citoyen Nivelle
pour le remboursement de la rente de
quarante livres, suivant l'énonciation
faite en l'article 11 de la masse. . . 400

ART. IV.

Suivant la note du citoyen Nivelle,
écrite en marge de l'acquisition énoncée

6964 9 3

D'autre part. . . . 22876   »   »

réclamer la somme de deux mille huit
cent soixante-treize livres dix sous
neuf deniers, qui est revenue audit feu
Nivelle dans différens capitaux et revenus provenant de la succession de la
veuve Nivelle sa mère, ainsi qu'il a été
établi dans le préambule.   2875   10   9

Total des reprises des enfans du
cit. Nivelle.   25,749   10   9

Mais de cette somme il convient de déduire les récompenses qu'ils doivent à la
communauté pour les causes ci-après.

1°. Le citoyen Nivelle a, par acte de licitation du   acquis   (*désigner les héritages*), dont il était propriétaire pour un quart, et qui doivent conséquemment rester à ses enfans, sauf récompense à la communauté de la somme de
quatre mille six cent quatre-vingt-cinq livres neuf sols trois deniers pour le prix et
aux coûts de ladite acquisi-
tion   4685   9   3

2°. Il a été fait, dans la
maison sise à   appartenant audit citoyen Nivelle
père, de grosses réparations
ou constructions nouvelles,
dont le montant a été cons-
taté et évalué à la somme de   1000   »   »

Total des récompenses dues
à la communauté par les en-
fans du citoyen Nivelle.   .   5685   9   3

\}   5685   9   3

Laquelle somme réduit leurs reprises à   20064   1   6

SECONDE OPÉRATION.

Reprises de la veuve Nivelle.

Ses reprises consistent seulement, dans
la somme de six mille livres qu'elle a appor-

tée audit mariage tant en mobilier que
marchandises, ainsi qu'il a été dit lors de
l'analyse de leur contrat de mariage, et qui
a été stipulée propre, ci.   .   .   .   .   6000 » »

Ainsi, la totalité des reprises monte à . 26064 : 6

TROISIÈME OPÉRATION.

Masse active de la communauté.

Cette masse sera distribuée en deux colonnes.

La première contiendra l'actif tant en mobilier que
capitaux et revenus touchés par la veuve Nivelle.

Et la seconde les objets existant encore en nature.

	Sommes touchées par la veuve Nivelle.	Objets existans.

ARTICLE PREMIER.

La somme de deux mille six
cent quarante-huit livres à laquelle monte l'estimation du mobilier contenu en
l'inventaire.   2648 » » }
  Plus, la crue
montant à. . . . .   662 » » }   3310 » »

ART. II.

La somme de soixante-deux
mille quatre cent huit liv. dix-
neuf sols trois deniers à laquelle
ont été estimés à juste valeur et
sans crue les marchandises com-
prises audit inventaire. 62408 19 3

ART. III.

La somme de. . . montant de
l'estimation faite sans crue de
l'argenterie. 148 11 6

ART. IV.

...ares... centiares de terre à...
Ces terres ont été estimées à
la somme de. . . . .   3458 11 6 | 64000 19 3

	Sommes tou-chées par la veuve Nivelle.	Objets existans.
D'autre part. . . .	3458 11 6	64060 19 3

ART. V.

Le cit..... occupe ces terres ; mais attendu qu'il y a compte à faire avec lui , les fermages en resteront. . . . en *commun*.

ART. VI.

Le capital d'une rente de onze livres qui était due aux cit. et dame Nivelle par. . . . . la dame Nivelle en a reçu le remboursement , suivant quittance passée devant. . . . le 7 messidor an 3. . . . 220 » »

Les arrérages de cette rente qui étaient dûs depuis le 11 décembre 1791 calculés jusqu'au 26 février 1793 , jour de la clôture de l'inventaire , montant , déduction faite des contributions , à. 10 12 4   230 12 4

ART. VII.

Sept pièces de terre à. . . .   1325 » »

ART. VIII.

Les fermages de ces terres touchés par la veuve Nivelle... 20 9 5

ART. IX.

Une maison à. . . . .   86600 » »

	3709 13 3	145985 19 3

	Sommes tou-chées par la veuve Nivelle,	Objets existans.
Ci-contre.	5709 13 5	145985 19 5

Nota. *Désigner en détail tous les objets dépendans de la communauté, soit qu'ils existent en nature, soit qu'ils aient été reçus par le survivant à titre de remboursement de rentes ou de paiement de créances. Supposons que ces objets montent à.* . . . . . 43971 12 «

La première colonne monte à 47681 5 5

Et la seconde à. . . . . . . | | 145985 19 5

QUATRIÈME OPÉRATION.

Masse passive.

Cette masse sera divisée comme celle active en deux colonnes indicatives des sommes payées par la dame Nivelle, et de celles restantes à payer.

	Objets payés par la dame Nivelle.	Objets restant dûs.

ART. PREMIER.

La somme de vingt mille soixante-quatre livres un sol six deniers à laquelle montent les reprises et créances des enfans du cit. Nivelle, suivant la liquidation qui compose la première opération. . . | | 20064 1 6

	Objets payés par la dame Nivelle.	Objets restant dûs.
D'autre part . . .		20064 1 6

ART. II.

La somme de six mille liv. à laquelle montent les reprises de la dame Nivelle. . . . . .
Etc.

Nota. *Désigner article par article tous les objets payés ou restant dûs. Supposons.* 122934 3 7

Les dettes acquittées montent à. 122634 3 7

Et celles restantes à acquitter. 26064 1 6

CINQUIÈME OPÉRATION.

Prélèvemens du passif sur l'actif.

La masse active monte, savoir :
Les objets reçus par la dame Nivelle. . . . 47681 » »
Et les objets subsistant à 145985 19 5 } 193667 4 6

TOTAL . . . 193667 4 6

Et la masse passive s'élève, savoir :
Les objets acquittés par la dame Nivelle, ci. . 122634 5 6
Et en objets restans à acquitter . . . . . 26064 1 6 } 148698 5 1

TOTAL . 148698 5 1

Ainsi, les bénéfices de la communauté montent à. 44969 19 5
Dont la moitié est de. . . . 22484 9 8

SIXIÈME OPÉRATION.

Réunion des droits de la dame Nivelle

Ses reprises montent à   6000   » »
Les dettes de la communauté par elle acquittés. . . 122634   5   7
Et la moitié à elle afferante dans les bénéfices de la communauté. .   .   .   22484   9   8

}   151118   13   3

Total.   .   .   .   151118   13   3

SEPTIÈME OPÉRATION.

Réunion des droits des enfans du citoyen Nivelle.

Les reprises montent à. .   2064   1   6
Et leur moitié dans les bénéfices de la communauté.   22484   9   8   } 42548   11   2

Total.   .   .   .   42548   11   2

Somme égale à la masse totale   .   .   193667   4   6

HUITIÈME OPÉRATION.

PARTAGE EFFECTIF.

Lot de madame Nivelle.

Pour lui fournir la somme de cent cinquante-un mille cent dix-huit livres treize sols trois deniers qui lui revient, suivant la sixième opération,

1°. Elle compensera jusqu'à concurrence de pareille somme l'actif par elle touché pour la communauté, montant à.   .   .   47681   5   3

2°. Les parties lui ont abandonné pour la somme de quatre-vingt mille six cents livres la maison à   comprise en l'article   de la masse active de la communauté, et estimée ladite somme, ci.   .   .   .   80600   » »

128281   5   3

Ci-contre. 128281   5 5

3°. Les parties lui ont abandonné également une portion dans les marchandises comprises en l'article II de ladite masse, représentative de la somme vingt-deux mille huit cent trente-sept livres huit sols, d'après leur évaluation contenue en l'inventaire.   22837   8 »

Somme égale aux droits de la dame Nivelle.   151118   13 5

Lot des enfans du citoyen Nivelle.

Pour leur fournir la somme de quarante-deux mille cinq cent quarante-huit livres onze sols deux deniers qui leur revient, suivant la septième opération, la dame Nivelle leur a abandonné,

1°. Le surplus des marchandises comprises audit article II de la masse active de la communauté pour la somme de trente-neuf mille cinq cent soixante-onze livres onze sols deux deniers, faisant le restant de leur estimation. . . .   39571   11 2

2°. Pour la somme de huit cent trente livres les terres sises à. . . qui composent l'article IV de la masse active. . .   830 » »

3°. Pour la somme de huit cent vingt-deux livres, les terres à. . . formant l'article. . . de la masse. . . . .   822 » »

4°. Enfin les terres à. . . énoncées en l'article. . . de ladite masse, estimés. .   1325 » »

Somme égale à leurs droits.   42548   11 2

CINQUIEME PARTIE.

Liquidation de la succession du citoyen Nivelle, père.

PREMIERE OPÉRATION.

Masse active.

ARTICLE PREMIER.

Nota *Aprés avoir rapporté les objets à eux abandonnés par la liquidation de la communauté, rappeller article par article tous les biens échus en propre auxdits enfans par le décès de leur père. Supposons le tout de valeur de.* 71374 11 2

SECONDE OPÉRATION.

Masse passive.

ARTICLE PREMIER.

La somme de neuf mille six cent cinquante-cinq livres six sols un denier, dont le cit. Nivelle fils est créancier de la succession de son père, pour reliquât de son compte de tutelle, établi en la 3e. partie, ci. 9655 6 1

ART. II.

La somme de mille livres pour le principal d'une rente de cinquante livres due par le cit. Nivelle père, à . . . . . . 1000 » »

ART. III.

La somme de quarante – une livres cinq sols, payée par la dame Nivelle, en l'acquit de la succession de son mari, pour les droits de déclaration des immeubles provenans de ladite succession. 41 5 »

Total de la masse passive. . . . 10696 11 1

TROISIEME OPÉRATION.

Prélèvement du passif sur l'actif.

L'actif monte à la somme de.   71374   11   2

Le passif à celle de.   10696   11   1

Ainsi l'actif excède le passif de.   60678   »   1

Dont la moitié pour chacune des par-
ties est de.   30339   »   »

QUATRIEME OPÉRATION.

Réunion des droits du citoyen Nivelle.

Il revient au cit. Nivelle les sommes
ci-après :

1°. La somme de neuf mille six cent
cinquante-cinq livres six sols un denier,
pour le montant du premier article de
la masse passive de la succession. . . .   9655   6   1

2°. Il demeure chargé d'acquitter à la
décharge de la succession en principal
et arrérages, à compter du. . . . la rente
de cinquante livres due à. . . . et énoncée
en l'article II de ladite masse.   1000   »   »

5°. Il remboursera à la dame Nivelle
la somme de quarante-une livres cinq
sous qui lui est due, suivant l'article
III de ladite masse.   .   . .   41   5   »

4°. Enfin, il lui revient la somme de
trente mille trois cent trente-neuf
livres pour sa moitié dans le résidu de
l'actif.   30339   »   »

TOTAL.   41055   11   1

C I N Q U I E M E   O P É R A T I O N.

P A R T A G E   E F F E C T I F.

Lot du citoyen Nivelle.

Le citoyen Nivelle, auquel il revient quarante-un mille trente-cinq livres onze sous un denier, aura les objets suivans :

1°. *Désigner les objets qui lui sont abandonnés.*

Somme égale au montant des droits
du citoyen Nivelle. 41035   11   1

Lot de la mineure Nivelle.

La mineure Nivelle à laquelle il revient trente mille trois cent trente-neuf livres deux deniers, aura les objets suivans :

1°. *Désigner article par article, les objets qui lui sont abandonnés.*

Somme égale aux droits de la mineure 30,339   »   2

S I X I E M E   P A R T I E.

Compte des fruits et revenus reçus par la dame Nivelle, tant pour la communauté que pour la succession de son mari.

La recette et la dépense de ce compte seront divisés en deux colonnes.

La première comprendra les recettes et dépenses faites pour la communauté.

Et la seconde celles faites pour la succession.

RECETTE.

CHAPITRE PREMIER.

Arrérages de rentes.

ARTICLE PREMIER.

Arrérages de la rente de   due par le C

	Pour la communauté.	Pour la succession.
La dame veuve Nivelle fait recette de la somme de..... pour cinq mois quatre jours de ladite rente échue depuis le...... jusqu'au..... jour du remboursement de ladite rente énoncée en l'article... de la masse active de la seconde communauté, le tout déduction faite des contributions.....................	54 12 6	

ART. II.

Intérêts de l'obligation de..

(*Désigner article par article tous les arrérages de rentes ou obligations échues, à compter du jour de la clôture de l'inventaire, et touchés par la veuve, et les porter dans la colonne destinée, soit pour la communauté, si la propriété ou le capital lui appartient, soit à la succession, si ces objets en dépendent.*) Supposons.....	1334 17 1	97 10 "
	1389 9 7	97 10 .

CHAPITRE. II.

Fermages et loyers.

ARTICLE PREMIER.

Loyers de la maison...

La somme de cinq mille six cents livres pour les loyers de ladite maison depuis le jour de la clôture de l'inventaire jusqu'au...... à raison de.... par année, ladite maison énoncée sous l'article... de la masse active.........

ART. II.

Fermages de terres à...... *louées à.....*

(*Désigner article par article comme il a été dit ci-dessus.*) Supposons......

	Pour la communauté.			Pour la succession.		
Loyers de la maison (masse active)	5600	»	»			
Supposons	111	»	»	3486	7	1
	5711	»	»	3486	7	1

Récapitulation de la recette.

	Pour la communauté.			Pour la succession.		
Le premier chapitre monte à...........	1389	9	7	97	10	»
Le second à...........	5711	»	»	3486	7	1
Total...........	7100	9	7	3583	17	1

DÉPENSE.

(*Rapporter article par article tous les objets payés soit pour arrérages de rente, soit pour contributions, etc., et distinguer ce qui doit être supporté par la communauté ou par la succession; en porter*

Tome II.   Y

	Pour la communauté.	Pour la succession.
le montant dans la colonne à ce destinée.) Supposons.....	5065 12 6	1257 9 10

R É S U L T A T.

La recette faite par la communauté monte à....................... 7100 9 7

Et la dépense applicable à cette recette , à....................... 5065 12 6

Partant le reliquat est de.............. 2034 17 1

Dont la moitié afférant aux enfans du citoyen Nivelle est de. 1017 8 6

La recette faite pour la succession monte à. . . . . : 3585 17 1

Et la dépense applicable à cette recette , à. . . . . 1257 9 10 } 2326 7 3

Ainsi, le reliquat est de.. 2326 7 3

Partant la veuve Nivelle s'est trouvée définitivement débitrice envers les citoyen et demoiselle Nivelle de. 3343 15 9

Nota. Indiquer si cette somme est payée comptant, ou si la veuve s'oblige à la payer à des époques déterminées.

C L O T U R E.

Après avoir examiné les opérations ci-dessus , etc.

§. II.

Modèle de l'ènregistrement.

Liquidation entre. . . . d'une part et. . . . d'autre part, des biens dépendant de la communauté qui a existé entre l. . . . dit et défunt. . . . .

La masse active monte à. . . . . .   » » » »

Les reprises de   » » » »   » » » »

montent à.   . » » » »   } » » » »

Celle des enfans ou

héritiers, à .   . » » » »   » » » »

Reste .   . . . » » » »

Dont moitié est de .   . . » » » »

Pour remplir l   dit   de la somme de   à laquelle montent ses reprises et la moitié des bénéfices de la communauté, il lui a été abandonné (*désigner les objets et principalement les immeubles.*)

Et il a été abandonné auxdits enfans ou héritiers de   pour les remplir également de leurs reprises et de la moitié des bénéfices de la communauté tels et tels objets qu'il faut désigner.

Le droit d'enregistrement est de trois francs fixe ; et s'il y a retour, le droit, sur ce qui en forme l'objet, doit être perçu aux taux réglés pour les ventes. (Art. LXVIII, § III, n°. 2 de la loi du 22 frimaire an 7.) La charge de payer une portion de dettes plus considérables que le co-partageant n'est tenu d'acquitter pour sa part est une soulte. (*Voir* PARTAGE.)

La subdivision entre les enfans ou héritiers des biens compris dans leur lot, faite par le même acte, n'opère aucun droit particulier, attendu que cette seconde disposition fait une partie intégrante de l'acte tendant à faire cesser l'indivision entre toutes les parties ; mais si indépendamment des biens qui composent ce lot, les enfans font en outre le partage des biens propres et dépendans de la succession de celui qu'ils représentent, c'est une seconde disposition à laquelle le survivant des époux n'a aucun rapport, et qui donne ouverture au droit fixe de trois francs, outre pareil droit perçu pour le partage de la communauté.

Pour connaître si les cessions faites à titre de remploi des biens aliénés, sont sujettes à l'enregistrement, voyez le paragraphe suivant.

§. I I I.

Définition et développemens.

Liquidation de communauté est l'acte qui, après avoir

fixé les droits du survivant des époux et des héritiers du prédécédé, contient entre eux le partage des biens de ladite communauté.

Il n'y a lieu à ce partage que quand la femme ou ses héritiers acceptent la communauté. En cas de renonciation, tout ce qui en dépend appartient privativement au mari qui alors en supporte toutes les charges.

Sur les distinctions des objets qui entrent en communauté, ou qui n'en font pas partie, *voyez* CONTRAT DE MARIAGE, § VII.

Avant de composer la masse des biens de la société, il faut distinguer les qualités des parties, et par des observations préliminaires rappeler toutes les dispositions du contrat de mariage constatant leurs droits dans la communauté; indiquer les successions qui peuvent leur être échues, et ce qu'ils en ont retiré; établir l'aliénation des propres et de tous les objets susceptibles de reprises; comme aussi constater les récompenses qui peuvent être dues à la communauté. Dans les modèles ci-dessus, l'on a dû remarquer quelques espèces de reprises ou de récompenses. Nous allons développer ce qui doit entrer dans l'une ou l'autre de ces classes.

Reprises. Ce terme s'applique aux biens que la femme a apportés et qu'elle a droit de reprendre, soit en nature ou en argent, comme la dot en général, et singulièrement les deniers stipulés propres réels et les remplois des propres aliénés. Sous ce terme, l'on comprend également les deniers stipulés propres au mari, et ses biens propres aliénés qu'il a droit de reprendre sur la communauté, mais non sur les biens de la femme. Le préciput est aussi rangé dans la classe des reprises. Les biens-fonds, les rentes, les obligations propres à l'un des conjoints et existant au moment du partage, se reprennent en nature, ceux aliénés se prélèvent sur la communauté à titre de remploi.

Du remploi. Le remploi des propres aliénés est ordonné en toutes sortes de cas, tant à l'égard du mari, que de la femme, par l'article CCXXXII de la coutume de Paris; et cette disposition a été étendue à toutes les autres coutumes qui n'en parlent pas.

Le remploi se fait lorsque dans un contrat d'acquisition, il est expressément stipulé que le prix provient des deniers de la femme, qui lui tenaient nature de propres; que le bien acquis est pour son remploi, et tient même nature, et qu'elle accepte ce remploi. Dans ce cas, le bien acquis appartient privativement à la femme, et n'entre point dans la communauté, quoique sous la puissance du mari. Ainsi, elle n'a pas besoin que le délaissement lui en soit fait; elle le reprend comme ses autres biens propres. Cependant, si les parties en faisaient l'abandon par l'acte de partage des biens de la communauté, elle n'en devrait aucun droit d'enregistrement; et il ne serait dû qu'un franc fixe, comme acte simple, si le délaissement avait lieu par acte particulier.

Comme il n'arrive que rarement que ce remploi ou remplacement, ou plutôt *cet emploi de deniers* se fasse effectivement durant la communauté, il reste une action à celui dont les propres ont été aliénés, pour être remboursé du prix; et cette action ne produit pas les mêmes effets du côté du mari que du côté de la femme.

Lorsque les propres de la femme ont été aliénés, il faut en toutes sortes de cas qu'elle en soit remboursée, soit qu'elle accepte la communauté ou qu'elle y renonce.

Si elle accepte, le remploi des propres aliénés doit être pris avant part sur les effets de la communauté, et on ne le peut prendre sur les propres du mari que subsidiairement, en cas que les biens de la communauté ne soient pas suffisans : on ne pourrait pas même stipuler par le contrat de mariage que le remploi des propres aliénés de la femme sera pris sur les propres du mari, ou sur la part qu'il aura dans la communauté, parce que ce serait là un avantage indirect.

En cas d'acceptation, l'abandon fait pour tenir lieu du montant des reprises, soit au mari, soit à la veuve, soit aux héritiers de l'un d'eux, d'une partie des effets de la communauté, s'opère par délibération ou par distraction sur la masse des biens de la communauté, avant qu'elle soit partagée. Ce prélèvement sur la masse doit d'abord avoir lieu par la femme ou ses héritiers sur les meilleurs effets à leur choix, et ensuite par le mari ou ses représentans, aussi à leur choix sur les effets restans. C'est sous cette condition du droit civil que la communauté est contractée; l'abandonnement à titre de reprises, n'est donc point une cession, une vente, une licitation mais un simple assignat déclaratif et non attributif de propriété, un partage, en un mot. Ainsi le remploi, soit qu'il consiste en meubles ou en immeubles, qu'il ait lieu en faveur du survivant ou des héritiers du pré-décédé, ne donne ouverture qu'au droit fixe d'enregis-trement de trois francs, s'il est fait par acte particulier (Art. LVIII, paragraphe III, n°. 2 de la loi du 22 fri-maire an 7). Il n'est même sujet à aucun droit, s'il s'opère par l'acte de partage de la communauté.

Mais s'il est abandonné à la veuve des biens propres du mari, pour la remplir de ses reprises, qu'elle ait ou non renoncé à la communauté, nul doute, le remploi opère une mutation sujette au droit proportionnel aux taux fixés pour les transmissions à titre onéreux.

Quand la femme renonce à la communauté, le remploi des propres aliénés se prend sur tous les biens du mari indifféremment, parce que le mari étant le maître de la communauté, il est censé avoir profité du prix de l'alié-nation des propres de sa femme. Dans ce cas, il n'y a plus de partage à faire, la veuve ou ses héritiers devien-nent, par la renonciation, absolument étrangers aux ac-quêts constant le mariage, et ils n'ont qu'une créance mobiliaire à exercer pour le montant de leurs reprises. L'on fait alors un acte de liquidation pour constater le montant de cette créance : c'est un véritable compte qui, s'il contient quittance, n'opère de droit d'enregis-trement que cinquante centimes par cent francs. Article LXIX, §. II, n°. 11 de la loi du 22 frimaire an 7. Si le paiement n'en est pas effectué de suite, et qu'il y ait sim-plement promesse de payer dans un tems convenu, le droit est dû sur le pied d'un franc par cent francs. Même article, §. III, n°. 5. S'il est cédé des objets mobiliers, le droit est perceptible à raison de deux francs par cent. §. V, n°. 1, et il est dû quatre pour cent, s'il y a trans-mission de biens fonds, conquêts de la communauté ou propres du mari. §. IX, n°. 1.

Au surplus, le remploi étant dû de ce qui est entré dans la communauté par l'aliénation des propres du con-joint, il s'ensuit que ce n'est ni le prix auquel les pro-pres ont été estimés par le contrat de mariage, ni celui qu'ils valaient lorsqu'ils ont été aliénés ; mais précisé-ment celui pour lequel ils ont été vendus, en y ajoutant tout ce qui est accessoire de ce prix, comme épingles, pots-de-vin, etc. Quant aux intérêts du prix de la vente, ils ne sont dûs au conjoint que du jour de la dissolution de la communauté, attendu qu'ils représentent les fruits dont elle aurait profité, si les propres n'eussent pas été aliénés.

Des récompenses. En fait de communauté, elle peut avoir lieu en cinq cas différens.

Ier. Lorsqu'un bien propre à l'un des conjoints a été aliéné pendant la communauté, cette aliénation donne à celui-ci une action en reprise des deniers qui en sont provenus, puisque par-là la communauté s'est trouvée grossie aux dépens du conjoint à qui le bien appartenait, cette action se nomme plus communément *remploi* ainsi que nous venons d'en parler.

IIe. Lorsqu'un conjoint a payé des deniers communs une dette qui lui était propre, il en doit récompense. Il y a cependant cette différence essentielle entre les dettes de sommes une fois payées et les rentes passives. S'il s'agit d'une simple dette, dont un des conjoints était seul tenu, soit en vertu d'une séparation de dettes stipulée par le contrat de mariage, soit parce qu'elle n'était point de nature à entrer en communauté, c'est de la somme même qu'il a payée que la récompense est due ; et il est obligé de la rendre en espèces. Mais s'il s'agit du rachat d'une rente, ce remboursement est considéré comme une acquisition de la communauté ; et celui qui devait la rente ou ses héritiers, sont tenus de continuer la moitié de la rente, et de payer la moitié des arrérages à l'autre ou à ses héritiers, à compter du jour de la dissolution de la communauté ; et l'on a jugé que cette rente devait être continuée suivant le denier de l'ancienne constitution, et non pas suivant le denier qui était en usage au tems que le rachat a été fait des deniers de la communauté. Nous venons de dire que la rente doit être continuée pour moitié, en supposant qu'il n'y avait point de renonciation à la communauté, parce que dans cette hypothèse le conjoint, qui devait la rente, est propriétaire de la moitié des biens de la communauté : conséquemment il confond en lui-même la moitié de ce qu'il doit à la communauté ; mais, par la raison contraire, si la femme débitrice de la rente, renonçait à la communauté, elle serait tenue de continuer la rente en entier au profit des héritiers du mari. Par une conséquence du même principe, si la rente était due par le mari, et que la femme renonçât à la communauté, les héritiers du mari confondraient en eux-mêmes la totalité de la rente.

III°. Il est dû récompense à la communauté toutes les fois que l'un des conjoints en a tiré des deniers pour acquérir, recouvrer ou conserver un bien qui lui est propre. Ainsi, 1°. en cas d'acquisition d'une portion indivise dans un immeuble, il est censé qu'il y a réunion au profit de celui des conjoints qui était co-propriétaire : dès-lors point de doute qu'il n'en doive récompenser la communauté des deniers qu'elle lui a fournis pour faire cette acquisition.

2°. Un homme achète un héritage, et après en avoir pris possession, il se marie. Pendant le mariage, il paie des deniers de la communauté le prix de son acquisition. Devra-t-il remettre ce prix dans la caisse de la communauté ? L'affirmative est incontestable.

3°. Un conjoint reçoit pendant le mariage une donation qui lui tient nature de propres, mais à la charge de payer une certaine somme à un tiers. Il est clair que s'il tire cette somme de la communauté, il est tenu de l'en récompenser. Si la charge imposée à la donation était une rente, il ne serait dû aucune récompense de tous les arrérages payés pendant la communauté.

4°. L'un des conjoints rentre pendant le mariage dans la propriété d'un immeuble que lui ou ses auteurs avaient aliéné, soit avec clause du réméré, soit d'une manière emportant vice radical. Dans l'un et l'autre cas, le bien lui retourne avec sa qualité de propre de communauté ; mais l'autre conjoint a une action en récompense des sommes qui ont été déboursées pour en faire le recouvrement.

IV°. Il est dû récompense à la communauté par le conjoint qui a fait des impenses et améliorations sur ses propres, autres cependant que celles de simple entretien ; car celles-ci font partie des charges de la communauté, et par conséquent elles ne peuvent donner lieu à aucune récompense.

Mais sur quel pied doit-on estimer les améliorations pour en régler la récompense ? Il faut distinguer si les impenses qui les ont procurés sont *nécessaires* ou *utiles*, ou simplement *voluptuaires*. Dans le premier cas, elles

s'estiment toujours sur le pied de ce qu'elles ont coûté ;
dans le second, elles s'évaluent à concurrence de l'augmentation qui se trouve lors du partage de la communauté, dans le prix du bien sur lequel on les a faites ;
dans le troisième, elles n'engendrent point d'action
directe en récompense, et mettent seulement le conjoint,
dont elles ont embelli l'héritage, dans l'alternative d'en
rembourser le prix, ou de souffrir que l'on enlève les
choses dans lesquelles ces impenses consistent, pour
être vendues au profit de la communauté.

C'est encore améliorer un héritage que de racheter
une servitude dont il est chargé. Aussi y a-t-il lieu à
la récompense, lorsqu'il se fait un pareil rachat pendant
la communauté, et que le fonds libéré par ce moyen,
est propre à l'un des conjoints. Elle consiste alors dans
les restitutions que l'on fait à la communauté de la
somme de deniers qui a été donnée pour le rachat.

V°. Par rapport aux dotes fournies par la communauté
aux enfans des conjoints, il ne faut pas confondre le cas
où l'enfant doté appartient à l'un des conjoints qui l'a eu
d'un mariage précédent, avec le cas où l'enfant est
commun aux deux conjoints.

Dans le premier cas, il n'est point douteux que le
conjoint à qui appartient l'enfant, ne doive à la communauté *récompense* de la dote qu'il en tire. Mais ne
doit-on pas excepter de cette décision la dot qui, dans
le contrat de mariage, est déclarée fournie par la mère,
et le beau-père ou le père et la belle-mère conjointement?
Cela dépend de la faculté ou de la défense des avantages
entre le mari et la femme. S'ils sont autorisés par la
coutume, point de récompense. S'ils sont défendus et
que la prohibition s'étende jusqu'aux enfans de chacun
des conjoints, la récompense est due.

Si dans cette dernière hypothèse, le beau-père a parlé
seul à la dotation de la femme, il a bien le droit de
répéter contre celle-ci les choses qu'il lui a données en
dot ; mais il ne peut en demander *récompense* à sa
femme, à moins qu'on ne se trouve dans un pays tel
que le ressort du parlement de Flandre, où les père et
mère sont obligés, conformément au droit romain, de
doter leurs enfans lorsqu'ils sont en âge de se marier.

Dans le second cas, c'est-à-dire, lorsque c'est un
enfant commun aux deux conjoints, qui a été doté, il

faut sous-distinguer, et voir de quelle manière la dot a été constituée. Il peut, à cet égard, se présenter neuf espèces différentes; mais avant de les parcourir et de les discuter, il faut établir, avec Pothier, quelques maximes qui servent à toutes de principes de décision.

1°. Les dots des enfans communs sont, dans notre jurisprudence, une dette naturelle de l'un et de l'autre des conjoints. Le droit civil n'imposait cette charge qu'au père; mais nos mœurs y ont dérogé; et cette dérogation a même lieu dans les Pays-Bas. C'est ce qu'atteste M. Stokmans, (Décision 48.) et c'est ce qu'a jugé un arrêt du parlement de Flandre, du 30 juillet 1695, rapporté dans le Receuil de M. Desjaunaux.

2°. Quoique l'obligation de doter les enfans soit une dette naturelle de l'un et de l'autre conjoint, elle n'est cependant pas une dette de leur communauté, bien différente des alimens et de l'éducation dont les frais doivent se prendre sur les revenus des biens des conjoints dont la communauté est composée. Il faut souvent pour la remplir que les père et mère entament chacun leur patrimoine; et par conséquent c'est plutôt une dette propre de chacun d'eux qu'une dette de leur communauté.

En général, il est vrai de dire qu'il est dû *récompense* à la communauté pour les dots qu'elle a fournies aux enfans communs aux deux conjoints. Cependant, comme la dot peut être constituée de différentes manières, il faut distinguer les diverses espèces pour savoir en quel cas la récompense est due, et en fixer la quotité.

Premier cas. Un père et une mère dotent conjointement un enfant de deniers ou effets qu'ils prennent dans leur communauté, et n'expriment pas pour quelle part chacun d'eux entend contribuer à la dotation. En ce cas, ils sont censés tous deux le faire chacun pour moitié; et si la femme vient par la suite à renoncer à la communauté, elle est obligée d'y remettre, par forme de *récompense*, la moitié de ce qui en a été tiré pour former la dot.

Deuxième cas. Un père et une mère avaient doté conjointement leur fille d'une somme de cent mille liv., tirée de leur communauté; il était dit par le contrat que sur cette dot le mari donnait quatre-vingt-quatorze mille livres, et la femme six mille livres. Par arrêt du

3o août 1677 , il a été jugé que la veuve ayant accepté la communauté , la succession du père lui devait la moitié de la somme de quatre-vingt-huit mille livres ; que celui-ci en avait tiré plus qu'elle pour la dot.

Troisième cas. Lorsqu'il est dit par le contrat de mariage d'un enfant que le père et la mère lui ont donné en dot un héritage qui est propre de l'un d'eux , celui qui n'a rien fourni pour sa part , doit *récompense* à l'autre de la moitié du prix de l'héritage , parce qu'en dotant conjointement , chacun a reconnu qu'il était tenu de contribuer pour sa part à cette dot ; et celui qui n'a rien fourni pour cela , est censé avoir donné charge à l'autre de doter pour les deux : ainsi , il est donc obligé , *actione mandati contrariâ*, de rembourser le prix de la moitié de l'héritage qui a été donné pour lui.

Quatrième cas. Un père et une mère , en mariant leur enfant , déclarent le doter , l'un de telles choses , l'autre de telles choses. Peuvent-ils se demander respectivement quelque *récompense* pour cette dotation ? l'affirmative est incontestable , lorsque parmi les choses que l'un des conjoints a déclaré donner pour sa part dans la contribution à la dot , il y a des effets de la communauté. C'est là conséquence des décisions établies ci-dessus pour le premier et deuxième cas. Cette circonstance à part , il ne peut échoir de *récompense* dans l'espèce dont il s'agit ; chacune des parties est censée n'avoir voulu contribuer à la dot que pour les objets qu'elle a déclaré vouloir donner ; celle qui a donné plus , n'a donc pas payé pour celle qui a donné moins ; elle n'a fait qu'acquitter sa propre dette.

Cinquième cas. Un père et une mère donnent à leur enfant une dot qu'ils composent tant d'effets de la communauté que d'héritages , dont les uns sont propres au premier , et les autres propres à la seconde ; mais par le contrat , ils ne distinguent ni les choses que chacune des parties donne , ni la part pour laquelle chacune d'elles contribue à la dot. En ce cas , les père et mère sont censés avoir doté chacun pour moitié ; et celui des deux qui a fourni moins , est soumis à une *récompense* envers celui qui a fourni plus.

Sixième cas. Le mari a donné en dot à un enfant commun , des effets de la communauté , et a parlé seul au contrat de dotation. Doit-il , lors du partage de la communauté , remettre à la femme la moitié de ce qu'il a donné ?

Il ne peut y avoir de doute raisonnable sur la négative, quand il ne paraît pas que l'intention du mari a été de doter seul et sur sa seule part. Alors en effet il est censé l'avoir fait en sa qualité de chef de la communauté, et par conséquent tout ce qu'il a tiré à cette fin de la communauté , il est réputé l'avoir donné tant pour sa femme que pour lui : ce qui, suivant la quatrième maxime, n'excède nullement son pouvoir.

Il en est autrement lorsqu'il paraît par les circonstances que le mari, en parlant seul au contrat de dotation, n'a pas eu intention de donner en sa qualité de chef de la communauté, mais en son propre nom et seulement de sa part. C'est ce qui se présume, par exemple, lorsqu'il est dit dans l'acte que le mari donne *en avancement de sa succession* ce qui forme la dot qu'il fournit.

Septième cas. Le père parlant seul au contrat de dotation, y promet une somme de deniers à prendre sur la communauté, mais ne la paie pas. Il est clair, d'après ce qu'on vient de dire, que s'il ne paraît pas que le mari a eu intention de doter en son nom seul, la promesse doit lier la femme autant que lui, et que la première ne peut, en acceptant la communauté, se dispenser d'en acquitter la moitié.

Huitième cas. Le père parle seul au contrat de dotation, et y donne un de ses propres. En ce cas, il n'est pas douteux, suivant les principes du droit français, qu'il dote seul, et que la femme ne lui doit aucune *récompense.*

Neuvième cas. La mère a parlé seule au contrat de dotation, et elle a promis une certaine somme qu'elle a fournie en effets de la communauté ; et le mari, de son côté, n'est intervenu à l'acte que pour autoriser sa femme. Doit-elle récompense au mari ? La négative est insoutenable dans les principes du droit commun français. En effet, on ne peut pas dire en ce cas que le mari ait doté ; car le mari peut bien, en sa qualité de chef de la communauté, sans le consentement de sa femme, disposer de la part de sa femme dans les effets de la communauté qu'il donne en dot à un enfant commun ; mais la femme ne peut pas, *vice versâ*, disposer

de la part de son mari, sans le consentement de son
mari : c'est pourquoi on ne peut pas dire en ce cas que
le mari ait en rien contribué à la dot ; c'est la femme
seule qui a doté ; c'est en conséquence elle seule qui est
débitrice de la dot : et ce qu'elle a tiré de la communauté par la dot, doit lui être précompté sur sa part
en la communauté ; et en cas de renonciation, sur ses
propres. *Voir* PARTAGE. SUCCESSION.

L O I X.

Un arrêté des consuls, du 16 prairial an 8, prescrit
un nouveau mode pour l'exécution de celui du 12 prairial an 4, relatif à la notification de l'époque à laquelle
les lois deviennent obligatoires dans chaque département ;
il porte entr'autres dispositions.

ART. 1er. Les tableaux des bulletins des lois seront
envoyés par les préfets aux sous-préfets des autres ar-
rondissemens, et par ceux-ci, aux maires de l'arrondissement dans lequel ils résident.

L'article XXXIX de celle du 13 brumaire an 7 sur
le timbre, est conçu en ces termes : « Toutes lois et
» dispositions d'autres lois sur le timbre des actes civils
» et judiciaires et des registres, sont et demeurent
» abrogées pour l'avenir et à compter de la publication
» de la présente. »

L'article III de celle du 22 frimaire an 7, sur l'enregistrement, porte qu'elle sera exécutée à compter du
jour de sa publication ; que toutes les lois rendues sur le
droit d'enregistrement et toutes dispositions d'autres lois
y relatives, sont et demeurent abrogées pour l'avenir ;
qu'elles continueront d'être exécutées à l'égard des actes
faits et des mutations par décès effectuées avant la publication de ladite loi, et que les affaires actuellement en
instance seront suivies d'après les lois en vertu desquelles
elles ont été intentées.

L'article 1er. de la loi du 27 ventose an 9 porte :
« A compter du jour de la publication de la présente,
» les droits d'enregistrement seront liquidés et perçus
» suivant les fixations établies par la loi du 22 frimaire
» an 7 et celles postérieures, quelle que soit la *date ou*
» *l'époque* de actes et mutations à enregistrer, sauf
» les modifications et changemens ci-après. »

Voir en tête du premier volume, le texte de ces trois lois.

L O U A G E.

Tout ce qui est susceptible d'un produit quelconque, l'est aussi d'être loué. Ainsi, on loue une maison, un cheval, un fond de terre, etc. Le louage comprend également le commerce que fait une personne de son travail, de son industrie, ou à prix fait, ou à la journée, ou par d'autres marchés.

Les Romains comprenaient toutes ces conventions sous le nom de *louage* et *conduction : louage* de la part de l'un qui s'appelait *locateur*, et que nous nommons autrement le *bailleur* ; et *conduction* de la part de l'autre qui s'appellait *conducteur*, et que nous nommons le *preneur* ou fermier, pour les baux de campagne. Celui qui entreprend un ouvrage, ou qui loue son travail et son industrie, s'appelle plus communément *entrepreneur*. L'acte qui renferme les conditions du louage, s'appelle *bail*. *Voir* Bail.

F i n d u T o m e II.